向未来

大数据驱动下星海小学个体化育人方式的创新与实践

尤佳 胡修喜 主编

为了每一个孩子的精彩绽放

苏州大学出版社
Soochow University Press

图书在版编目(CIP)数据

向未来：大数据驱动下星海小学个体化育人方式的创新与实践 / 尤佳，胡修喜主编. -- 苏州：苏州大学出版社，2024.3
ISBN 978-7-5672-4747-5

Ⅰ.①向… Ⅱ.①尤… ②胡… Ⅲ.①小学教育-教学研究 Ⅳ.①G622.0

中国国家版本馆 CIP 数据核字(2024)第 052646 号

Xiang Weilai：Dashuju Qudong xia Xinghai Xiaoxue Getihua Yuren Fangshi de Chuangxin yu Shijian
向未来：大数据驱动下星海小学个体化育人方式的创新与实践

主　　编：	尤　佳　胡修喜
责任编辑：	倪浩文
出版发行：	苏州大学出版社（Soochow University Press）
社　　址：	苏州市十梓街 1 号　邮编：215006
印　　刷：	苏州市深广印刷有限公司
网　　址：	www.sudapress.com
邮购热线：	0512-67480030
销售热线：	0512-67481020
开　　本：	787 mm×1 092 mm　1/16
印　　张：	15.5
字　　数：	321 千
版　　次：	2024 年 3 月第 1 版
印　　次：	2024 年 3 月第 1 次印刷
书　　号：	ISBN 978-7-5672-4747-5
定　　价：	80.00 元

发现印装错误，请与本社联系调换。服务热线：0512-67481020

编 委 会

主　编

尤　佳　胡修喜

副主编

蒋　勇　徐　黎　金　怡

编　委

（以下按姓氏笔画排序）

卢雪珍　刘　军　安晓倩　陈泉堂　赵建红　黄毅晟　彭永新

编写人员

万丽芸	王　军	王丹婷	王悦明	叶心慧	史　雁	包杰凤
冯　伟	冯靓琰	毕诗萌	朱霞炜	刘　莹	祁　丽	李　祥
杨明霞	沈丽萍	宋娟娟	张　瑞	陆　彬	陆旻蛟	陈卓寅
周　莹	周心怡	胡　欣	俞　晨	姜　霖	姚佳璐	顾欣瑜
顾晓雯	钱海萍	陶　晴	曹　蕾	曹金兰	董天戈	薛建勋

创造适合每一个的教育(代序)

彭 钢

这本著作全面而系统地记录了苏州工业园区星海小学十几年来坚持推进育人方式变革的创新实践及其成效,既展示了紧跟时代步伐不断前行的前瞻视角,又体现了坚守教育理想的使命和初衷;既体现了国家需求和国家意志的贯彻落实,又体现了自身实践和自身追求的鲜明特色。我以为最值得赞赏的是以下三个方面。

坚守"适合的教育"就是最好的教育的育人理念

贯穿苏州工业园区星海小学育人方式变革的核心价值观是建构和创造适合儿童的教育。

他们在三个五年期间,持续推进和实施"适合的教育",三个省级规划课题持续深入、迭代升级:"十二五"期间做的是"适合教育视域下的师生自主发展","十三五"期间做的是"适合教育视域下的学生自主学习","十四五"期间做的是"大数据驱动下小学个体化育人的实践研究"。从"师生的自主发展"切入形成1.0版的"适合的教育",进一步聚集到以"学生的自主学习"为重点的2.0版的"适合的教育",再回到运用大数据建构一种有利于每个孩子个性化学习的学校整体育人方式,这是3.0版的"适合的教育"。长期的坚守和追求,使"适合的教育"融入了师生的血液并成为一种自觉和自然的行为,成为学校的鲜明特色和文化符号,也形成了他们特有的、富有诗意的表达:追寻"人人成功、人人成星"的教育理想,描绘"星光灿烂、海纳百川"的教育蓝图。

从这本专著所表达的意蕴来看,他们所追求的"适合的教育",有一个从"适合于学生的教育"、"适合于全体学生的教育"到"适合于每一个学生的教育"、"为每一个学生的精彩绽放"而教的不断升级的过程。确立这样的育人理想和教育价值,正是教育进入高质量发展阶段,全面提高教育质量,从"面向全体学生"到"教好每一个学生",实现公平而有质量的教育的国家需求与国家意志的校本表达和有效实践。

以课程、教学、评价的实践创新为育人方式变革的重点

显然,苏州工业园区星海小学所确立和坚守的"适合的教育"的基本理念只能通过课程、教学、评价等育人方式的变革来实现,而他们所做的最有成就感和价值感的就是课程、教学和评价的实践创新。

苏州工业园区星海小学在坚决贯彻国家课程方案和课程标准的基础上,结合本校的师生成长的实际,创造性地对课程、教学、评价等进行了适配性、结构性和系统性的重建:

使课程、教学与评价更符合"适合的教育"的核心理念,指向每一个学生的发展和成长,此为适配性;使课程、教学、评价保持全面性、平衡性和连贯性,以适合于各类学生的动态成长需求,此为结构性;形成从低年段、中年段到高年段的完整、有序、进阶的课程、教学、评价体系,此为系统性。

如果按以上标准来衡量苏州工业园区星海小学的创新实践,那么我以为他们的课程建设的实践创新主要体现在多样性上,从而为每一个孩子的成长提供了符合自身需求的课程选择空间;教学改革的实践创新主要体现在精准性上,从而为每一个孩子的学习提供了自主学的适宜空间;评价改革的实践创新主要体现在表现性上,从而为每一个孩子都成功、都灿烂提供了个性化的表现空间。

当然,按照我的观点,在表述和概括上更为完整、较为成熟且特点鲜明的是苏州工业园区星海小学的课程建设。"满天星"的学校课程体系真的是极有创意,名称本身就充分体现了"适合的教育"的理念,不仅极具多样性(满天),而且极具个性(每一颗都是星),活脱脱就是一个星星的海洋(完全适配于学校的校名"星海")。课程体系完全采用了天文学的术语,恒星课程、行星课程、卫星课程三个维度所形成的基本结构,分别对应着国家课程、围绕国家课程开设的项目化学习、学校开发的校本课程,非常准确也非常形象;基于上述三个维度的基本结构,形成了星润课程群、星言课程群、星智课程群、星艺课程群、星悦课程群、星创课程群六大类别,共同组成了一个既多样化又系统化的儿童课程世界,同时通过大数据的选课平台为三千多名学生提供了一百十八门选修课程。从本质上看,"满天星"的课程体系较好地把握了课程建设的方向性,即基于国家课程的学校课程的多样化,从而适配每一个学生的个性特点和成长需求,结构全面覆盖核心素养和关键能力,形成从低年段、中年段到高年段的始终具有选择性、自主性、表现性的多样化的课程体系。

以大数据支撑学校育人方式变革系统的全面建构

当下既是后工业化的时代,更是信息技术和网络技术的时代。如何运用技术服务于教育教学改革,使教育教学更有效、更精准、更开放、更普惠、更共享,可以说苏州工业园区星海小学的实践提供了一个成功的范例,以大数据驱动、支持、服务于育人方式的变革始终是本专著的主题之一,更是亮点之一。

所谓的"全面建构",首先是以育人方式改革为核心,在课程、教学和评价改革三大重点领域,实现了大数据的充分支持。我们可以看到,在本专著所提供的恒星课程、行星课程、卫星课程的实施案例中,大数据进入课堂、进入教学过程、进入各个教学环节,实现了大数据对教学的全面支持;我们还可以看到,学生在选课、活动、学习等过程中自主地运用大数据,从而引发了多样化、个性化、合作性、探究性的学习行为,使真实的学习在校园里时时处处发生。课程、教学、评价的变革,是基于大数据所提供的学习行为分析、学习数据分析、个性化课程推荐等方式实现的。

所谓的"全面建构",是以育人方式变革为核心,建构一个全员、全程、全方位育人的开放性的学校空间。基于大数据的支撑,他们不仅建构了一个课内外、校内外结合的育人时空,而且建立了学校与社会相通、与真实的生活世界相通、与世界各地相通的大课程和大课堂。他们用诗意化的语言,对开放式、共享式的教育和学习空间进行了畅想,同时也表明了一个重要而明确的观点,技术与人文并不对立,技术能够有效地支持和保障人文:宅者,人之本。人因宅而立,宅因人得存。人宅相扶,感通天地。这种以自然适意性和融洽共生性为指向的教育空间,实现了学生学习和人际关系的重构,激发了师生共同学习的潜能,让学校成为师生共同发展的幸福园、教育时空对接的开放园、人文与科技创生的智慧园、特色与共性和谐发展的生态园。

所谓的"全面建构",也必然包含着学校系统的各个方面,如学校机构建设、学校组织建设、学校制度建设、学校文化建设、教师队伍建设等在大数据支撑和服务下的开放与共享。

学校特别努力地试图在实践创新的基础上,上升为理论概括,以形成自身的话语方式,创造一种"适合的教育"的本校化的表述,于是使用了"个体化育人方式"的概念。坦率地说,在现代学校教育制度下,在主要以班级授课制为基本方式的条件下,无论是在中西方教育的传统还是当代语境下,这样一种理解和概括都会产生一定的歧义甚至是争议,是需要在学理上继续推敲并在实践中进一步验证从而不断完善的表述。但其实他们想表述的就是如何在班级授课制下更好地因材施教,在集体教学中更好地实施个别教学,在学习的规范性和统一性中更强调多样性和创新性,在面向全体学生的基础上,更强调每一个学生的成长,更强调每一个孩子都成功、都精彩。而这样一种理解所体现出来的普惠性、包容性、可持续性,无疑是当今世界教育所提倡、所追求的普适观念和价值。

苏州工业园区星海小学十几年来整体推进育人方式的变革,努力创造适合每一个的教育,体现的正是这样一种普适观念和价值。

(作者为江苏省教育学会副会长,江苏省教育科学研究院研究员)

目 录

理论篇 个体化育人的概念与原则 ········· 001

第一章 个体化育人方式的基本理念 ········· 003
第一节 个体化育人的概念 ········· 003
第二节 个体化育人的理论基础 ········· 012

第二章 个体化育人应遵循的原则 ········· 021
第一节 整体性原则 ········· 021
第二节 差异性原则 ········· 023
第三节 主动性原则 ········· 025
第四节 发展性原则 ········· 027
第五节 创造性原则 ········· 029

实践篇 个体化育人的实践路径与创新 ········· 033

第三章 个体化育人政策梳理与实践历程 ········· 035
第一节 我国教育个体化政策与举措 ········· 035
第二节 星海小学个体化育人的推进历程 ········· 052

第四章 大数据驱动下个体化育人实践的支持体系 ········· 059
第一节 机构拓展——打开个体化育人实践的新时空 ········· 059
第二节 主体多元——构建个体化育人实践的新路径 ········· 061
第三节 成长平台——焕发个体化育人实践的新活力 ········· 064
第四节 以文化人——打造个体化育人实践的新格局 ········· 067

第五章 大数据驱动下个体化育人课程体系创新 ········· 076
第一节 大数据驱动下个体化育人课程设计理念及原则 ········· 076
第二节 大数据驱动下个体化育人课程目标及特征 ········· 084
第三节 大数据驱动下个体化育人课程结构及方案 ········· 098

第六章 大数据驱动下个体化育人实践路径探索 ········· 110
第一节 个体化育人实施概说 ········· 110
第二节 个体化育人组织形式的变革 ········· 113
第三节 个体化育人模式建构 ········· 115

第四节　个体化育人管理机制 …………………………………………………… 122
第七章　大数据驱动下个体化育人评价体系 ………………………………………… 126
　　第一节　易加互动平台评价系统的建构 ………………………………………… 126
　　第二节　个体化育人评价体系的确立 …………………………………………… 131
　　第三节　星海小学个体化教育评价体系 ………………………………………… 135
　　第四节　个体化育人评价过程与方式 …………………………………………… 137
第八章　大数据驱动下个体化育人实践的保障机制 ………………………………… 143
　　第一节　制度保障机制 …………………………………………………………… 143
　　第二节　平台推进机制 …………………………………………………………… 145
　　第三节　智慧教研机制 …………………………………………………………… 147
　　第四节　导生制：激励学生的成长 ……………………………………………… 149
　　第五节　资源支撑机制 …………………………………………………………… 151

案例篇　个体化育人的实践案例 ………………………………………………………… 155
第九章　恒星课程个体化育人的实践案例 …………………………………………… 157
　　第一节　语文学科案例：古诗词里的中国 ……………………………………… 157
　　第二节　数学学科案例：比例 …………………………………………………… 165
　　第三节　英语学科案例：Moony Goes On Holiday ……………………………… 168
　　第四节　音乐学科案例：隆里格隆 ……………………………………………… 175
　　第五节　美术学科案例：双喜图 ………………………………………………… 180
　　第六节　体育学科案例：双手头上抛掷大球 …………………………………… 190
第十章　行星课程个体化育人的实践案例 …………………………………………… 197
　　第一节　"四叶草"小公民课程案例：陪伴让爱走得更远 …………………… 197
　　第二节　阅读与生活项目课程案例：读红色经典，做强国少年 ……………… 199
　　第三节　思维与实践项目课程案例：有数有形，动手动脑 …………………… 202
　　第四节　欣赏与表达项目课程案例：声声嘹亮，乐享童年 …………………… 205
　　第五节　健康与悦纳项目课程案例：童心向党，强国有我 …………………… 210
　　第六节　发现与创造项目课程案例：航天点亮星海，科学逐梦未来 ………… 213
第十一章　卫星课程个体化育人的实践案例 ………………………………………… 216
　　第一节　传统节日课程案例：我与月亮"牵牵手" …………………………… 216
　　第二节　书法课程案例：呼应与避就 …………………………………………… 217
　　第三节　珠心算法课程案例：退位减 …………………………………………… 221
　　第四节　编织物语课程案例：拆解民间编织 …………………………………… 226
　　第五节　足球课程案例：绿茵足球 ……………………………………………… 228
　　第六节　人工智能课程案例：声控灯 …………………………………………… 231

后记 ……………………………………………………………………………………… 238

理论篇 个体化育人的概念与原则

第一章　个体化育人方式的基本理念

第一节　个体化育人的概念

一、个体与个性

个体，是跟群体或者说集体相对的一个社会学概念。人类虽然在由自然状态步入文明社会的过程中放弃了人的本性当中的一部分独特性而带有更多的群体性色彩，但是迄今为止，心理学与教育学界依然秉持一种观念，即每个个体作为一种价值实体都具有不可替代性，每个人生命的独特性都应得到足够的尊重。在时间与空间的双重维度中，每个个体都以其独特的生存方式延续其生命。因此，我们需要有"每一个学生都是独特的"的基本认知态度，也就是要尊重作为个体的学生，尊重学生的个性。这里要说明的是个体与个性是两个既有联系又有所区别的不同概念。

本文中的个体，即指学校里一个个活泼的、个性鲜明的儿童个体。他们年龄、性别不同，出身家庭不同，成长环境不同，自身资质不同，表现样态不同……所有的个体集合到一起，组成不同的班级，又汇聚成学校群体，因而形成个体主义和集体主义两种不同却又有着相互联系的教育生态结构。每个学生作为个体而存在，并不意味着他们是一种纯粹个体，他们始终在群体之中并与不同群体相互作用。而一个个不同的个体，他们的个性特征又各不相同。有的表现特别明显，而有的似乎并不那么张扬，似乎没有个性。

那么什么是个性呢？一般来说，个性是教育心理学的一个概念。就心理学意义上的个性品质而言，包含能力、气质、性格、兴趣、爱好等。有些个性，本身是人所具有的，它不是经过教育或通过培养才具有的。在这个意义上讲，所谓的"个性教育"实际上并不存在。所以个性的发展并不是所谓的"个性教育"的结果。它是生命的全面而自由发展的必然。因此，我们所说的"个性"就不应当是心理学意义上的个性，而是指每一个独特的生命体。它们具有以下四个特征。

1. 唯一性

每个人的生命是唯一的存在，是基于自己独特的遗传基因、基于自己独特的环境和实践活动发展而成的。因此，每个人的生命唯一地属于他自己。一个人就是一种个性。

2. 不可重复性

人是不断发展、不断生成的，是一个"进行时"。因此，生命在时间中没有固定不变的本质。他是什么，取决于他在时间变化中所遇到的条件和现实。柏格森因此把人看作一个时间性的存在，时间在流逝，生命在绵延之中。此时的生命与彼时的生命是不同的，是不可重复的。

3. 独特性和不可取代性

每个人都是独一无二的，世间不可能存在两个绝对相同的生命体。每个人都是作为无可替代的独立个体存在着。

4. 自我性

人生活在社会之中属于一个共同体，但他把共同体的因素融进了他自己的行为之中，对社会都是通过自我的独特和唯一角度来反映的。所以，同样生活在社会中的个体，都有他自己独特的个性，有自己唯一的模式。我们说，人与人之间有所不同，即都有其自我独特性，具有不可重复和不可取代的唯一性，都有其对社会独特的感受和经验，有自我独特价值的觉识、自我的价值和尊严。一个人可以失掉外在的一切，但不可能失掉生命的自我独特性。

教育面对人的生命就是要承认和尊重生命的独特性，为生命独特性的实现创造条件。教育就是要在每一个个体独特生命的基础上去促进他们的成长、发展和完善，而不是去遏止、压抑和抹杀这种个性和独特性。让教育为个体而存在，创设适合个体独特生命的个体化教育，是教育对待生命的最基本的态度。

二、个体化发展

人的个体发展可以有个性的发展，也可以有非个性的发展。一般来说，集体主义是和个体主义相对应的，个体化发展是和群体化发展对应的，而不是与集体主义对应的。

多年以来，我国教育政策实际上主要是把人的发展作为群体的发展来看待的。这样的群体化教育，推而广之也可以说是集体主义的教育模式，但不能倒推为个体化是基于个人主义的教育。这两个概念要严格区分开来。我国教育的群体化，或者说集体主义教育具有巨大的优势，也取得了举世瞩目的成绩。我国人口众多，通过群体化、集约化、统一化、标准化的教育，强调教育的共性，才能在最短时间、最快速度、最大效益实现世界最大规模人群的教育公平，保障最广大人民群众最基本的受教育权利。这是强调集体主义、群体化教育带来的成绩。但是我国教育也存在不少问题。其中突出的问题是，教育教学没有兼顾个体化、个性化的发展，教育教学方法缺乏针对性，拔尖创新人才培养不足。在某些情况下平均主义压倒一切，形成了千校一面、千人一面等局面，引起了较大的社会反响，呈现出我国群体化教育的优势和不足。这一状况亟须改变。

近年来，教育个体化开始进入党和国家的政策视野。2006年，《中华人民共和国义务教育法》第二十九条规定，教师在教育教学中应当平等对待学生，关注学生的个体差异，因材施教，促进学生的充分发展。2010年，党中央、国务院《国家中长期教育改革和发展规划纲要（2010—2020年）》（以下简称《教育规划纲要》）要求："为学习者提供方便、灵活、个性化的学习条件。""促进学生全面而有个性的发展。""坚持……全面发展与个性发展的统一。""树立多样化人才观念，尊重个人选择，鼓励个性发展，不拘一格培养人才。""关注学生不同特点和个性差异，发展每一个学生的优势潜能。"2014年，教育部《关于全面深化课程改革落实立德树人根本任务的意见》指出："课程改革面临新的挑战。经济全球化深入发展，信息网络技术突飞猛进，各种思想文化交流交融交锋更加频繁，学生成长环境发生深刻变化。青少年学生思想意识更加自主，价值追求更加多样，个性特点更加鲜明。"要"充分利用现代信息技术手段，改进教学方式，适应学生个性化学习需求"。2017年，中共中央办公厅、国务院办公厅发布的《关于深化教育体制机制改革的意见》要求在评价学生的时候要"全面、真实评价每一位学生的发展"。2019年，《中共中央 国务院关于深化教育教学改革全面提高义务教育质量的意见》基本要求："坚持面向全体，办好每所学校、教好每名学生"，"重视差异化教学和个别化指导"等。由此来看，借助信息技术强调个性，促进学生个体化发展是当下新时代教育的鲜明方向。

三、个体化教育

个性化教育是针对群体化教育而言的。当下的教育，已经走进了大数据信息技术时代，我们又重新获得了被工业时代剥夺的"自由"，结束了标准化的历史，而使人类的生活走向多样化。教育因此与工业时代的划一性宣告割裂而踏入多样化、个体化、个性化的时代。个性化教育的实质就是个体化教育。其基本理念如下。

1. 尊重个体的独特性和差异性

个体化教育不同于划一性教育。划一性教育的重心在教师。教师行使权力，而无视学生的差异和要求。个体化教育的重心在学生，教师要把每个学生当作"生命的个体"，树立为学生发展服务的观念。一是尊重个体的个性。人是教育的出发点和归宿，所以在教学过程中必须尊重每一个个体；而每一个个体的存在是一种个性的存在，所以说尊重人归根到底是尊重人的个性，在平等博爱的基础上尊重每一个个体的人格。二是尊重个体的需要。需要是行动的动力，也是个体发展的动力。发展就是对人的需要的不断满足。因此，正确的教育是尊重个体需要的教育。个体化教育既要尊重教育者的需要，又要引导受教育者的需要，使其向有利于个人身心健康和促进社会进步的方向发展，使所有学生都享有个性化学习的权利，即都能接受适于其自身需要与特点的学习方法，满足每一个学生的教育需求、身心需求，求得每一个学生身心的和谐发展。对每个人来说，生命是独特的。因此也是有差异的。这些差异有的比较明显，有的比较隐晦；有的差异是永久的，有的可能是暂时的。无论是什么差异，教育必须根据差异来进行，谋求适合差异的教学方略。个体的差异不仅表现在能力、学习风格、愿望、学习步调等这些后天形成的因素中，而且也表现在先天形成的差异中。先天差异中最值得注意的是人的智能优势类型的差异。以往人们多认为智能是以言语-语言智能、逻辑-数理智能为核心的，智能是一元的，每个人的智力都可以测量并用来加以比较。

美国哈佛大学教授、著名心理学家霍华德·加德纳经过长期的研究，提出了"多元智能理论"，推翻了智能的一元论。他认为个体的智能结构是全面性与独特性的有机结合。根据加德纳的多元智能理论，每一个学生的智能都各具特点并有自己独特的组合形式，学校教育就应该是开发多种智能并帮助学生发现自己的智能。因此，他反对划一性的教育内容和方法，主张"以个人为中心的学校"。以个人为中心的学校，应该在评估学生个体的能力和倾向方面富有经验。这种学校不但寻求和每个学生匹配的课程安排，也寻求与这些课程相适宜的教学方法。只要教育充分尊重每个学生的优势智力领域，为他们提供适合他们各自的教育方法，为他们创设多种多样的展示自己才能的情境，给每个学生多样化的选择，则他们都能充分发展各自的个性特长，激发潜在的巨大的智能，形成独特的自我。

2. 发挥学生的自主性和选择性，使个性发展的过程成为一个自主、自由的过程

人的发展是在活动中进行的。但活动有两类：一类是自主的活动；一类是被迫的活动。只有当人成为劳动和一切活动的主体，他们的活动成为自由、自主的活动时，人才能成为有个性的人。因此，个性的发展只能存在于自主活动之中。教育要发展学生的个性，首先要摆脱来自教师的控制，还学生自主性和发展的主动权。自主性是指一定条件下，个人对自己活动具有的支配、控制的权利和能力。自主的人是客观环境的支配者和控制者，是自己活动的主人，能以自己的意识、思维支配自己的行动，而不是盲目受客观环境的支配，也不是盲目顺从他人的意志。自主的人能够自我立法、自我控制，具有自律性。

长期以来，我们把教育过程视为教师施加影响的过程，是"制造"符合教师理想的"产品"的过程，它忽视了发展只能由自己来完成。教育者企图不通过儿童自己的活动去掌握知识、培养品德，却将知识、品德、要求加到儿童身上，任何这样的企图只会破坏儿童健康的智力发展和精神发展的基础，破坏培养他的个性品质的基础。教育过程以促进学生发展为目的，归根结底是学生自我建构的过程。我们必须树立"学生的发展只能由自己完成"的观念，切实把精神发展的自主权还给学生，给学生一片自主的天空。教师在学生自主过程中的作用越来越要从前台走向后台，扮演一个"资源的提供者"和"顾问"的角色。学生的自主，不是盲目的自主，而是对教师提供的多样的教育资源进行自主的选择。这种选择不仅包括选择不同的学科内容，而且还包括对教师提供的同一内容的自主理解，珍视自己独特的经验体会。自主和选择是密切相连的，没有自主就不

可能有选择，选择的过程体现着自主的过程。学生只有面对多样化的教育内容，具有了自主选择权才能避免划一性的教育，个性的发展才有希望。

3. 创设展示生命潜能的条件，使生命潜能得到自由而充分的发展

哲学人类学认为，人是未完成的存在。人的未完成性决定了生命具有发展的潜能。弗罗姆甚至把人的本质就看作是一种特定的潜能。潜能是生命所蕴含的潜在的、可能发展的倾向，是人自身中"沉睡着"的力量，是现实生命发展的源泉。潜能不是培养、教育的结果，但潜能也不会自动转化为现实。教育可以促进潜能的发挥，也可以扼杀生命的潜能，这取决于教育的指导思想。

长期以来，我们的教育还存在"一刀切""一锅煮"的思想，忽视了学生之间存在的个体差异和个性特征，甚至不自觉成了抑制潜能自由发展、抹杀学生个性的"元凶"。个体化教育的首要原则或首要理念是"适应性原则"，即"让教育适应学生"而不是"让学生适应教育"。学生和教育之间的关系，是教育服务于学生，满足学生的需要。学生自由、自觉地发展是第一位的，教育只是为发展提供机会、创造条件。可以说，有什么样的学生，就需要提供什么样的教育，教育对每个学生而言都是特色化的、唯一化的，而不是让教育用一个标准来塑造所有的学生，人为地消除他们之间个性的差异。

个体化教育所主张的生命潜能的发展，不是潜能的平均发展。个体化教育相信，每个人都有着独特的生命。生命的独特性就表明每个人都具有优势潜能。教育就是要"扬长避短"，最主要的是在每个学生身上发现最强的一面，找出他作为人发展源泉的"制高点"，在对丰富的教育资源进行自主选择的基础上，通过有目的、有针对性的、特色化的教育，努力挖掘每个学生的巨大潜力，使其优势潜能得到最大化、最优化的发展。生命潜能的发展需要教育者提供个性化的教育资源，但这只是一种外在的因素，这种外在的因素并不必然保证生命潜能转化为现实个性。因为促进这种可能性变为现实性的关键在于生命自身的活动，在于这种活动的自主性。只有在自主活动中选择、消化、吸收、利用这些资源，才能激活沉睡的潜能，使潜能的发展不仅是全面的、和谐的，而且是自主的、自由的。自由而充分发展的人，是全面发展而又具个性的人，是一个真实实现自我的人。所以，生命个性化的发展，还必须置于主体教育的视野之中。培养人的主体性是以发掘人的个性潜能优势，培育个人独特的创造性为宗旨的。人只有成为发展的主体，才能全面激活潜能，使潜能得以自由发展，优势潜能才能得到最大限度的发挥。不仅激活生命潜能、发掘优势潜能需要主体性，而且有个性的人，必然具有主体性的人格。所以，主体性不仅是培育独特个性的条件，而且也构成了个性的本身。只有具有主体性的人，才是有个性的人。唯唯诺诺、唯书唯上，缺乏自主性、能动性和创造性的人，不可能成为有个性的人，只能是供他人使唤的"奴隶"和"工具"。所以个体化教育在实施过程中要唤醒学生身心成长的自觉意识，发展学生的主体能力，培育不断追

求、不断超越的人格，给生命的自觉、自由、创造性发展提供动力。任何的发展都是基于自身的现实，又是对已有现实的自觉超越。而人的现实是先天的遗传就赋予了个体差异，所以发展的过程是增强差异和个性化的过程。

综上所述，个体化教育是面对独特的生命个体，通过适合每个独特生命的手段，挖掘个体生命的潜能，促进每个生命体自由发展的教育。所以，个体化教育不是要培养个性，而是采取个性化、特色化的手段，保护原本就有的独特生命，促进个体生命更好地朝着个性化的方向发展。从这个意义上讲，个体化发展就是指学生在学校整体教育体系下获得独立的、个性化的综合素质能力，形成自我特质的过程。

四、个体化育人

个体化育人是指学校在尊重学生个性差异的基础上，借助大数据支撑，提供多样化、适切性的课程资源，为个体化成长赋能，充分发挥学校组织、管理和指导功能，形成管、学、教、评一体化合力，有效促进每一个学生的个性充分发展的教育过程。为此，我们确立以下三个原则作为个体化育人的指导思想。

1. 坚持"立德树人"是个体化育人的根本方向

强化学校在管、学、教、评等方面的组织管理和指导功能，加强个体化发展与学校群体化教育的联结，树立科学、全面和发展的个体化育人理念，防止因过度个性化倾向而产生"虚假的个性"。

2. 坚持"适合的教育"的深入发展

我们坚持学校教育的最终目标是促进每一个学生的发展的理念，个体化发展是学生成长过程中不可或缺的历程，只有充分的个体发展，才能促成一个人完整的发展。这既是学校高质量发展的必然，也是当代教育发展的重要方向。

3. 借助大数据更好更精准地为学生的个体发展服务

大数据的使用，必须贴近学生的个体发展，这样才能发挥出现代化教育应有的价值，或者说现代信息技术真正为学生的个体发展服务，是实现高质量发展的重要基础条件。

在"适合的教育"思想指引下，我们主动聚焦立德树人，借助大数据平台，推动个体育人和整体育人协调发展，大力推进教、学、评、管一体化管理建设（图1），在传承与创新中积极打造"适合的教育"新生态。我们认为，"适合的教育"的宗旨就是坚持立德树人观下的个体化育人，教学要做到激发"每一个"的成长自觉，提供"每一个"的选择可能，构筑"每一个"的发展样态。在"适合的教育"思想指导下，经过十多年的实践探索，星海小学提出了适合教育视域下"精准教、个性育、自主学"教学改革指导思想——"尊重差异、分层安排"，"三自递进、内外互动"，"人人成功、人人成星"；凸显了"个体化育人"对于学生的终身发展极其重要的价值，积极培育具有"有理想、有本领、有担当"的鲜明个性的好学生。

具体包括构建大数据驱动下个体化育人管理体系，打造"适合的教育"新生态；建设大数据驱动下个体化育人课程资源，满足学生多样化和个性化需求；构建大数据支撑下个体化育人评价体系，促进学生全面发展、特长发展；实施"精准教、个性育、自主学"教学范式，形成个体化高效教学新路径。

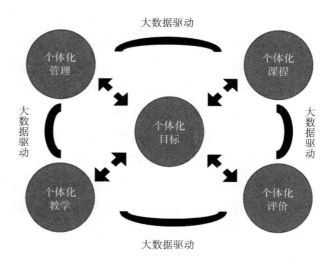

图1 大数据驱动一体化管理建设示意图

1. 构建大数据驱动下学生个体化育人的科学管理体系

以大数据驱动个体化育人从"凭经验说话"向"用数据驱动"决策、治理和创新转向。努力实现在"制度建设""理顺关系""营造文化"等层面促进大数据技术与个体化育人的深度融合，为个体化育人的顺利实行提供保障。

（1）树立个性化的育人理念

个体化育人理念是随着人类社会的发展而产生的一种理念。个体化育人理念属于当代教育理念中重要组成部分，在教育管理实践中要求创设和营造个性化的教育环境和氛围，搭建个性化的教育平台，在教学策略上实施因材施教，注重个体差异。具体在教育管理中从以下几个方面展开：一是建立以学生为主体的教育管理活动。二是尊重学生之间的个体差异性。三是建立良好的师生关系。当代教育理念中教师应是学生的引导者和启蒙者，应以宽容仁爱的教育之心，与学生建立平等和民主的关系，在开展学生教育管理工作中尊重学生的权利、人格和尊严等，打造一个学生喜欢的课堂教学环境，给予学生足够的思考以及探究时间，使学生能够在良好的师生关系中获得更好的自主成长。

（2）建立师生为本的教师管理模式

教师是学生学习成长的重要引导者和启蒙者，为此在当代教育理念背景下开展教育管理工作就需要打造一支强有力的教师团队，才能为提升教育管理工作质量和效率提供保证。一是充分发挥教师在教育管理中的积极主动性，挖掘教师的自身潜力，围绕教师的个人思想、教学水平、兴趣爱好等，在教学管理中充分发挥教师的优势和长处。二是提升教师专业化素养水平。提供各种教育培训或者外出培训等机会，给教师的职业生涯发展提供各方面的支持，使教师具备良好的教育管理创新和探究能力，逐步从经验型教师转变为智能型教师。三是完善教师管理模式。学校努力为教师的教育管理工作提供良好的参考标准。在打造教师团队的过程中要建立情感管理、制度管理和成功管理的理念。制定完善的教师管理制度，不断提升自身的教育管理水平。根据不同教师的综合水平，针对有突出业务贡献或者取得某项科研成果、证书的教师，不仅要给予相应的荣誉称号，还要给予一定的物质奖励。

（3）重视特色办学理念和校园文化建设

学校突出建立"育人为本"的管理制度文化，完善学校规章制度，整合育人资源，建立灵活、柔性化的管理制度体系和运行机制，在教书育人方面发挥重要作用。办学融入人本管理理念，坚持正确的价值导向、信念支持和情感凝聚。构建良好校园文化，在潜移默化中让师生养成文化品格，增强办学特色，加强校史、校训、校风建设，激发师生共同的愿景和价值追求，为学生营造良好的学习环境，为教职员工营造良好的做事氛围，实现育人目标的达成。

2. 建设基于大数据驱动下个体化育人课程体系

立足国家对人才培养的要求，依据学生的个性需求，借助大数据技术，科学开发建设既满足个性发展又促进全面发展的"五育并举"课程体系和综合素质发展资源库。

（1）创建多元化的课程体系

在教育管理工作中积极落实国家规定的相关教育课程，打造符合时代发展和政策要求的精品课程。深入推进"五育并举"的教育体系建设，加强德育、智育、体育、美育、劳育的课程建设，健全教学管理规程，优化教学计划和教学环节，加强教学监管，开齐开好开足国家规定课程，形成多元化的课程形态，培养德智体美劳全面发展的学生。积极开发校本课程，鼓励学校结合发展需求，创设具有本校特色的教学课程活动，如针对具有编程教学能力的学校，可以开发相应的编程课程，从而扩展学生的知识视野。

（2）创建多元化的教学形式

在讲授基础上开展对话教学模式，实现师生在教学活动中的有效互动，还可以采用游戏教学法、小组合作、情境教学、多媒体教学等多种教学方式，让学生在多样化的教学模式中得到综合性的锻炼和发展，逐步形成良好的自主探究意识和能力。在多元化的教学模式中应遵循学生是教学活动主体的原则，教师作为引导者开展教学管理工作，充分发挥学生在学习中的主动性，积极探索科学教育、STEAM教育等，强调跨学科的综合运用和多场景解决实际问题的能力，注重批判精神和创新精神，以启发式、互动式、探究式的多元化形式进行教学组织和管理。

3. 构建"大数据驱动下个体化育人评价体系"

通过创新运用大数据、物联网、人工智能等技术为教育评价赋能，强化教学智能诊断和智能管理，对学生进行精准诊断、测试、评价、分析，构建"学业评价、教研评价、家校评价和社会评价"等相融合的智慧型校园整体发展评价体系，为科学化的个体化育人实践指明方向。

（1）创新指标设定，实行多维度分析，健全综合评价

基于个体化育人目标，以"适合的教育"思想为指引，经过反复论证和实践检验，学校对原有的"十佳星海娃"评价体系作了新的充实与改革。新体系着眼于"五育并举、全面发展"视角，从德智体美劳等方面综合评价学生的发展，突出培养学生爱国守信、助人为乐的高尚道德品质、终身学习的愿望和能力、健壮的体魄、良好的心理素质、健康的审美情趣。评价指标从思想品德、学业水平、艺术素养、身心健康与社会实践五个维度十六个要素，将评价指标从一元向多元转化，实现多维度评价，健全综合评价，更加关注学生的个体差异和学生的发展需求差异，为学生有个性、有特色的发展提供了拓展空间。

（2）创新运行机制，实行大数据监测，强化过程评价

以数字化赋能教育治理转型升级，是推进星海小学教育数字化改革实践的重要任务，是加快推进教育现代化升级转型的重要举措。为此，学校在以下几方面实施了创新实践。一是网络应用拓展多维评价。"星海娃评价指标体系"是基于网络应用的评价系统，建立并嵌入在园区易加互动平台之上。二是多用户终端助力多元评价。学生与教师、家长、学习同伴共同参与评价过程，才能让评价结果更科学和客观。学校通过易加互动平台和企业微信平台的互联互通，满足不同评价主体的需要。教师可以登录计算机易加互动平台或者手机企业微信平台，进入评价对象页面进行评价，评价结果可以由网络信息的方式发送到家长手机端；家长可以登录易加互动平台进入孩子个人空间进行对标评价，也可以通过关注星海小学微信公众号查收相关的评价信息；学生本人和学习同伴可以使用基于校园网的学生平板进行操作，离开校园后，学生可以和家长一起在家长手机端查看评价详情，实现了评价主体的多元互动，形成了积极评价与自主管理的双赢。三是线上线下推动实时评价。学校采用了"线上+线下"互通互联的方式，打通了校园内外实时评价的各个环节。学生可以随时随地使用移动终端开启实时评价。尤其是近阶段来学校借助人工智能技术中的图像识别、人脸识别、语音交互等新兴技术，让"线上+线下""校内+校外"的多样化评价方式实施起来更加便捷。

（3）开发建设易加互动平台和综合素质数据资源库

为更好地服务学校项目大数据收集和平台建设，学校多次邀请技术团队来校指导，从平台建构、资源上传，到评价渠道和雷达图式分析等，逐一进行细致精确指导，为学校大数据支撑奠定了坚实的技术力量基础。

4．构建大数据驱动下"精准教、个性学、负担轻"教学范式

以建构主义、个性心理学和技术赋能理论为指导，利用大数据记录教育痕迹，营造

"线上线下一体化、课前课后全时空"的良好教学环境，通过对个性化教学内容、个性化教学活动、个性化教学方式和个性化作业设计等各系统要素间的分析，构建个体化教学范式要素的关系框架，借助大数据技术形成个性化教学资源推送、个性化教学过程监控与指导、个性化教学路径，切实提高教学效率，促进减轻义务教育阶段学生作业负担和校外培训负担政策（以下简称"双减"），以及个体化育人目标真正落地。

（1）实施导学案制度，教师通过采集与分析学情数据，精准确立教学目标

学校规定，每节课均须提前设计好导学案，提前发布在易加互动平台，学生依托网络平台，通过资源访问、互动交流等活动开展自主学习。教师再通过学生网上答题和云痕系统自动生成评价数据，对学生的网上学习实施评价。教师通过实时查看学生自主学习状态和答题汇总数据，精准制订教学目标，确立新的教学起点和重难点。与此同时，平台根据学生个体学习程度提供个性化学习资源，引导学生进一步完成课前预学活动。

（2）实施线上线下的混合式学习

精准组织教学过程，实现"学习单+自主学习活动+提升学习能力"三级递进。在课堂学习中，以易加互动平台等为载体，教师引导学生通过线上线下实时交互混合式学习、小组互评，抓拍关键错误，引导辨析交流感悟体会，逐渐积累活动经验，实现协作式精准练习和课堂资源精准生成。在此过程中，学生基于真实情境建构起丰富的"学科核心素养"。

（3）基于易加互动平台等大数据分析，实施多元精准评价

基于易加互动平台等大数据分析，结合"师评与生评""主观与客观""过程与结果""技能与素养"等不同类别的评价内容，重点对学生在自主学习能力、资源获取能力、知识建构能力，以及提出问题、发现问题、分析问题与解决问题能力、合作学习能力等方面的综合能力进行精准评估，实现了学习留痕，从而实现快速、准确和全面地对学生学习能力进行综合性评价。

第二节　个体化育人的理论基础

一、马克思主义关于人的全面发展理论

关于人的全面发展理论是马克思主义理论的重要组成部分，这一理论的形成与完善，可以溯源到《1844年经济学哲学手稿》，这是马克思第一次关于人的"全面"的论述。此书1979年和1985年版本都将"totaler Menschen"译为"完整的人"，后译为"总体的人"，但可以看出，马克思将"全面"和"完整"（总体）同时使用，某种程度上也表明了其中的内在关联。同样在此著作中还有关于"全面"的人的论述。"全面"

是相对于"片面"而言的。

在《德意志意识形态》一文中，马克思进一步丰富了"完整的人"思想，正式明确提出了"个人的全面发展"这一概念。可以发现，马克思、恩格斯将分工作为资本主义劳动过程中人片面、畸形发展的根源，并指出在未来社会，消灭了私有制和分工，人可以自由选择自己喜欢的劳动。劳动是源于人发展自身的需要，而非谋生手段。

在《1857—1858年经济学手稿》中，马克思提出社会发展三形态理论，也标志着马克思人的全面发展理论的初步形成。在最初社会形态中，生产力极端低下，人以牺牲独立性为代价，对自然共同体绝对依赖，个性湮没于群体。第二阶段，个人摆脱人身依赖性转向自我独立，却陷入对物的绝对依赖的"异化"状态。但这一阶段物质条件的发展为实现人的全面发展铺垫了基础。建立在个人全面发展和他们共同的社会生产能力成为他们的社会财富这一基础上的自由个性，是真正实现了社会发展和人的发展更高形态上的统一的第三阶段。在漫长的人类发展历程中，人逐渐摆脱对人的、对物的依赖，克服了导致自身异化、片面化的因素，实现对自身完整的占有，真正成为全面的人、完整的人。可以看出，马克思关于人的全面发展，其终极指向在于实现"完整的人"，即全面发展的目标。

1. "人"是全面发展的主体

对"人"的本质属性的分析和确证，是理解马克思人的全面发展理论的重要前提。历史唯物主义所理解的"人"并不是蛰居在哲学秘境中的抽象的人，而是现实的具有实践能力的社会存在物，"是一切社会关系的总和"。在马克思看来，全部人类历史的第一个前提无疑是有生命的个人的存在。

首先，人是自然存在物，自然属性是人存在的基础。吃喝住等基本生存需求离不开自然的馈赠，生老病死也同样无法摆脱自然规律的制约。人通过实践活动对自然进行能动的改造。人来源于自然，生存于自然，也必将发展于自然。

其次，人是社会存在物，人的社会属性是人发展的条件。任何人都无法脱离社群而孤立地面对自然，而在社会中进行能动活动的人是有意识的且追求某种目的的人。个人"本身的存在就是社会的活动"，并在社会活动中不断深化、完善自身的社会属性，这也成了人区别于动物式的本能活动而转向有意识的能动活动的必要条件。因此，现实的个人是自然属性与社会属性、感性与理性的矛盾统一体。对于"人"的科学理解是实现人的全面发展的重要前提。

2. "全面"是人的发展特质

"全面"是一种具有相对概念的表述。第一，"全面发展"是相对于"片面发展"而言的。在分工模式的支配下，劳动工人被强制性地画地为牢，他们"特殊的活动范围"也将不断地被压缩固化，人被迫地片面性发展。而与这种片面性相对的"全面发展"则指向自由自觉的应然状态,这种对"全面"的追求让人感受到的是健康与幸福,人们可以"上午打猎,下午捕鱼,傍晚从事畜牧,晚饭后从事批判",人们可以根据自己的喜好而切换生活方式,这种理想状态就是人追求"全面"的重要意蕴。第二,"全面"的内涵具有相对性。马克思所讲的"人的全面发展"是在批判资本主义私有制给劳动人民带来无尽灾难的同时,对未来共产主义理想状态预设的特殊性概念,不能将这种特殊性的概念套用到一般性的现实中。人受自然规律的制约,使得其发展程度是有限的,而这种人的"有限性"在面对社会"面"的"无限性"时,便不可能做到真正的"面面俱到"。因此,在马克思的理论意境中,"全面发展"更倾向于人能够自由自主地选择,实现一专多能式协调发展。

3."发展"是人追求全面的目的

人对于自由而全面的向往和追求,最终目的是能够实现人的发展与进步。

"发展"有三个层面。第一,"发展"需要实现人的"完整发展"。这一层面的"发展"要求人的最基本的素质能力得以实现整体的进步,这种完整性允许不同方面出现发展程度的差异,但不允许出现发展维度的缺失,是人之为人区别于动物式存在的重要意愿和价值指向。可见,"完整发展"是人的基本素质得以形成和提升的必要一环。第二,"发展"需要实现人的"协调发展"。人在实现"完整发展"后,便需要注重发展的丰富性与协调性。人的各项基本素质之间本就是相互影响、相互作用的有机统一,但如果只注重某方面素质的发展而忽视其他基本素质的发展需要,势必影响人的整体素质的发展,从而限制人实现全面发展的可能。第三,"发展"需要实现人的"自由发展"。在完整、协调的基础上,人还需要自觉自主的个性发展,"自由发展"恰恰关注人的个体性和独特性,是人个性和尊严的体现。每个人先天的差异和后天环境的不同,决定了其内在的基本素质会存在一定的偏移性,即每个人都存在异于他人的个性与特长。

二、多元智能理论

传统智力理论认为语言能力和数理逻辑能力是智力的核心,智力是以这两者整合而存在的一种能力。针对这种仅徘徊在操作层面,而未揭示智力全貌和本质的传统的有关智力的狭隘定义,研究者们从20世纪70年代开始,就从心理学的不同领域对智力的概念进行了重新检验。

20世纪80年代,哈佛大学认知心理学家加德纳所提出的多元智能理论,定义智能是人在特定情景中解决问题并有所创造的能力。他提出了"智能本位评价"的理念,扩展了学生学习评估的基础;他主张"情景化"评估,改正了以前教育评估的功能和方法。加德纳的多元智能理论是对传统的"一元智能观"的强有力挑战,给人以耳目一新之感。

加德纳认为过去对智力的定义过于狭窄，未能正确反映一个人的真实能力。他在《心智的架构》这本书里提出，人类的智能至少可以分成七个范畴（后来增加至九个）：语言、逻辑数理、空间、肢体运作、音乐、人际、内省、自然探索、存在。

这九个范畴的内容如下。

1. 语言智能

这种智能主要是指有效地运用口头语言及文字的能力，即听说读写能力，表现为个人能够顺利而高效地利用语言描述事件、表达思想并与人交流的能力。这种智能在作家、演说家、记者、编辑、节目主持人、播音员、律师等职业上有更加突出的表现。

2. 逻辑数理智能

从事与数字有关工作的人特别需要这种有效运用数字和推理的智能。他们学习时靠推理来进行思考，喜欢提出问题并执行实验以寻求答案，寻找事物的规律及逻辑顺序，对科学的新发展有兴趣，对可被测量、归类、分析的事物比较容易接受。

3. 空间智能

空间智能表现为对线条、形状、结构、色彩和空间关系的敏感，以及通过平面图形和立体造型将它们表现出来的能力。空间智能出众者在学习时是用意象及图像来思考的。

4. 肢体运作智能

这种智能主要是指人调节身体运动及巧妙使用双手改变物体的技能。表现为能够较好地控制自己的身体，对事件能够做出恰当的身体反应，以及善于利用身体语言来表达自己的思想。运动员、舞蹈家、外科医生、手艺人都有这种智能优势。

5. 音乐智能

这种智能主要是指人敏锐地感知音调、旋律、节奏和音色等能力，表现为个人对音乐节奏、音调、音色和旋律的敏感，以及通过作曲、演奏和歌唱等表达音乐的能力。这种智能在作曲家、指挥家、歌唱家、乐师、乐器制作者、音乐评论家等人员那里都有出色的表现。

6. 人际智能

这种智能是指能够有效地理解别人，以及与人交往的能力，包括四大要素：组织能力，包括群体动员与协调能力；协商能力，指仲裁与排解纷争能力；分析能力，指能够敏锐察知他人的情感动向与想法，易与他人建立密切关系的能力；人际联系，指对他人表现出关心，善体人意，适于团体合作的能力。

7. 内省智能

这种智能主要是指认识到自己的能力，正确把握自己的长处和短处，把握自己的情绪、意向、动机、欲望，对自己的生活有规划，能自尊、自律，会吸收他人的长处。会从各种回馈渠道中了解自己的优劣，常静思以规划自己的人生目标，爱独处，以深入自我的方式来思考。这种智能在优秀的政治家、哲学家、心理学家、教师等人员那里都有出色的表现。

8. 自然探索智能

能认识植物、动物和其他自然环境（如云和石头）的能力。自然探索智能强的人，在打猎、耕作、生物科学上的表现较为突出。自然探索智能应当进一步归结为探索智能，包括对于社会的探索和对于自然的探索两个方面。

9. 存在智能

存在智能是指人们表现出的对生命、死亡和终极现实思考探索的能力。

多元智能理论有助于老师从学生的智能分布去更好地了解学生。一方面可以利用多元智能理论来发掘资优学生，进而为他们提供合适的发展机会，使他们茁壮成长；另一方面可以利用多元智能理论来扶助有问题的学生，并采取更适合他们的教育方法。

在人才观上，多元智能理论认为几乎每个人都是聪明的，但聪明的范畴和性质呈现出差异。"天生我材必有用。"学生的差异性不应该成为教育上的负担，相反，这是一种宝贵的资源。教师要改变以往的学生观，用赏识和发现的目光去看待学生，改变以往用一把尺子衡量学生的标准，要重新认识到每位学生都是天才，只要正确地引导他们，每个学生都能成才。

在教学方法上，多元智能理论强调应该根据每个学生的智能优势和智能弱势选择最适合学生个体的方法。要关注学生差异，善待学生差异，在教学中根据学生的差异，运用多样化的教学模式，促进学生潜能的开发，最终使每个学生都成为优秀的自己。

在教育目标上，多元智能理论并不主张将所有人都培养成全才，而是认为应该根据学生的不同情况来确定每个学生最适合的发展道路，让每个学生都有所学，学有所得，得有所长。人是手段，更是目的。教育的价值除了为社会培养有用之才，更在于发展和解放人本身。

要实现为"多元智能而教"的目的，就要改进教学的形式和环节，努力培养学生的多种智能。在教学形式上重视小组合作学习和讨论，以利于人际智能的培养。在教学环节上重视最后的反思环节，培养学生的内省智能。力争使课堂教学丰富多彩，课堂互动形式多样，使学生的主体地位更加明显。

按照加德纳的观点，学校教育的宗旨应该是开发多种智能并帮助学生发现适合其智能特点的职业和业余爱好，应该让学生在接受学校教育的同时，发现自己至少有一个方面的长处，学生就会热切地追求自身内在的兴趣。

三、认知-结构教学论

美国著名的教育心理学家布鲁纳提出了认知-结构教学论，也被称为认知-发现学习说。他认为学生的认知过程就是一种表征过程，这种表征可以是动作性、映像性或是符号性表征，而学习的实质就在于认知结构的表征与构成。只有掌握了结构化的知识内容，才是真正达到了学习目的。可以给予经验规律一个意义形式，最终形成一种模式，做到举一反三、触类旁通。他认为就算是不同的学习过程，也必将经历三种相同的阶段，即知识的获得、转化、评价。

布鲁纳指出，儿童都有他自己的观察世界和解释世界的独特方式。教师的任务就是按照这个年龄儿童观察事物的方式去阐述那门学科的结构。他主张让学生主动地去发现知识，而不是被动地接受知识。发现知识，并不是要学生去寻求那些人类尚未知晓的事物，而是要让学生学会用自己的头脑去亲自获得知识。不论是在校儿童凭自己的力量所作的发现，还是科学家努力于日趋尖端的研究领域所取得的发现，按其实质来说，都不过是把现象重新组织或转换，使人能超越现象再进行组合，从而获得新的领悟而已。因此，布鲁纳认为认知-结构教学论的中心思想应包含以下三个方面内容。

一是如果让学生理解了知识的结构，这种理解就会使他不断地发现知识，独立前进。在布鲁纳看来，任何学科都有一定的基本结构（知识间的相互联系及其规律性）。由于学生在学校中接受知识的范围和深度都是有限的，所以只有让他们理解了知识的基本结构，才能充分发挥学生的智力，在一生当中都能源源不断地获取大量的知识。

二是学生只要掌握一些基本的原理，就可以推断所学知识的个别属性。也就是利用学习迁移的作用，使学生在学习知识的过程中能达到举一反三和触类旁通的境地。

三是学生不需要在头脑里记住大量的知识，只要掌握了学习的方法和策略，就自然会使他获得大量的知识。布鲁纳特别重视人在学习中的主观能动性，强调要把学生当作是主动参与知识获得过程的人。因此，教师要注意培养学生良好的学习态度，并把正确的学习方法教给学生。

根据这个中心思想，布鲁纳提出了"发现学习"的模式。教师不把知识直接呈现在学生面前，而是让学生自己通过一系列的发现行为去发现并获得所需要掌握的学习内容。也就是说，学生在学习情境中必须经过自己主动的探索和寻找，从而获得知识的答案，要求学生按照自己的学习方式去学习。

认知-结构教学论，它既是一种学习方法，又是一种教学方法。主要包括四个方面的特征。

1. 学习过程

"发现学习"强调的是学习过程，而不是学习的结果。教师教学的主要目的，就是要学生亲自参与所学知识的体系建构，自己去思考，自己去发现知识。布鲁纳认为，只有学生自己发现的知识才是真正属于他自己的东西。教学目的不是要学生记住教师和教科书上所陈述的内容，而是要培养学生发现知识的能力，培养学生卓越的智力。这样学生就好比得到了打开知识大门的"钥匙"，可以独立前进了。

2. 直觉思维

在"发现学习"的过程中，学生的"直觉思维"对学生的发现活动显得十分重要。所谓"直觉思维"，就是要求学生在学习过程中不要用正常逻辑思维的方式进行思考，而是要运用学生丰富的想象，发展学生的思维空间，去获取大量的知识。布鲁纳认为，"直觉思维"虽然不一定能获得正确答案，但由于"直觉思维"能充分调动学生积极的心智活动，因此它就可能转变成"发现学习"的前奏，对学生发现知识和掌握知识是大有帮助的。

3. 内在动机

学生的内在动机是促进学生学习活动的关键因素。布鲁纳十分重视内在动机对学生学习心向的影响作用。他认为，在学习过程中，"发现学习"最能激发学生的好奇心（探究反射），而学生的好奇心是其内在动机的原型，是学生内在动机的初级形式，外部动机也必须将其转化为内在动机才能起作用。他说，儿童的智力发展表现在内部认识结构的改组与扩展，它不是简单由刺激到反应的连接，而是在头脑中不断形成、变更认知结构的过程。因此，布鲁纳反对运用外在的、强制性的手段来刺激学生的学习，主张教师要把教学活动尽可能地建立在唤起学生学习兴趣的基础上，充分调动学生的学习积极性，才能取得良好的学习效果。

4. 信息提取

人类的记忆功能是学习活动中必不可少的条件。针对许多人把"贮存"看作是记忆的主要功能，布鲁纳提出了不同的观点。他认为，人类记忆的首要问题不是对信息的"贮存"，而是对信息的"提取"。提取的关键在于组织，在于知道信息贮存在哪里和怎样才能提取信息。他说，一个人按照自己的兴趣和认知结构组织起来的材料，就是最有希望在记忆中自由出入的材料。因此，学生的记忆过程也是一个解决问题的过程，是一个发现的过程。

布鲁纳自己也认为他的这一理论有以下四大优点。一是由于学生主动思维式的学习活动，"发现学习"有利于激发学生的智慧和潜力；二是由于学生从主动发现的过程中获得成就感，"发现学习"有利于培养学生的内在学习动机；三是学生养成"发现"的习惯后，有利于学会"发现"的技巧，为今后的独立学习和研究提供了有利条件；四是由于学生所掌握的知识是自己发现的，"发现学习"有利于学生对知识的记忆和保持。因此，布鲁纳提出了一个大胆的假设：任何学科都能够用在智育上是正确的方式，有效地教给任何发展阶段的任何儿童。

四、知识深度理论

1997 年，美国学者诺曼·韦伯博士提出"知识深度"，即 DOK（Depth of Knowledge）

理论。在美国课堂聚焦学生思维和能力的改革推进中，DOK 逐渐从评价领域延伸和拓展到课堂教学领域，成为美国课堂教学设计的重要理论和方法。DOK 理论和方法主要指向教学任务、活动和任务的设计，是推动学生深度学习和积极参与的学习工具，成为培养学生高阶思维的教学设计工具。

当我们提及"知识深度"时，总将其和"难度"相联系，韦伯的 DOK 通过不同的活动、任务和问题检测学生的认知水平，强调的不是内容的难度，而是学习的复杂度，侧重于教学效度和完整性。DOK 模型将学生的认知水平划分为四个层级：回忆/复述；技能/概念；策略性思维；拓展性思维（表1）。

表 1 DOK 学习分级表

DOK	认知水平	学习层级
回忆/复述	注重知识的回忆与重现，要求学生能回顾与主题密切相关的已有概念、认知。通常只需要简单的思维活动。	浅层学习
技能/概念	强调技能与概念，指那些超越知识回忆和重现的思考、观察并作出推论和解释。重在对技能按部就班的实操。	
策略性思维	运用策略性思考和推理，包括复杂和抽象，甚至是逻辑推理的认知需求，常常需要思维的迁移过程。	深度学习
拓展性思维	开展拓展性思考，需要高阶的认知行为，使用高级的思维模式。例如分析、综合、反思等。涉及复杂的概念等内容，甚至是跨学科的思考与实践。	

层级一：回忆/复述。 学生回忆信息或再现知识、技能的基本任务。这可能涉及简单的处理任务或者规则，学生不需要通过复杂计算或者思考，他们要么直接说出答案，要么不知道答案。比如，通过回忆故事结构的元素和细节，用话语或图来表示概念或关系。

层级二：技能/概念。 这个层级的学生通过比较、对比、描述、解释或转换信息，来综合概括和解释为什么以及如何去解决问题。在这个层次上，学生可能需要推断、估计或组织相关信息。

层级三：策略性思维。 在这个层次上，学生需要使用更高阶的思维过程。他们可能会被要求解决现实世界中的问题，预测结果，或者分析一些事情。学生可能需要从多个学科领域获取知识才能找到解决方案。

层级四：拓展性思维。 高阶的思维能力在这个层次上是必不可少的。学生必须运用战略思维来解决这一层次的问题。在韦伯的四个维度中，思维逐渐抽象升级，在第四个层级水平的学生需要教师搭建脚手架帮助他们综合、概括和解决问题。具体到学科思维水平上，还可以采用专门的学科评价理论。

韦伯的知识深度模型中，水平越高，学习的复杂程度越高，思维的层级也越高。例如层级一，仅须记忆参与学习。而要达到层级二，需要对已有旧经验进行简单加工与运用。层级三要动用更多的经验，同时要有更多元、更复杂的组合与加工，至少进行两种综合运用，才能形成所谓的"策略"。层级四则直接提出创造性开发，力求拓展，直接主张运用的复杂性与多重性。各个层次反映了学生在完成学习任务的活动中所需的认知期望和知识深度，其中层级一、二对应浅层学习，层级三、四对应深度学习。

如图2所示，将DOK模型应用于教学中，不是意在教得深奥，难倒学生，而是力求不断启动学习活动，激活思维，推动从低阶思维迈向高阶思维，助力学习不断深入。随着学习活动的认知复杂程度的提高，学生的学习不断地深入，深度学习正是在层次递进的学习任务中得以实现。

从DOK理论和活动看，教学活动的最终目标是培养学生的高阶思维和综合能力。实现这一目标需要教师从教学内容和学生特点出发，结合学科内容本身梯度设计具有不同认知水平要求的活动，促进学生深度学习，进而培养学生用知识解决问题的能力。一个真正好的学习任务应该从问题解决与应用、思维迁移与创造层面来设计。教师根据每个层级的主题要求设计开发相应的教学任务、问题和活动，开辟了由"学知识技能"到"学思维策略"的进阶路径。（图3）

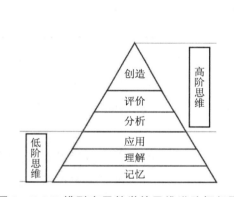

图2　DOK模型应用教学的思维进阶框架图

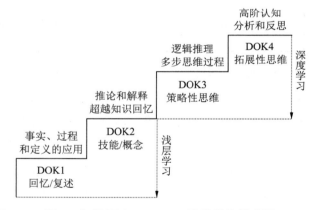

图3　知识深度（DOK）模型进阶模式图

第二章　个体化育人应遵循的原则

个体化教育是近年来备受关注的教育理念，是引导个体生命独特性发展的教育，它以尊重差异为前提，以提供多样化教育资源和自主选择为手段，以促进个体生命的自由而充分的发展为目的。它强调针对每个学生的独特需求和个性化发展来设计教育方案，使每个学生都能得到最好的教育体验和最大的发展空间。与传统的群体化教育相比，个体化教育更注重学生的个体差异和多样性，更能激发学生的学习兴趣和主动性，更有利于培养学生全面发展和终身学习的能力。个体化教育作为一种思想贯彻在教育实践过程中，要遵循如下最基本的原则。

第一节　整体性原则

教学整体性原则是基于受教育者全面发展的原则，它是指教育教学必须关注学生的整体发展和教学内容其内部和外部的联系，注重把知识、技能、思想、情感、行为等各方面有机地联系起来，创造出与学生发展需要紧密贴合的教学环境和条件，从而在吸收外部信息的基础上，实现学生内部认知结构的重构和整合。

一、推动人的整体全面发展是新时代教育的本质要求

人的全面发展是人类社会千百年来的理想和追求。早在中国的春秋时期，孔子就提出要培养"志于道"的"士"。在古希腊，亚里士多德曾提出培养"体、智、德"和谐发展，"真、善、美"三位一体的"完善的人"。马克思科学概括了人的全面发展的理论内涵和实现条件，从辩证唯物主义和历史唯物主义出发，科学阐释了人的全面发展。教育是推动和实现人的全面发展的重要途径，推动人的全面发展是新时代教育的本质要求，也只有在社会主义和共产主义制度下，才能真正实现人全面而自由的发展。只有通过社会主义教育，才能实现人的智力和体力的统一，精神劳动、物质劳动和享受的统一，生存和发展的统一，使人的潜能和天资、兴趣和才能得到应有的充分发展，使人的身心、精神、才能、个性全面而丰富地发展。

二、推动人的整体全面发展是党的教育方针的重要内容

培养全面发展的人作为党的教育方针的重要内容，始终被置于重要的位置，指引着

我国教育事业的发展方向，不断纠偏，保障了整个教育事业的健康发展。习近平总书记高度重视推动人的全面发展，他强调立德树人，强调劳动教育。2021年新修订的《中华人民共和国教育法》进一步完善了教育方针，将劳动教育写入其中，规定"教育必须为社会主义现代化建设服务、为人民服务，必须与生产劳动和社会实践相结合，培养德智体美劳全面发展的社会主义建设者和接班人"。

三、"五育并举"是推动人的整体全面发展的重要途径

"五育并举"是落实党的教育方针、推动人的全面发展的重要途径。所谓"五育并举"，就是指通过德育、智育、体育、美育、劳育共同作用，多方面、全方位提高人的素质，开发人的潜能，促进人的全面发展。只有"五育并举"，才能以一种全面的教育方式培养全面发展的人。其中，德育是人的全面发展的灵魂，智育是促进人的全面发展的基础，体育是促进人的全面发展的基本前提，美育是促进人的全面发展不可缺少的组成部分，劳育是促进人的全面发展的重要途径，这五者尽管内容不同，但相互依存、相互制约、互为条件、不可分割。

四、推动人的整体全面发展需要处理好几种关系

学生的发展是整体的发展而不是片面的发展。教育要促进学生全面的、整体的发展，这就意味着教育必须提高学生德智体美劳诸方面的水平，不能偏废任何一个方面。

学生的发展应是协调的发展。协调发展包括学生身体的各个器官、各系统机能的协调发展；学生各种心理机能，包括认知、情感、个性、社会性等协调发展；学生的生理和心理协调发展；学生个体需要与社会需求之间的协调发展。

学生的发展是有个性的发展。教育除了使每个学生达到国家统一要求的标准之外，还要根据每个学生的特点和可能性，充分发挥他们各自的潜能，让不同的学生有自己的特色。

五、"适合的教育"要站在"合乎群体"的角度推动人的整体全面发展

每一个人作为群体中的一员，具有群体的特征。对于学生而言，其群体特征至少包括三个方面：年龄适宜性、社会适宜性和文化适宜性。这些群体特征既是"适合的教育"的出发点，也是其努力达成的目标。

推动人的整体全面发展的"适合的教育"要体现"年龄适宜性"。英国哲学家怀特海说过，所谓教育的节奏，就是在学生心智发展的不同阶段，寻找合适的时机，采用恰当的方法，实施相应的课程。基于年龄相同的学生具有普遍的特征、能力和行为，教师应当根据学生在某年龄阶段的典型发展状况，用他们喜闻乐见的教育方式，解决他们成

长中的问题，引导他们的发展。

推动人的整体全面发展的"适合的教育"要体现"社会适宜性"。每一个人都是国家公民，国家对公民的要求，就是必须具备的基本素养。这一要求体现在教育中，就是教育目的。"适合的教育"，要符合教育的目的，遵循国家的教育方针，完成公民培养的任务，保证所有的人都能受到基本的义务教育，达到国家对公民的基本要求，这些都需要符合人的整体全面发展原则。

整体育人，就是坚持整体性原则，整体规划，整体安排，整体推进，整合利用各种资源，统筹协调各方力量，把育人渗透到学校教育教学各个环节、各个方面，实现全科育人、全程育人、全员育人。同时，在育人的过程中，注重培养人的整体性发展，使人的身心、智力、情感、意志等都得到发展，具体说就是使学生具有高尚的道德情操、扎实的科学文化素质、健康的身心和良好的审美情趣，努力使学生具有中华文化底蕴、中国特色社会主义共同理想、国际视野，从而促进人的德智体美劳全面发展。

推进整体育人，要统筹做好几项工作：一是统筹各学科，特别是德育、语文、历史、体育、艺术等学科。充分发挥人文学科的独特育人优势，进一步提升数学、科学、技术等课程的育人价值。同时加强学科间的相互配合，发挥综合育人功能，不断提高学生综合运用知识解决实际问题的能力。二是统筹课程、教学、评价、考试等环节。发挥课程整体育人功能，积极推进校本教材编写、课堂教学、评价方式、考试命题等各环节的改革，使其有效配合，相互促进。三是统筹科任教师、管理人员、后勤人员、社会人士等力量。充分发挥各自优势，明确各支力量在教书育人、服务保障、教学指导、研究引领、参与监督等方面的作用。围绕育人目标，协调各支力量，实现教学育人、管理育人、服务育人，形成育人合力。四是统筹课堂、校园、社团、家庭、社会等阵地。发挥学校的主渠道作用，加强课堂教学、校园文化建设和社团组织活动的密切联系，促进家校合作，广泛利用社会资源，科学设计和安排课内外、校内外活动，营造协调一致的良好育人环境。

第二节 差异性原则

差异性原则是指教师在教育教学过程中，面向全体学生，同时又要根据学生的个别差异，有的放矢地进行有差别的教学，使每个学生都能扬长避短，获得最佳的发展。此原则既为学生身心发展的客观规律所决定，也受我国的教育目的制约。差异性原则下的教育遵循"不同情况不同对待"原则，它是根据受教育者的先天禀赋、身心差异、不同需求等具体情况区别对待，"精准提供"的差异性教育服务。差异性教育原则的实质是因材施教，正视个体的差异性，放弃对教育同质性的追求，主张人人都要接受适切的教育。

一、因材施教是差异性教学原则的实质

"因材施教"是中国古代教学思想中一条重要的教育原则。因材施教出自《论语·先进篇》，两千多年前，我国伟大的思想家、教育家孔子在兴办私学、教授诸生的过程中就提出和践行了"因材施教"思想。孔子办学，"有教无类"，不仅弟子众多，来自五湖四海，而且背景五花八门，水平参差不齐。面对如此复杂的状况，怎样施教？孔子以其高超的智慧，针对每个弟子在学习志趣、才具能力、德行表现等方面的具体情况，采取不同的方法，进行不同的教育，一把钥匙开一把锁。宋代大儒朱熹对孔子的这一教学原则加以提炼和概括，言："孔子教人，各因其材。"《论语》中许多生动的事例表明，孔子确实是世界上最早，也是最娴熟地把因材施教方法运用于教学过程的教育家。

孔子因材施教模式在教学上的主要表现是通过谈话、观察、提问等方式，深入了解学生的个别差异，掌握学生的兴趣、能力、性格、志向、学习态度、学习专长、年龄差异等进行施教。因材施教的最大特点是要充分注意学生的个体差异，并进行适当的引导，使学生能够扬长避短，得到最优化的发展。可以说，因材施教是差异性教学原则的实质。

二、"适合的教育"是差异性教学原则的精髓

因材施教的教育理念几乎贯穿中国的教育史，如何进一步传承与发展呢？星海小学认为，新时代教育应当是一种公平的教育，应当是服务于每一位师生发展的教育，而发展"适合的教育"，正是解决这一问题的灵丹妙药；只有"适合的教育"才能使师生焕发生命的活力，才能有效解决人民群众对教育的多样化和个性化的需求。

星海小学地处苏州工业园区这样一个中西文化的交会地带，从学校独立办学至今，在多元文化的大背景下，教育需求的多样性和独特性就成为办学不可回避的事实。从家长层面看，星海家长对子女的教育有期待，有主见，有高要求；同时，获益于名校效应，星海小学的办学也有来自政府、社会高标准的期待。

"适合的教育"的核心要义是聚焦自主性、激发能动性、关注互动性。让人人做自己的第一，个个成为学校的唯一，已经成为星海人的成长信条。学校承认有个性风格的学生存在，并且提供舞台，让学生能够展示自己的才华，这便是"适合的教育"。"适合的教育"以差异性原则为基础，以因材施教为指向，遵循学生身心发展规律，关注个体的成长，着眼于学生的全面发展，适应学生的身心发展。同时，为了有效实施"适合的教育"，学校以三大举措助力学生扬长避短，得到最优化的发展：一是提供适合的课程

资源，开发有个性的"满天星"课程，真正为每一位学生提供多样化的校本课程体系，让课程成为滋养学生身心成长的精神资源；二是开展适合的评价，坚持在小学阶段为每一个学生颁一次奖的理念，融入适合"每一个"的评价理念，注重"每一个"的过程性，重视"每一个"的多元性，强调"每一个"的激励性，以评价点亮每一个孩子的成长；三是实施"三自递进、内外互动"的适合策略，倡导"三自"境界，从自愿学习到自能学习，再到自创学习，因学施导，分段要求，因材施教，注重差异化的教育，坚持"三减二加一增"，助力"适合的发展"，让"适合"在课堂内外落地生根。

总之，全面了解学生永远是教育的首要前提，教师必须在深刻把握每一个学生共性与个性的基础上，针对共性优化教育资源，针对学生差异开展因材施教。

第三节　主动性原则

主动性原则是指在教育教学中，须有效地使学生主动地参与到教学认识活动中来，积极地从事发现问题和解决问题的学习，发展开拓、创新的能力和个性特质。个体化育人的主动性原则要求以马克思主义科学实践观为理论基础，把教育教学认识活动看作是学生主动变革现实客体或知识客体的过程，是主动探索事物由来和发现其间关系的活动，是不断改进已有认识、不断成长的历程。总之，这是一种主动、能动的活动，要促进的是学生的科学认识活动和社会实践活动，而不是单纯的观念或思维的活动。

一、主动性原则是实现"以人为本"现代教育理念的关键

教育是对人的成长发展的引导与塑造，教育的根本问题是人的发展问题。教育中体现"以人为本"，就是要"以学生为本"（生本），以学生的学习和发展为本。人既是发展的第一主角，又是发展的终极目标。"以人为本"的现代教育理念倡导尊重、发挥和完善学生的主体性，引导受教育者能主动地将人类科学的、道德的、审美的、劳动的诸方面文化成果内化为自身的较为全面的素质，使身心两方面的潜能都能获得提高，都获得发展。而实现让全体学生生动、活动、主动地发展的总目标，很重要的一条就是在教育教学中贯彻主动性原则。

在教育教学中强调主体性，强调学生是教育活动和发展的主体，强调学生的积极参与、主动投入，将有利于学校和教师更深层次地理解素质教育的内涵，以主动性原则为指导，以各种活动为载体，还给学生自主和选择的权利。在自主、合作、探究中，引导和培养学生树立正确的学习观、人生观、价值观，鼓励学生走出校园，融入社会，参与社会调查和社会实践活动，关心身边发生的事件，关注社会，爱护环境，遵纪守法，提

升公民素养和人文素养。

二、建立开放型的师生关系是主动性原则实施的前提

教育活动中的个性是个体通过教育活动实现自我潜能的激发，形成一种自主的、和谐的、不同于他人的独立人格。1996年6月召开的世界教育大会通过的《萨拉曼卡宣言》中提出"全纳性教育"，意即每一个孩子都有受教育的权利，教育体系的设计和教育方案的实施应充分考虑每一个孩子有独一无二的个性，都有特殊需要，教育活动应当以孩子为中心，学校应当有能力去适合学生的状况。由此观之，个性化教育就是一种以培养人的完美个性为根本目的，充分尊重学生的个体差异，发挥学生的主动性和创造性的教育。

星海小学在教育实践中得出，实施主动性原则，首先要建立新型的师生关系，即互助平等的关系，在整个教育教学过程中，学校和教师在思想上要相信学生有参与教学活动的能力，有调整自己行为去适应教学活动发展的能力。学校和教师应尊重学生，从学生个性出发来考虑学生的发展方向，以个性充分自由的发展为目标，善于发现个性、研究个性，培养学生独立人格，发展学生个性才能。其次，教师要重视学生对认知的需求和学生的情绪，为学生情感和认知投入充分的时间和空间，在教育教学中引导学生独立自主地思考，充分地表达自己的见解，从而主动探索、获取知识，具备终身学习的能力和独立解决问题的能力。

三、主动性原则推动学校特色化进程和新型教学体系的建立

教育的根本任务是促进学生的发展，教育要完成这个任务，必须通过学生主动积极参与，在主体意识强大的基础上才能得以实现。可以说，离开了学生主体性的发展，教育就失去了依托和生命力。同样的，关注学生的主体性地位，也有助于学校建立新型师生关系和教学体系，推动学校创新教育的进程。

星海小学个体化育人模式尊重学生的个性差异，力求学生主动、自由发展，主要表现在如下方面。

1. 以学生为中心，课程结构和教学内容不断优化

从"适合的教育"和"学生核心素养"的角度出发，学校致力于构建具有广泛适应性和选择性的课程体系，围绕"N+1"特色课程，创设网上常态化选课和监测机制。近年来又结合地方特色深入开发校本课程，推出"星梦课程"，以学生自主选课、教师走班授课、长短课时叠加、学科有机融合等方式，为学生多元发展搭建了更加坚实的支撑平台。

2. 以学生为中心，评价机制日益丰富和多元

学校从各个方面去审视学生的综合素养，立体式地还原作为"人"的价值存在，建立并完善多元、日常、动态的"十佳星海娃"评价体系，以综合素养评价为载体，实现评价对学生素养的动态促进。

3. 以学生为中心，教学方法和教学手段不断创新

随着"5G+教育"新时代的到来，学校借助园区易加互动平台通过全学科靶向作业、项目化作业改革、课堂、练习、测验数据检测等方式，组合教学方法和教学手段，助推精准化智能化教学探索，不断开发学生的创造潜能。

学校教育就应该是开发学生多种智能并帮助学生发现自己的智能。主动性原则的实施，也应兼顾个性差异和全面发展，不断优化教育教学方法，坚信"人人成功、人人成星"的发展观，让每个学生得到最大程度的发展进步。

第四节 发展性原则

教育是关注并引领下一代向着预定方向发展的共同认知，发展性原则则是这一认知的基石和核心。

发展性原则指的是在管理心理学研究中必须研究和尊重被研究对象个体的发展性，在研究个体的发展中研究他的心理现象及其发展的轨迹。这一原则要求在研究中不仅阐明一个人业已形成的心理品质，而且要考虑一个人的历史发展的状况，并以此推测他的未来的"可能"，特别是揭示那些刚刚产生的新的心理特点。这一原则对于预测一个人的发展前景具有特别的重要意义。作为教书育人、答疑解惑的教师来说，一定要做到客观地、全面地、公平公正地对学生进行多方面的评价。可以尝试多采用表现性评价方式，针对不同的学生选择不同的评价标准和评价方式。评价方式要灵活多样，不要只用一个标准、一种方式，以避免把一部分有个性发展的学生评下去。

这些年来，星海小学始终坚守和贯彻发展性原则，一切教育教学手段都是基于学生的可持续性发展。

2022年，星海小学向园区展现了"5G支撑下核心素养导向的大单元协作式学习研究与实践"的新成果，六位骨干教师携手园区教师发展中心小学科学教研员陆静雯，以及星澜学校优秀骨干教师孙瑞给大家带来了八节精彩课，呈现5G环境下大单元视域下协作式学习应有的样态。课堂中，聚焦单元整合教学，探索"协作式"课堂新样态，整合信息资源，促进学生深度学习，提升核心素养。陶晴老师围绕语文整体单元构型之"变"、课堂教学范式之"变"、常态教研方式之"变"，作"聚焦三变：语文单元整体

教学的正确打开方式"的报告,生动地诠释星海小学语文教学的变革。顾晓雯作"长短结合,大单元视域下小学数学协作式教学的实施路径"的报告,指出以提升学生数学核心素养作为出发点,聚焦单元整合教学,注重知识的长短结合,探索"协作式"课堂教学模式的实施路径,让学生在"做"数学中学习数学,整合信息资源,促进学生深度学习。俞丽英老师在"上下相融:小学英语协作式学习的应然选择"的报告中,指出学校英语学科主要采用线下教学和5G背景下的在线学习有机融合的混合式学习,培养学生听、说、读、写、看的语言能力,以及扎实提升英语核心素养。尤佳校长就学校层面的思考和实践进行汇报:"素养导向,学为中心,以学力进阶为目标的个体化学习新路径","技术赋能,教有范式,以真实任务为依托的协作式教学新模式","人机协同,境生万维,以真实情境为背景的智能化教学新空间"。副校长胡修喜主持了"大单元视域下的协作式学习"微论坛,与会代表从不同层面畅谈他们眼里的"5G支撑下核心素养导向的大单元"和"协作式"学习。

苏联著名教育家维果斯基认为教学应该创造最近发展区,然后使最近发展区转化为现有发展水平;教育学不应当以儿童发展的昨天,而应当以儿童发展的明天作为方向。他的学生赞可夫曾以"教学与发展"为课题,进行长达二十年的教育科研与教改实验,成功运用了他的"最近发展区"学说,并生成"教学与发展"的理论。

赞可夫提出了五条教学原则。

1. 以高难度进行教学的原则

教学要有一定难度,教学内容要充分满足学生的求知欲和利用学生的认知的可能性,用稍高于学生原有水平的教学内容来教学生,才能有效地促进学生的发展。

2. 以高速度进行教学的原则

天下武功,唯快不破。教学进度太慢,大量的时间花在单调的重复讲授和练习上,阻碍了学生的发展。因此,从减少教材和教学过程的重复中求得教学速度,速度提升了,自然就是提高了学习效率,赢得的时间不仅可以用来学习更广的知识,还可以用来追求知识的深度。当然,速度也不是越快越好,速度一定是建立在学生真正理解的前提上的,不然的话就与"填鸭"无异。

3. 理论知识起指导作用的原则

只有掌握理论知识后,才能够把握事物规律,然后才可以调动思维积极性,促进学生发展。理论知识可以揭示事物内在联系,孩子掌握理论知识后能够把握事物规律,然后展开思想,实现知识迁移,调动思维积极性,促进一般发展。

4. 使学生理解学习过程的原则

知道了知识的原理,还得知道怎么才能学习到知识。教学要引导学生把前后所学的知识进行联系,了解知识网络关系,使之融会贯通,灵活运用,寻找掌握知识的途径,从而培养学生的自学能力，促进学生的发展。

5. 使全体学生都得到一般发展的原则

教学应该面向全体学生，应该设计好教学思路，必须适合大多数学生的学习水平，要做到"雨露均沾"，让学生融会贯通，启发思考，使全体学生都能得到发展。

在星海，家长对子女的教育有期待，有主见，有高要求，名校效应照亮了家长们"望子成才"的星空；政府和社会也因此光芒四射，衍生出高标准的期待。星海学生是同龄人中的佼佼者，他们思维活跃、成绩优异、眼界开阔，崇尚自我表现。基于办学背景、区域特点和时代需求，星海小学重新审视学校办学思想、育人模式和文化传承后，确立了办"适合的教育"的主张，坚持多元公平，强调有教无类，站在因材施教的高度，为每一个学生的成长创造机会和平台，星海人努力探寻适合"每一个"的教育。

第五节 创造性原则

见识了太多的课堂，引发了太多的感触。今天的课堂，到底应该给孩子们什么？

老师们都说："我依据了课程标准"，"我训练了学生的技能"，"我注意了因材施教"，"我完成了本节课的教学任务"……

安德森的"学习、教学和评估的分类学"，将认知目标划分为"知识"和"认知过程"两个维度。"知识"维度除了包含原有分类学中的事实性知识、概念性知识和程序性知识外，新增了元认知知识。"认知过程"维度分为记忆、理解、应用、分析、评价和创造。其中，属于高阶思维能力的是分析、评价和创造。在动物界，鱼类就能够记忆，爬行类动物就能够理解别的动物的行动，动物装死就是理解了其他动物的不友善行为，灵长类动物学会了模仿，将别的动物的行为应用过来。只有人类，能够在活动中分析、评价和创造。原始人类制造工具和使用火，就是高阶思维活动，这终于将人和动物区别开来。

课堂教学如何呈现高阶思维活动，打造高效课堂，让学生有所得？

星海娃在"航天+"课堂里，跨学科探索，"问天""探天""飞天"。各学科有机统整，让学生在发现、探索、思考、行动中解码航天秘密，诉说航天梦想，创制航天模型，学习航天精神……

老师们这样安排活动课——

一、二年级的星海娃们，了解航天知识，萌发航天梦想。星慧课程图说太空，创意拼搭；星言课程图文结合，绘制交流航天梦想；星创课程折一折纸飞机，放飞梦想；星艺课程唱响星空歌曲……

三、四年级的星海娃们，探索飞行原理，学习航天精神。星创课程中拼装飞机模型；星言课上用语言说清制作过程；星慧课程中用数字解密航天知识；星育课程中夸夸自己心目中的航天英雄；星艺课程中绘制宇航员面具，唱响"夜空中最亮的星"。

五、六年级的星海娃们，玩转航天模型，传承航天精神。星言课设计航天玩具制作指南，星创、星慧课从外形上设计飞船火箭，星育课追溯航天历史，星艺课唱响中国航天的实力，星动课用竞赛传扬航天精神！

年龄不同，认知的方法不同，理解的程度、学习的能力均有差异。但这样的层次，切合学生的实际，且每一层次均有高阶思维，有学生的创造活动。如果活动仅停留在听讲座、看视频、看图片，学生的收获又会怎样？那是不言而喻的。

在课堂教学中，只有将低阶思维和高阶思维活动共同构成多样化、由低到高的层进式的课堂核心活动，才能实现在发展学生低阶思维的同时，推动其高阶思维的发展，进而实现课堂教学的有效性。

这里有几点原则。

1. 协同性原则

学生创造性的培养与训练，应同日常教学活动及学生的其他活动协同进行，充分发挥创造性培养与训练同知识传授、能力培养、思维培养、个性品质培养等在教学目标、内容和方法等方面的协同效应，促进学生创造能力与创造意识、创造人治的协同发展，提高学生的综合创新素质。

2. 主体性原则

在学生的创造性培养与训练中，应当更多地把学生放在整个活动的主体地位，引导和启发全体学生自觉地、积极地、主动地参与到活动中来，培养他们的创造意识、主动参与创造和独立进行创造的精神。教师要善于激发学生主动地接受训练的热情，引导学生自觉进行训练，自觉地去寻找各种有效的方法，尝试独立地解决问题。

3. 活动性原则

创造性培养与训练的最终目的，是让学生能更为有效地解决学习、生活和社会实践中的具体问题。因此，结合实际，在形式多样的发明、制作、实验、论文等各种科技创造活动或实际的科学研究活动中，进行创造性的培养与训练，让学生掌握实际操作能力，意义更为重大。

4. 整体性原则

人的创造性有它的多维度、多层次的结构。学生创造性的提高，不只反映在掌握了有效的创造方法上，还表现在创造性意识的增强、创造性动机的激发、创造性心理的完善、创造性人格的成熟、创造性能力的提高等方面。这些综合构成了一个人的创造性的整体结构。因此，从整体上去提高一个人的创造性要比让一个人单单掌握几种创造方法更加有价值。

5. 兴趣性原则

学生的创造性的培养与训练，要求教师善于创设活动情境，采取以趣激学、寓教于乐、趣中启智、丰富多彩的形式进行，使学生对创造性的培养与训练产生浓厚的兴趣，兴趣盎然地参与其中；在培养与训练过程中，教师还要善于创设和谐协调、合作竞争的心理氛围，使全体学生体验到成功的愉悦感，从而进一步激发学生积极进行创造活动的热情。

而在教学实际活动中，则应注意培养创造力的几点教学原则。

1. 主体主导原则

尊重学生的主体地位，充分调动学生"为创造性而学"的积极性和主动性，同时教师要有"为创造性而教"的自觉性，发挥主导作用。这是培养学生创造力的前提。课堂上出现众多见解而教师莫衷一是也是不可取的。

2. 求异求优原则

引导学生从尽可能多的不同角度分析问题、解决问题，提出尽可能与众不同的新观念、新办法，并从"异"中求"优"。这是创造性教学的灵魂。一题多解，花开朵朵，智慧在碰撞中生成。

3. 启发探索原则

重视学生解决问题的思维过程和思维策略，不直接向学生提供现成结论和解决问题的方法。要引导学生通过自己的探索，发现结论和解决问题的方法。学生的自我发现远胜于教师的千教万教。

4. 实践操作原则

引导学生动脑、动手、动口，从事创造实践，在创造实践中学习创造技能，增长创造才干，发展创造兴趣，强化创造精神。

5. 民主和谐原则

尊重学生的人格，尊重学生的观点和思路，与学生平等对话，相机诱导，不搞"一言堂"，不轻易否决学生的"一知半解"。

6. 因材施教原则

了解学生的个性特点、兴趣爱好，为不同学生提供不同的学习帮助，注重发展学生的个性专长。

7. 成功激励原则

帮助学生实现创造成功，高度珍视学生的每一个哪怕是极其微小的成功。用适当的方式启发学生认识自己的创造成功，发展他们的创造性成就动机和自我效能感等追求成功创造的心理品质。

8. 积极评价原则

努力发现学生的学习态度、方法、成果方面的创造性的闪光点，坚持表扬、鼓励。对不足之处甚至错误的地方，要采取宽容的态度。

9. 全体全面原则

坚信每个学生都有创造的潜能，坚持面向全体学生，尤其要满腔热忱地善待后进生。在教学目标上，不仅要注意创造性智能因素的培养，还要注意创造性人格和品质的培养，要促进全体学生德智体美劳的全面发展。

10. 不悖伦理原则

创造性教学过程中，要引导并鼓励学生异想天开、大胆求异，但要注意伦理要求。比如孩子们画马，什么颜色可以不必计较，如把马画成植物，那就要指出来。生物课上把马说成肉食性动物、爬行类动物，都要指出其谬。

创造是人类社会经久不衰的话题，人类就是在创造中不断更新，不断完善自己。教育关乎着人类文明的传承，创造也是传承的基因之一，依托教育的成效，创造将使人类的明天不断美化。

实践篇 个体化育人的实践路径与创新

第三章　个体化育人政策梳理与实践历程

第一节　我国教育个体化政策与举措

一、主要政策导向

（一）核心素养体系

1. 背景介绍

为把党的十八大和十八届三中全会提出的关于立德树人的要求落到实处，2014年，教育部研制印发了《关于全面深化课程改革落实立德树人根本任务的意见》，提出"教育部将组织研究提出各学段学生发展核心素养体系，明确学生应具备的适应终身发展和社会发展需要的必备品格和关键能力"。

核心素养是党的教育方针的具体化，是连接宏观教育理念、培养目标与具体教育教学实践的中间环节。党的教育方针通过核心素养这一桥梁，可以转化为教育教学实践可用的、教育工作者易于理解的具体要求，明确学生应具备的必备品格和关键能力，从中观层面深入回答"立什么德、树什么人"的根本问题，引领课程改革和育人模式变革。

2. 基本原则

第一，坚持科学性。紧紧围绕立德树人的根本要求，坚持以人为本，遵循学生身心发展规律与教育规律，将科学的理念和方法贯穿研究工作全过程，重视理论支撑和实证依据，确保研究过程严谨规范。

第二，注重时代性。充分反映新时期经济社会发展对人才培养的新要求，全面体现先进的教育思想和教育理念，确保研究成果与时俱进、具有前瞻性。

第三，强化民族性。着重强调中华优秀传统文化的传承与发展，把核心素养研究植根于中华民族的文化历史土壤，系统落实社会主义核心价值观的基本要求，突出强调社会责任和国家认同，充分体现民族特点，确保立足中国国情、具有中国特色。

3. 基本内涵

（1）文化基础

文化是人存在的根和魂。文化基础，重在强调能习得人文、科学等各领域的知识和技能，掌握和运用人类优秀智慧成果，涵养内在精神，追求真善美的统一，发展成为有宽厚文化基础、有更高精神追求的人。

人文底蕴。主要是学生在学习、理解、运用人文领域知识和技能等方面所形成的基本能力、情感态度和价值取向。具体包括人文积淀、人文情怀和审美情趣等基本要点。

科学精神。主要是学生在学习、理解、运用科学知识和技能等方面所形成的价值标准、思维方式和行为表现。具体包括理性思维、批判质疑、勇于探究等基本要点。

（2）自主发展

自主性是人作为主体的根本属性。自主发展，重在强调能有效管理自己的学习和生活，认识和发现自我价值，发掘自身潜力，有效应对复杂多变的环境，成就出彩人生，发展成为有明确人生方向、有生活品质的人。

学会学习。主要是学生在学习意识形成、学习方式方法选择、学习进程评估调控等方面的综合表现。具体包括乐学善学、勤于反思、信息意识等基本要点。

健康生活。主要是学生在认识自我、发展身心、规划人生等方面的综合表现。具体包括珍爱生命、健全人格、自我管理等基本要点。

（3）社会参与

社会性是人的本质属性。社会参与，重在强调能处理好自我与社会的关系，养成现代公民所必须遵守和履行的道德准则和行为规范，增强社会责任感，提升创新精神和实践能力，促进个人价值实现，推动社会发展进步，发展成为有理想信念、敢于担当的人。

责任担当。主要是学生在处理与社会、国家、国际等关系方面所形成的情感态度、价值取向和行为方式。具体包括社会责任、国家认同、国际理解等基本要点。

实践创新。主要是学生在日常活动、问题解决、适应挑战等方面所形成的实践能力、创新意识和行为表现。具体包括劳动意识、问题解决、技术应用等基本要点。

4. 学科核心素养体系

学科核心素养体系图谱包括知识体系图谱、关键能力图谱和素养体系图谱。学生学习情况大数据的采集以及学习路径都是基于这一图谱构建思路，通过将结构化绑定的资源转换为可视化的知识、能力、素养互联的视图，为学习者提供更加直观的学习指引和更加清晰的资源关联路径。利用图谱链接相关资源支持学习，在具体学习过程中精准刻画学习者能力与素养，这一刻画又为资源的个性化与针对性推送提供导引，形成有效教学的闭环。

（1）知识体系图谱

知识体系图谱是园区易加互动平台对标最新课改要求构建的完整知识点管理体系。学科教研员引导骨干教师团队梳理学科所有知识点并结构化呈现后，学科教师将每章或每个单元以微视频为核心的教学资源与知识点进行绑定，形成多层级关联的知识点及资源体系。教师可以根据知识体系图谱索引，快捷地查找资源并将其直接生成二维码，提供给学生学习，学生也可以通过章节或单元知识点索引快捷地找到学习资源，避免了海量资源让学生产生的知识迷途与信息过载问题。知识体系图谱的结构化呈现，便于教师掌握学生学习情况，教师也可通过知识点之间的关联分析，优化下一步的教与学环节，组织针对薄弱知识点的改薄训练，或引导学生开展进阶训练。针对不同学习者学习需求，平台还设计了不同的知识点呈现形式，如星空图、网状图或树形图等，供学习者根据现实需要选择。

（2）关键能力图谱

学科关键能力是核心素养的重要组成部分，是学科育人目标的具体落地。在以往的教学中，教师往往参照布鲁姆教育目标分类法，将认知能力水平由低到高分为记忆、理解、运用、分析、综合、评价六个层次。如今园区易加互动平台尝试建立学科关键能力和认知能力水平之间的联系，形成关键能力图谱，把握学生学科关键能力长短板。关键能力图谱就是在布鲁姆教育目标分类法基础上，增加了创造认知能力水平维度，形成记忆、理解、运用、分析、综合、评价、创造七大认知能力水平，同时结合学科关键能力与七大认知水平建立双向细目表，形成勾连关系，便于监测与参照。

（3）素养体系图谱

2014年，教育部印发《关于全面深化课程改革落实立德树人根本任务的意见》。2017年，学科核心素养正式进入课程标准体系。中国学生发展核心素养，主要指学生应具备的，能够适应终身发展和社会发展需要的必备品格和关键能力。学科核心素养体系图谱的构建比知识体系图谱和能力体系图谱的构建更为重要也更为困难。为此，园区开展了深入探索与研究，以国家颁布的学科核心素养体系为纵向评价指标，以综合素质发展为横向评价坐标，依据教育部颁布的中小学教育质量综合评价改革意见，形成了中小学语文、数学、英语、物理等学科的核心素养图谱。

（二）"双减"背景

1. "双减"政策出台的背景依据

近年来，义务教育最突出的问题之一还是中小学生负担太重，短视化、功利性问题没有根本解决。一方面是学生作业负担仍然较重，作业管理不够完善；另一方面是校外培训仍然过热，超前超标培训问题尚未根本解决，一些校外培训项目收费居高，资本过度涌入存在较大风险隐患，培训机构"退费难""卷钱跑路"等违法违规行为时有发生。这些问题导致学生作业和校外培训负担过重，家长经济和精力负担过重，严重对冲了教育改革发展成果，社会反响强烈。党中央对此高度重视，2021年7月，中共中央办公厅、国务院办公厅印发了《关于进一步减轻义务教育阶段学生作业负担和校外培训负担的意见》，站在实现中华民族伟大复兴的战略高度，对"双减"工作作出了重要决策部署，要求从政治高度来认识和对待，从体制机制入手深化改革，全面贯彻党的教育方针，落实立德树人根本任务，促进学生全面发展和健康成长。按照党中央、国务院决策部署，各地深入开展减轻义务教育阶段学生作业负担和校外培训负担工作，取得了积极成效。

2. "双减"工作的总体目标任务

"双减"工作的总体目标分为两个方面。在校内方面，学校教育教学质量和服务水平进一步提升，作业布置更加科学合理，学校课后服务基本满足学生需要，学生学习更好回归校园。在校外方面，校外培训机构培训行为全面规范，学科类校外培训各种乱象基本消除，校外培训热度逐步降温。

一年内使学生过重作业负担和校外培训负担、家庭教育支出和家长相应精力负担有效减轻，三年内使各项负担显著减轻，教育质量进一步提高，人民群众教育满意度明显提升。

3. "双减"主要内容

一是全面压减作业总量和时长，减轻学生过重作业负担。健全作业管理机制，合理调控作业结构，分类明确作业总量，提高作业设计质量，加强作业完成指导。不得要求学生自批自改作业，严禁给家长布置或变相布置作业，严禁要求家长检查、批改作业。

二是提升学校课后服务水平，满足学生多样化需求。课后服务结束时间原则上不早于当地正常下班时间，学校可统筹安排教师实行"弹性上下班制"。提高课后服务质量，增强课后服务的吸引力。拓展课后服务渠道，做强做优免费线上学习服务，积极创造条件组织优秀教师开展免费在线互动交流答疑。

三是坚持从严治理，全面规范校外培训行为。各地不再审批新的面向义务教育阶段学生的学科类校外培训机构，现有学科类培训机构统一登记为非营利性机构，线上学科类机构改为审批制，学科类培训机构一律不得上市融资，严禁资本化运作，对非学科类培训机构分类制定标准、严格审批。规范培训服务行为，建立培训内容备案与监督制度，校外培训机构不得占用国家法定节假日、休息日及寒暑假期组织学科类培训。强化常态运营监管，培训机构融资及收费应主要用于培训业务，坚决禁止不正当竞争，严禁聘请在境外的外籍人员开展培训活动。

四是大力提升教育教学质量，确保学生在校内学足学好。促进义务教育优质均衡发展，充分激发办学活力，整体提升学校办学水平。提升课堂教学质量，严格按课程标准零起点教学，考试成绩呈现实行等级制。深化高中招生改革，逐步提高优质普通高中招生指标分配到区域内初中的比例，规范普通高中招生秩序。

五是强化配套治理，提升支撑保障能力。保障学校课后服务条件，统筹核定编制，配足配齐教师，制定学校课后服务经费保障办法，确保经费筹措到位，课后服务经费主要用于参与课后服务教师和相关人员的补助。做好培训广告管控，主流媒体、新媒体、公共场所、居民区各类广告牌和网络平台等不刊登、不播发校外培训广告。

4．"双减"提出的意义

"双减"直接限制了学科类校外培训机构的规模，缩减了其进行课外培训的时长，对校外培训机构而言可谓是影响巨大。然而，治教培机构易，治教育焦虑难。正如许多家长所担忧的，如果学生没有在学校享受到高质量的教育，现有的教育资源不均衡现状没有改变，教育领域内的"剧场效应"就不会消解，对培训的需求很可能还会通过其他手段满足。

学校教学质量是学生成长发展的重要影响因素。减轻学生负担既是作业量的控制问题，更是事关教育改革质量成色的核心问题。

从国家政策设计层面来看，当前教育部正积极加强教育教学顶层设计，开展基础教育国家级优秀教学成果评选及推广等应用工作，我国教育教学的政策保障体系正日益完善。从现实义务教育的运行来看，考试次数过多、考试形式单一、考试质量不高、唯分数倾向、个别教师违规有偿补课现象仍然不同程度地存在。因此，减轻学生作业负担要关注其背后的课堂效率源头，抓住课堂教学质量这个"魂"。

基于以上背景，要大力提升教育教学质量，确保学生在校内学足学好。要求提升课堂教学质量，深化高中招生改革，纳入质量评价体系，并要求提升学校课后服务水平，满足学生多样化需求，对课后服务时间、质量、渠道和免费线上学习服务等都作出了具体规定。

具体到落实中，一方面，要牢牢抓住学生成长的课堂主阵地，聚焦每一位学生的发展，将知识学习与人格发展等相结合，既关注学什么，又关注如何学。另一方面，要深入推进教育评价改革，有效破除唯学历、唯升学、唯分数论。要从重视学历向重视能力与素养转变，避免教育"内卷化"。要落实《深化新时代教育评价改革总体方案》相关要求，认识到每个受教育者都具有独特的发展节奏，学校教育要引导其探寻属于自身的学习方式与未来成长方式。

课后服务当前正处于政策转轨期，获得学生与家长的认同需要一个过程。学校要依据学生的多样化成长需求来科学设计服务内容，为课后服务人员的待遇提供权益保障，增强学生和家长的获得感、幸福感、安全感，解决家长的后顾之忧。

5．星海小学关于落实"双减"工作的制度

为了认真落实教育部"双减"政策，进一步做好中小学作业、睡眠、手机、读物、体质五项管理，减轻中小学生过重课业负担，营造有利于学生健康成长的环境，让学生的责任回归学校，让家庭的责任回归家庭，家校共育，标本兼治，综合施策，全面促进中小学生健康成长，星海小学结合自身的实际情况，制定出台了落实学校"双减"工作的制度。

（1）加强作业管理

① 严格作业设计。学校分学段、分学科指导教师从学与教的视角思考作业内涵，严

格作业设计，研制作业内容，规范作业布置的质与量，合理作业评价，严禁布置机械性、重复性、惩罚性、随意性等低效作业。

② 严把作业难度。严格执行国家课程标准和课程方案，科学制定并认真落实教学计划，不随意增减课程难度，不随意加快教学进度，不布置难度水平超过课标要求的作业。

③ 严控作业总量。一、二年级不布置书面家庭作业，三至六年级书面家庭作业不超过 60 分钟。学校各科作业实施三级审核制度：班主任、备课教研组长、教导处，每天、每周对作业的质与量进行审核，签字确认。学校定期和家长了解情况。

④ 严肃作业批改。教师必须亲自批改作业，提倡作业全批全改、要留就批改、个别辅导可以面批面改等方式进行，以便充分掌握学情，不得只布置不批改，不得应付性批改。不得给家长布置或变相布置检查作业任务，不得要求家长检查、批改作业。

⑤ 规范班级交流。学校制定班级微信群、QQ 群、钉钉群规范使用规定，班级群只能用于学校教师和家长在教育教学方面的沟通和相关紧急事项的通知，除因疫情防控等有特殊要求外，严禁老师在班级群布置家庭作业。每一个群的群主是主要责任人。

（2）加强睡眠管理

① 减轻课外负担。家长根据孩子的实际情况选择适当的家庭教育方式，不拔苗助长，不给学生安排太多的家庭作业和兴趣辅导班，给孩子们更多的时间发展自己的兴趣爱好。定期组织针对家长的培训，达到家校思想一致。

② 保证睡眠质量。学生到校时间不得早于 7：30，家长保证学生每天 10 小时的睡眠时间。

（3）加强手机管理

① 原则上学生不得将个人手机带入校园，禁止将手机带入课堂。

② 规范作业布置。加强课堂教学和作业管理，教师应通过课堂板书方式给学生当面布置作业，不得用手机布置作业，不得要求学生利用手机完成作业。

③ 加强教育引导。通过国旗下讲话、班队会、心理辅导、校规校纪等多种形式加强教育引导，让学生科学理性对待并合理使用手机，提高学生信息素养和自我管理能力，避免简单粗暴管理行为。

④ 做好家校沟通。家长应履行教育职责，加强对孩子使用手机的督促管理，严格控制学生居家使用电子产品，防止学生沉迷网络。家长老师及时保持沟通，掌握学生身心健康状况，形成家校协同育人合力。

（4）加强读物管理

① 激发阅读兴趣。学校强化对学生阅读的深入研究与指导，让阅读真正成为学生的学习习惯。学校组织开展读书节等全民阅读系列活动，使学生喜欢阅读，感受阅读的乐

趣，引导学生多读书、读好书、读经典，夯实学生文化知识基础，激发学生的阅读兴趣。

② 推荐优秀读物。参照《教育部推荐新课标中小学课外阅读书目》，结合实际制定适合本校学生阅读能力的推荐书目，向学生推荐经典类和前沿类的优秀读物。

③ 加强图书建设。每班教室设置图书角、图书柜、小书箱等，方便学生阅读，丰富阅读体验。

（5）加强体质管理

① 开展体育运动。学校开展阳光体育大课间活动，每天阳光运动不少于 1 小时。每个学生掌握至少 2 项日常锻炼的体育技能，形成良好的体育锻炼习惯，体质健康水平切实得到提高。教师不得"拖堂"或提前上课，保证学生每节课间休息并进行适当身体活动，减少静态行为。

② 综合防控近视。一节课 40 分钟后，应休息远眺放松 10 分钟。早上和下午各做一次眼保健操。监督并随时纠正孩子不良读写姿势，应保持"一尺、一拳、一寸"要求，读写连续用眼时间不宜超过 40 分钟。

③ 加强健康教育。通过有计划地开展学校健康教育，培养学生的健康意识与公共卫生意识，掌握必要的健康知识和技能，促进学生自觉地采纳和保持有益于健康的行为和生活方式，减少或消除影响健康的危险因素，为一生的健康奠定坚实的基础。

6. 苏州工业园区星海小学作业管理细则

（1）指导思想

为全面落实习近平总书记关于"双减"工作的重要指示批示精神，认真贯彻教育部基础教育司和校外教育培训监管司推进"双减"工作、加强义务教育学校作业管理的有关要求，以科学发展观为指导，全面贯彻党和国家的教育方针，严格执行国家、省、市、区规范办学行为的要求，以深入实施素质教育为方向，以提高教育教学质量为目的，以减轻学生课业负担为突破口，以在规定时间内增加教学效益为重点，创新教育教学管理，转变教育教学方式，打造有效课堂，提高学生生活及学习能力，不断完善深入实施素质教育的长效机制，办人民满意的教育。

（2）具体措施

① 健全制度，落实作业管理责任

实行减负工作责任制，明确校长为作业管理工作第一负责人，层层签订责任书，把作业减负工作具体落实到教师。

学校对作业减负工作定期检查，定期公示，并将检查结果纳入到教师考核之中，实行一票否决制，对严重违规的教师追究相关的责任。

通过家长会、学生座谈会、电话随访等，定期听取家长、学生对作业减负工作的意见和建议，结合学校实际按规定进行整改。

建立监督制度。设立监督信箱、监督电话。

及时鼓励和表彰在规定教学实践内通过提高教学效率保证教育质量的先进年级和优秀教师，大力推广减负增效的成功做法。

② 严格管理，减轻学生负担

严格执行课程计划。开齐、上足、教好各门课程，不随意增减课时，严禁教师随意调课或私自代课，缺漏的课要在最短时间内补齐。按课程标准要求，把握教学进度，任何年级、学科严禁提前结束新课。

严格控制学生作息时间。小学生在校集体活动时间不超过 6 小时，放学后、双休日和其他法定节假日不组织学生集体上课。

严格控制学生课外作业量。按照课程标准设计和选编作业，作业难易适度，数量适当，并有较强的针对性、典型性、代表性，能让学生举一反三；增加课内、校内学生作业时间，提倡每节课都要留有书面作业时间，课堂作业在课内完成；一、二年级不布置书面家庭作业，中高年级书面家庭作业按中等生水平控制在 1 小时以内（原则上语文30分钟、数学15分钟、英语15分钟）。严禁布置机械重复的无效作业，严禁布置惩罚性作业，严禁组织使用教育主管部门限定外的各种教辅用书；适时布置学生感兴趣、利于培养学生创新思维、动手能力的实践性课外作业，提倡使用免做作业卡。实行班主任负责制，负责协调控制语数英等各科作业总量，发现作业总量可能超过规定时间，要及时与任课老师沟通协调，调整作业量。

严格考试管理。积极推进评价与考试制度改革，建立健全学生学业发展性评价机制，强化对学生学习品格、学习能力、学习过程、学业成绩、身心发展等综合评价，学业成绩评价采用等级制。引导家长树立全面的质量观和正确的人才观，客观、全面地评价学生，引领家长共同为学生减负。严禁公布学生考试成绩，不得以任何理由和任何方式按成绩排名次或变相排名。

严格教辅资料的管理。严禁教师私自给学生征订教辅材料，学校不向学生推销上级规定之外的教辅材料。

严格控制学科竞赛。不组织和参加未经上级部门批准的各种竞赛活动。

严格组织活动。积极开展阳光体育活动，确保学生每天体育锻炼时间不少于 1 小时；积极开展社团活动，提高学生综合素养，丰富学生课余生活；定期举办全校性的艺术节、合唱节、科技节等大型集体活动；积极开展丰富多彩的读书活动，努力营造"书香校园"的氛围。

严格执行收费标准。规范收费行为，杜绝搭车收费，适当减免一些家庭困难学生的部分学习费用。

③ 强化要求，提升教师素质

全体教师必须明确减负的重大意义，从思想上认识到不但要减轻学生过重的课业负担，还要减轻学生过重的心理负担。

教师要认真学习备课常规，提前备好课，备课要做到"四备四关注"（备教材、备学生、备教法、备练习，关注教学手段、关注学法指导、关注课堂结构、关注学生作业）。要努力提高课堂教学效益，做到"学生减负，教师不减质"。切不可因自身的原因，搞课堂不足课外补。

教师必须按时授课，不拖堂，不得占用学生的课间休息时间，不得随意剥夺学生上课权。减轻课堂学习负担，组织有效教学，合理安排教学时间，教学容量适度，教学环节紧凑，改进教学方法，倡导自主、合作、探究性学习，鼓励启发式教学，合理运用现代教育技术优化教学过程，不断提高课堂教学质量和教学效率。

教师要树立正确的教育观、学生观、人才观和质量观。爱护每一个学生，禁止歧视、讽刺、挖苦学生，杜绝把增加作业量作为惩罚学生的手段，禁止体罚和变相体罚。给学生一个宽松、和谐的学习环境。

教师布置课外作业必须做到精选、分层，作业量不超出规定。要认真及时批改与讲评作业和练习，做到有发必收、有收必改、有改必评、有错必纠，对特殊学生的作业要面批，对非书面作业通过多种形式进行检查评判。运用短语加等级等激励性评价手段批改作业，使用的符号要规范、统一，让学生能及时获得作业的反馈信息，培养学生"自查""自纠""自清"的习惯。允许学有困难的学生适当少做或迟交作业，并对其加强个别辅导。年级组长、班主任注意协调作业总量；教研组长、备课组长注意控制练习资料，提高练习的有效性、针对性。

教师要采取切实可行的措施，加强个别辅导。要从最后一名关心起，做到"不放弃""不抛弃"。要针对不同辅导对象和辅导内容进行深入研究，在充分备课的基础上上好辅导课，切实提高辅导效率。

任何老师不得占用节假日、双休日等组织学生上课，在家庭或社会办任何形式的补习班、辅导班，加重学生负担，更不得收费上课、有偿补课。

各年级组、教研组要把减负列入本组工作目标，加强校本练习的研究、开发，不断完善教学资源库，实现资源共享，提高工作效率。

班主任、任课教师要做好家长工作，积极向家长宣传素质教育精神和减负的目的、意义和要求等。

为落实以上措施和行动，学校将切实加强对规范办学行为和减负增效工作的监控，加大管理力度，建立有效机制，强化措施，加强监督，确保各项规定落到实处。

(三) 大数据驱动个性学习

随着互联网技术的不断发展与成熟，大数据技术已在各行各业广泛应用，并深刻影响着人们的学习和思维方式。由于人们对大数据及教育大数据的认识是一个渐进的过程，了解大数据内涵的拓展，有助于厘清人们的认识，形成统一观念。

大数据这一术语最早由美国学者阿尔文·托夫勒在1981年出版的《第三次浪潮》一书中提出。"大数据"一词是基于对某种问题现象的描述，1997年，美国宇航员考克斯和埃尔斯沃斯在使用超级计算机处理模拟气流数据时遇到了这样的难题，"数据集相当大，对主机内存、本地磁盘甚至远程磁盘都造成挑战，我们称此问题为大数据"。这时，大数据第一次正式进入大众视野。2000年，迪博尔德发表的论文使大数据第一次出现在学术期刊。2008年，《自然》杂志"大数据专栏"的推出让更多研究人员了解了什么是大数据技术。2010年，大数据作为一项前沿技术进入互联网行业，并发展至今。

大数据作为互联网领域中的一项创新应用，目前仍处于快速发展与研究阶段。美国麦肯锡全球研究所定义大数据是一种大规模数据集合，其数据量无法通过传统数据处理方式进行采集、储存、管理等。最新的大数据研究表明，大数据具有5个基本特征：数据量（Volume）大、数据类型（Variety）多、数据处理速度（Velocity）快、数据真实性（Veracity）强、数据价值（Value）密度低，简称大数据的"5V"特性。

如今，大数据技术已融入人们生活的方方面面，随着深度学习、人工智能、5G等技术发展，数据采集方式愈发便捷、数据挖掘愈发深入、数据分析愈发准确，同时各行各业的数据得到前所未有的高效整合，事物发展规律及趋势得以准确发现与预判，并引导行业进行改革与快速发展。

大数据起源于数据，它既是数据的一种表达方式，也是数据的一个部分，它是相对于小数据而存在的。当数据还未上升到大数据层级时，一直以小数据或数据库的形式存在，对比数据库和大数据这两个数据技术演化发展中的产物，将有助于人们对于大数据起源的学习和理解。

通过对比数据库和大数据在各个维度上的表现，我们可以窥见大数据所具备的先进性、多样性、时代性等特征。国内学者方海光用"池塘捕鱼"和"大海捕鱼"生动对比了传统数据库和大数据之间的差别，并从以下几个维度进行了分析（表2）。

表2 数据库和大数据基本属性比较表

对象	数据规模	数据类型	模式和数据的关系	处理对象	处理工具
数据库	规模小	仅结构化数据	先有模式，再有数据	仅为数据	单一固定
大数据	规模大	包含结构化、半结构化、非结构化数据	先有数据，再有模式，并且模式在不断变化	既是数据，也是资源	多样变化

第一，从数据规模上看，顾名思义，大数据代表着数据容量的扩充，以前数据库中仅仅只有几 KB、几 MB 规模的数据单元正逐步演化为需要用 TB、ZB 表示的大规模数据。例如，如果把 1ZB 的文件装进 1TB 的硬盘中，通过单位换算，可能需要 10 亿块 1TB 的硬盘，连接起来的长度足足可以绕地球两圈多。第二，从数据类型上，原本单一的结构化数据演变为包含结构化、半结构化、非结构化的复杂数据类型。例如，数据从单一文本中的行数据演变为日志、文档、图片、网页等。第三，传统的数据库往往都是先有固定的模式，然后再产生数据，而现在，由于大数据灵活多变等特征，数据模式变得愈加模糊，时常因大数据的变动而处于变化之中。第四，大数据从"等待被处理"的、"静止"的数据演变为"丰富"的、"动态"的资源。第五，在处理大数据时，人们需要升级处理的工具，使用多样、变化的大数据处理方式已逐渐成为主流。

纵观大数据科技演进的时间线，从第一波大数据变革浪潮中涌现出的翻转课堂、慕课、微课程到以学习分析、教育数据挖掘为关键技术的第二波大数据浪潮，大数据正在从原始的信息技术（IT）转变为数据技术（DT），数据演变则经历了"数据—信息—知识—智慧"的时代转变。大数据的科技演进正逐步影响着人们的生活，似乎成为大众身边不可或缺的"伙伴"。人们迫切地想要更加清楚地去了解这位"密切伙伴"的历史背景，想要更加深入地去探寻其本质特征，想要试着去分析国内外大数据研究进展中的优劣得失，总结规律，提炼出适合区域大数据发展的路向指标。

2. 教育大数据内涵

大数据技术与教育行业的结合是我国教育信息化未来发展的趋势，大数据技术作为一项推动我国教育变革的重要手段在各级各类学校中应用。2018 年，我国教育部印发的《教育信息化 2.0 行动计划》中提到，大数据技术的到来将深刻改变人才需求和教育形态；利用大数据技术实现教育资源共享、提升教育管理水平以及推动教育模式变革。目前有更多的学者对大数据在教育领域中的应用开展了深入研究，例如有学者探讨了大数据技术支持下个性化教育的实施路径、自适应学习新模式、教育评价方式变革、智能化在线教育、智慧校园创新建设等应用模式，还有学者在教育大数据的核心技术、教育政策制定、教育研究范式创新、教育管理模式变革等方面做了深入研究及解读。

上文已经对大数据术语的由来和大数据的基本特征进行了概述。教育大数据作为大数据的一个分支，专指教育行业的大数据。查阅已发表的文献，教育大数据仍未有学者对其进行明确的定义，目前所说的教育大数据通常是指在教育教学活动中所产生并通过技术手段采集到的，可用于推动教育行业发展及存在巨大的教育价值与潜力的数据集合。

根据数据的类型及来源可以将教育大数据分为四层，不同层级的教育大数据的主要采集方式与应用方式也各不相同，层级越高，数据采集方式越复杂，数据的应用价值也越高（图 4）。

图 4 教育大数据的结构

教育大数据中的"教育"并不局限于学校教育，家庭教育、社会教育中产生的数据都属于教育大数据的范畴，它具有全员（全体人民）、全程（贯穿学前教育到终身教育）、全覆盖（涵盖全部教育类型）的特点。

3. 教育大数据趋势

大数据技术已影响到我国教育行业的方方面面，教育与大数据的深度融合将有效推动我国教育事业走向智能化、科学化、个性化发展，其趋势发展主要体现在以下五个方面。

第一，科学辅助教育决策。随着国家教育管理公共服务平台的建设与运营，我国教育数据的采集工作将越来越规范化、有序化和全面化。在大数据时代，教育大数据分析将走向深层次挖掘，既注重相关关系的识别，又强调因果关系的确定。大数据技术能够从海量的教育数据中发现隐藏的、有用的信息，反映教育系统中实际存在的问题，从而为做好教育管理和决策工作提供科学的数据支持。大数据在教育管理业务中的应用方向主要体现在三个方面：一是教育的科学决策，二是教育设备与环境的智能管控，三是教育危机预防与安全管理。

美国政府早在 2002 年就通过立法的形式确定了教育数据在支持教育科学决策方面的重要地位。纵观我国十几年的新课程改革历程，虽然在课程内容、教学方法、教学环境等方面取得了进步，但实际的改革效果远未达到预期状态。其中的重要因素之一便是忽视了教育数据在课程改革诸多决策上的重要性，使改革更趋向于理性思辨和经验决策。

第二，有效变革教学方式。通过应用大数据技术对海量教学数据进行分析与预测，将改变传统千篇一律的教学模式，有利于真正实现个性化教育。以翻转课堂、互动课堂等为代表的新型教学模式的成功开展，离不开大数据的支持。通过对学生学习过程记录的分析，教师能够快速、准确掌握每位学生的兴趣点、知识缺陷等，从而为设计更加灵活多样、更具针对性的学习活动提供数据支持。传统预设的固化课堂教学将转变为动态生成的个性化教学。在大数据的支持下，教师能够更好地认识自己和学生，以不断改进其教学模式与策略，并且在学生进行自我导向学习时，真正变成学生学习的促进者与协作者。利用大数据技术可以对教师进行全面考核，跟踪教师成长过程，还可以运用回归分析、关联规则挖掘等方法帮助教师分析教学方法和手段的有效性，使教师及时调整教学方案，优化教学方法，提高教学质量。

第三，打造适性学习路径。大数据将使得教师和机器能够真正了解每个学生的真实情况，从而为其提供真正个性化的学习资源、学习活动、学习路径、学习工具与服务等。在线学习虽然具有天然的"个性化"优势，然而缺少大数据的支持，机器将无法真正了解每位学习者，也就无法实现个性化资源与服务的推送。如果说互联网促进了教育的民主化，那么大数据将实现教育的个性化，而教育个性化的首要便是学习的个性化。

当前学习管理系统正在向智慧型学习平台发展。苏州工业园区教育主管部门研发的易加互动平台，通过集成教育数据挖掘与学习分析技术，能够持续采集学习者的学习行为数据并进行智能分析，这些过程数据一方面可用于精准分析学习资源的质量，进而优化学习资源的设计与开发；另一方面，可以对学生某一段时期内的学习情况进行分析和预测，以便尽早通过这些预测做出最适合自身发展的决策，更好地开展适应性学习和自我导向学习。

第四，智能辅助教育评价。教育大数据的发展推动着教育评价从"经验主义"走向"数据主义"，从"宏观群体"评价走向"微观个体"评价，从"单一评价"走向"综合评价"。

通过新一代信息技术可以采集到教与学的全过程数据，不仅包括网络教学平台上记录的使用数据，还包括更多学习情境数据（如地点、时间、个体特征、所用设备、周围环境等），为开展中小学学业成就评价提供了更全面的数据支持。目前，我国教育部已经建立了较为完整的国家基础教育质量数据库和多级数据采集网络，全面客观地记录学生成长轨迹，沉淀和积累多维度的学生成长数据，把反映学生发展状态的数据完整显示出来，将能引导学生培养模式和教育质量管理方式的科学健康发展。

第五，创新转变科研范式。传统的教育研究的科学范式至少具有四个要件：客观的研究对象、可靠的数据证据、可再现的研究情景、因果关系。但大数据方法从一定程度上突破了经典科学方法的范式框架，对进一步推进教育研究科学化进程具有重要意义。

首先，教育大数据改变了研究对象的设置。由于大数据方法只采集教育数据，并通过特定算法对大量的数据进行自动分析，揭示数据之间隐藏的关系、模式和趋势，因此教育大数据无须预设所谓研究对象。其次，教育大数据改变了教育研究的数据处理模式。相比传统教育研究范式中所运用的数据是理想的、局部的、片面的，难以有效揭示教育现象与规律，教育大数据涵盖教育的全过程，并运用人工智能、深度学习技术深入挖掘数据价值，真正体现教育现象。此外，教育大数据改变了研究结论的表达方式。大数据方法基于概率论，不具有必然、恒常联系的属性，它只是一种心理习惯意义上的定律，而教育规律更接近于人的文化心理习惯，因此大数据方法在这里恰恰能够发挥更好的作用。

二、政策特征

近年来，教育个体化开始进入党和国家的政策视野。2006年，《中华人民共和国义务教育法》第二十九条规定，教师在教育教学中应当平等对待学生，关注学生的个体差异，因材施教，促进学生的充分发展。2016年，教育部令《幼儿园工作规程》规定：幼儿园教育"应当注重个体差异，因人施教，引导幼儿个性健康发展"。2017年，中共中央办公厅、国务院办公厅发布的《关于深化教育体制机制改革的意见》要求，在评价学生的时候要全面、真实评价每一位学生的发展。

特别需要说明的是，个体化教育不是个人主义教育、不是反集体主义教育。个体化教育不是为了实现个人目的、自私自利的教育。我们提出并重视个体化教育，仍然要坚持党的教育方针，坚持集体主义的宪法导向，同时借鉴吸取个体化发展的教育教学方法，探索人才培养和教育创新的内容和方法，目的是更好地培养社会主义的建设者和接班人，也是为了落实党的十九大和全国教育大会提出的办好人民满意的教育的要求。教育要让全体人民满意，也就是要做到既让全体人满意，也让每一个个体满意。所以说发展个体化教育就是重视全体人民的诉求，落实党的十九大办好人民满意的教育的具体体现。这就需要我国教育的政策、法规，从围绕群体到围绕个体与群体并重转变，加快、加强个体化教育的相关政策法治和教学科研工作。2020年10月13日，中共中央、国务院《深化新时代教育评价改革总体方案》指出："引导教师上好每一节课，关爱每一个学生。"在这一背景下，要做好准备，让所有的校长、教师、辅导员都要研究，学生个体是怎么成长的，如何把集体教育与个体发展结合起来，以最新的教育教学、教育改革、教育激励、教育内容和方法，建立新的教育组织和制度，形成新的学校教育的环境和社会教育的环境。

我国教育个体化政策发展的具体举措如下。

（一）群英化

个体化教育发展要求我国教育向精英化转型，也就是进一步以提高质量为核心发展改革教育。过去教育理论界往往认为，精英教育就是少数人的教育。现在我们所说的中国教育的精英化，是在教育普及化的基础上实现的教育精英化。办好人民满意的教育，要求中国教育做到让人人成才，让每一个学生成才。这就必然要求同时重视集体主义的教育和个体化的教育。要求教育教学内容和方法进行一系列的改革和发展。要求大众化的教育成为亿万人民群众的精英教育，校校出精品、出人才、出经验、出规律。这是高质量的要求，只有高质量、出精品，人民才能满意，才能办好人民满意的教育。

当然，我们这里所说的教育普及阶段的精英化，与过去少数人的教育精英化有所不同，要兼顾大众和精英化两个方面的特点。国家、政府和学校要把更多的资源和精力投入教育上来，让办人民满意的群英化教育成为国家、政府和学校的主要责任。

（二）小班化

个体化教育发展要求在学校形成小班化教育，改变目前中国教育中的大班化，动辄五六十人甚至更多学生一个班的状况，使教师在上课、辅导时能够有更多的注意力顾及每一个学生。要让小班化的要求成为新的学生分班、分组的依据，使教育教学更加精准、具体和有效。目前国家已经提出了一些小班化的具体要求和政策，要落实好、发展好。

（三）定量化

个体化教育发展要求在形成新的学生发展和人才培养的方向上，还应当针对每一个学生提出适应个体发展的需要，不能只笼统要求人才培养要适应国家和社会的发展需要。每个学生进到学校以后，学校要为其量身订制具体的学习发展规划和培养方案。要针对每一位学生的问题实行纠错，让每一位学生的弱点有所改进，让每一位学生的长处发挥优势。在此基础上形成年级、学校的培养方案。从这个意义上说，学校教育就是每一个学生个体发展方案的汇总。这要求学校把精力更多集中到学生的教育教学上来，让教师更加具体地了解学生的情况和发展诉求，更加具体地提出对学生的指导要求。

（四）数据化

个体化教育发展要求准确了解学生个体德智体美劳各方面发展的数据信息，对这些海量数据信息进行统计分析，找出规律。特别是在学生的关键发展阶段、环节和节点上采集、掌握、使用有效的数据信息，并使之规范化、系统化、可测化，从而研究、提出具体的学生个体评价模式和指导意见。这样的做法应当普及每一位教师、每一所学校，实行学校教育和学生发展的数据化，运用具体的数据来测定、判断学生的成长历程和发展趋势。特别要注重大数据方法和系统的运用。在科技日益高速发展的今天，这样的要求既是科学的，也是可行的。

（五）案例化

个体化教育要从幼儿园开始，一直到小学、中学、大学，系统记录学生成长的过程。不仅要求有数据，而且数据要案例化、定性化。可以通过积累案例，形成学生发展的多种模板和范式，反映出学生的成功、发展的经验，包括成长中的挫折、纠错情况。长期积累案例和数据，就能在我国教育的个体发展和群体发展方面形成一定的共识，找出教育发展和人才成长的规律。

（六）终端化

个体化教育发展要求学习的成果要以终端化成果呈现。终端显示可以是多元显示。多元显示可以是考试，可以是以往经历的汇总体现，也可以是产品或者作品呈现。艺术学院学生学习的成果，可以是唱歌、跳舞。建筑景观学院学生的成果可以不是考试，是建筑景观设计。这就是终端显示。终端显示，体现在教学过程中也应当终端化。学习物理，不一定要从亚里士多德开始学起。可以以诸如电视机、无人机等作为教学素材，涉电讲电，涉光讲光，涉声讲声，涉热讲热。可以以具体对象进行教学，而不是从抽象的原理开始。现在学校的课时不够，要在有限的课时中反映出最新的学科进展。总之，现行的教育教学内容方法要改革，要从学生的具体需要出发进行改革，变换教育教学的思维、角度和立场，这是推进我国个体化教育的核心。

（四）易加互动平台建构

2013年起，经过近十年的努力，苏州工业园区初步构建了以"满足用户需求、满足用户体验"为建设与应用理念的智慧教育枢纽平台，并成功注册了"易加"商标，品牌价值逐步凸显。从诞生到推广应用，苏州工业园区教育局也为构建"人人皆学、处处可学、时时能学""优学、优教、优管"的智慧教育良好生态而不懈努力，易加互动平台的使用已经在师生日常教育教学中成为一种时尚。

随着学习资源建设的不断推进，面向学习的易加互动平台的资源集成功能已经实现。目前，易加互动平台已经拥有自主开发的微课资源13.6万余节，习题299万余道，已经覆盖了从小学到高中的所有学科章节和知识点，平台同时也采集了师生各类行为数据（登录、访问、引用、点赞、评论等）达90TB；面对海量数据，基于师生在平台形成的使用数据，利用大数据、人工智能等技术，构建更智能化的自适应学习平台，成为易加互动平台的优化重点。

易加互动平台全流程支持"导、学、研、测、评"五大环节，支撑线上、线下学习，对学生的学习进行全学程的跟进与陪伴，让课堂无处不在。学生在课前通过引导先学而会；在课堂上通过互动后学而通；随堂检测发现学生学习的弱点和短板，教师的教学实现因测而变；最后学生通过自主测评和所形成的学习报告，进行学习、检测，实现再学而固的螺旋式学习引擎，全面支撑教师的"智慧教"、学生的"个性学"。易加互动平台的实践应用主要体现在三个方面。

1. 采集数据与分析模型

苏州工业园区教育始终坚持区域监测和常态检测相结合。截至2023年，星海小学已依托易加互动平台进行了九轮学业质量监测，形成九份学业分析报告，积累了大量的数据，成效显著，实现了学习评价的"全对象、全学科、全维度"；结合"学业大数据"进行系统建模，利用雷达图、柱形图一目了然地呈现学生学习的长短板。日常，利用"易加数据"进行数据采集、常态检测，形成随时可用的数据分析，点面结合，真正"用数据说话、以实证诊断"，变经验性判断为大数据分析，为教师提供精准的教学指导，为学生精准的学习奠定基础。

2. 资源特征模型构建

通过使用大数据分析法,对平台上各种与资源有关的用户行为进行分析与理论研究,挖掘出其中蕴含的对资源价值的评价倾向性,找到资源间隐含的关联关系,建立相应的资源特征库,以助平台进一步向智能化方向发展。

在线学习平台对资源的使用,主要的行为有观看、点赞、收藏、引用、下载、评论、投诉等。我们基于实际场景数据,分析各种行为大数据,再结合学科、章节、知识点的情况,研究出了一套资源关联性评价的模型与算法。

对每一个资源,基于以下六个维度,进行综合计算,生成每个行为的综合指数,在此基础上生成多维评价雷达图。综合指数的计算公式,一般须根据重要性进行权重分配。我们也可以直接简单平均计算(图5)。

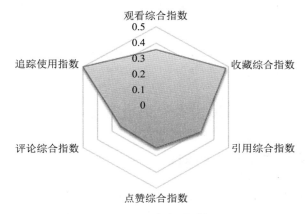

图5 易加指数雷达图

对基于行为数据分析的资源关联与评价做人工智能的标注,能够大大简化费时费力的资源标注工作,且行为数据全部自动收集,用户无感知,所计算出来的结果也能保证其客观与公正,是学习平台智能化的基石,也将是下一代学习平台所必须具备的基础性功能。在这一方面,易加互动平台已经走在了技术前沿。

3. 学习行为分析与路径规划

对在线学习平台记录的学习者学习行为数据进行汇总分析,进而得出学习者的学习特征。易加互动平台记录了如下的学习行为数据(表3)。

表3 易加互动平台记录学习行为特征指标表

场景	类型	数据
自主学习	内容数据	资源的类型(微课、文档等)、长度、难度等级、学科、章节、知识点等
	行为数据	行为驱动类型(教师布置、学生自主)、开始时间、结束时间、总时长、视频观看分段记录、文档观看分页记录、学习中断次数及每次时长、在线评论、在线笔记等

续表

场景	类型	数据
监测数据	内容数据	类型（练习、测试、考试）、学科、难度系数等
监测数据	行为数据	行为驱动类型（布置、自主）、开始时间、结束时间、总时长、正确率、中断次数、终端类型等
课堂互动	内容数据	课堂类型（常规、翻转）、开始时间、结束时间、总时长、学科及资源类型（视频、文档、题目等）、难度、所属章节、题型、难度系数、互动终端类型等
课堂互动	行为数据	课堂互动次数（抢答、举手、被表扬、被提醒、演示发表、小组被表扬）、作答速度、作答正确率等

通过计算得到学生学习行为特征各项指标，能够针对学生进行更加细致的分类，并使自适应学习引擎能够更加精准地获得适合学生的最佳学习与检测资源清单，计算出最佳的学习顺序。随着学生样本的增加、资源的不断丰富，基于机器学习推送的精准性将得到进一步的提升。

第二节 星海小学个体化育人的推进历程

一、星海小学个体化育人的演进

"为了每一个的发展，让学生找到最适合自己的教育。"这是星海小学创办以来始终践行的准则。十三年来，学校追寻着"人人成功、人人成星"的教育理想，描画着"星光灿烂、海纳百川"的教育蓝图，从思想顶层上设计，以课题实践充分引导，凭科学制度全面建构，用评价改革实时助推，"适合的教育"全方位地融进了每一个星海师生的血液之中，实现了特色办学和全面育人的一个个突破。具体可分为三个阶段（图6）。

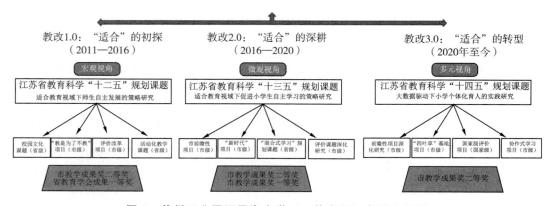

图6 苏州工业园区星海小学"一体多翼"教改之路图

（一）"适合"的初探（2011—2016）

2010年，随着"为每个学生提供适合的教育"写入《国家中长期教育改革和发展规划纲要（2010—2020年）》，"发展适合的教育"成为中国教育改革的重要价值取向。也就是在那一年，星海小学从九年一贯制星海学校分设独立建制，在对时代要求、教育背景、师生发展、社会需求进行充分的研究与论证后，鲜明地提出了"适合的教育，让师生焕发生命的活力"的办学理念，较早地将"适合的教育"融会到学校办学的方方面面。2011年，学校以"适合教育视域下师生自主发展的策略研究"为题申报并被批准立项为江苏省教育科学"十二五"规划课题，经过五年的实践探索，该课题于2016年顺利结项。在主课题带领下，学校始终关注园区地处中西多元文化背景，积极回应教育需求的多样性，同时开展省市级校园文化课题研究、苏州市"教是为了不教"项目研究和评价改革项目研究，积极探索星海小学校本化"适合教育"理念——认同差异，尊重个体，尽其所能地为不同阶段、不同个性的"每一个"提供"适合的教育"，让"每一个"生命体都得到充分发展，让"人人做自己的第一，个个成为学校的唯一"。

（二）"适合"的深耕（2016—2020）

2017年，时任江苏省教育厅厅长葛道凯在《光明日报》撰文提出"适合的教育"才是最好的教育，并在全省形成"适合的教育"研究热潮。星海小学抓住这一契机，着力深耕"适合的教育"，当年顺利申报"适合教育视域下促进小学生自主学习的策略研究"并被立项为江苏省教育科学"十三五"规划课题。在这一课题引领下，学校积极构建"满天星"课程，为每一位学生推出多样、差异、有选择性的校本课程体系；深度开展适合的评价，坚持为每一个孩子颁一次奖，让多元、过程、动态化的评价点亮"每一个"的成长；大力实施"三自递进、内外互动"的适合策略，让"适合"在课堂内外落地生根；追求个性化的育人机制，要求每位教师"上好每一堂课、教好每一个学生、激活每一项潜能"，以浓浓的师爱和满满的智慧引领学生最适宜的发展。

（三）"适合"的转型（2020年至今）

近年来，个体化教育逐渐进入了人们的视野。2019年2月，《中国教育现代化（2035）》提出了推进教育现代化的八大基本理念，其中包括"更加注重面向人人"。2019年6月23日，《中共中央 国务院关于深化教育教学改革全面提高义务教育质量的意见》在"坚持立德树人，着力培养担当民族复兴大任的时代新人"方面的基本要求之一是"坚持面向全体，办好每所学校、教好每名学生"。2021年3月4日，教育部等六部门印发《义务教育质量评价指南》，基本原则之一是"坚持育人为本。面向全体学生，注重综合素质评价，促进全面培养，引导办好每所学校、教好每名学生"。从以上政策的制定颁布可见，"适合的教育"转型已经势在必行，无论是前期进行教育教学改革的研究还是后期对当下教育教学实施的评价，都提倡"教育要面向人人，教好每一名学生",即个体化教育是实现教育现代化的必然趋势。学校于2021年再次以"大数据驱动下小学个体化育人的实践研究"为题申报并被立项为江苏省教育科学"十四五"规划课题。在这一课题引领下,学校积极开展苏州市基础教育前瞻性教学研究项目"适合教育视域下精准教、个性育、自主学教学范式的实践研究",深度挖掘苏州市中小学校园文化课程——"四叶草"小公民实践基地,大胆探索国家级评价改革项目"大数据驱动学生综合素质评价改革"……形成星海小学"适合的教育"新气象。

二、适合教育探索

（一）聚焦适合"每一个"的教学理念

从2010年开始,学校积极以主课题研究为抓手,率先提出并积极探索为"每一个"提供"适合的教育"的办学理念。通过多年的研究,逐渐厘清了"适合的教育"的内涵,即"适合的教育"正是以学生发展为本的,能最大限度地使学生的潜能得到主动、健康、全面、可持续发展的教育,它认同差异,尊重个体,尽其所能地为不同阶段、不同个性的"每一个"提供适合的成长;逐渐清晰了办"适合的教育"的思路和主张,即激发"每一个"的成长自觉,提供"每一个"的选择可能,构筑"每一个"的发展样态;进一步探索了"适合的教育"的推进路径,即聚焦适合"每一个"的教学理念、积淀适合"每一个"的教师素养、实施适合"每一个"的多元课程、运用适合"每一个"的教学策略、运行适合"每一个"的评价体系、共享适合"每一个"的智慧成果……让"每一个"生命体都能得到充分的发展已经成为"适合的教育"的最大价值追求。

（二）革新适合"每一个"的管理体系

在"适合的教育"视野背景下,学校对办学的核心要素——学生、教师、课程和管理等进行了深刻的解读,力求系统构建学校自己的教育管理哲学。学校定位了全新的学生观,即学生是独立的、完整的、发展的生命个体。全新的教育观,即教师是学生教育生活的引路人、潜能的发现者、成长的引导者和生命的伴随者。全新的课程观,即适合的课程应充分关照学生的生命状态、生命追求和长远需要。全新的管理观,即以尊重赢得情感,以制度引导行为,以文化滋养精神,以透明获得信任,以民主广纳群言。科学精准的管理,在带动学校充分均衡发展的同时,也培养了一大批中青年骨干管理人才,近几年,学校为园区教育的跨越式发展输送了十余名高精尖管理人才。

十三年磨一剑,坚守向"适合"。在新一轮时代变革和教育转型的今天,"适合的教育"的初心和使命,就是让教育回归本源,把"成就每一个"作为课程建设的起点,在全面发展基础上寻找个性成长的现实路径。为此,星海人还将一路奔跑向前……

（三）实施适合"每一个"的多元课程

1. 切入：基于校情，形成"课程图谱"

星海小学把"成就每一个"作为学校课程建设的出发点，精心打造适合的"满天星"课程。学校推出的多样、差异、有选择性的校本课程体系由恒星课程、行星课程和卫星课程统整而成。

2. 创生：学科融合，开发"全科课程"

为打破学科壁垒，学校会在特别的时段推出全课程套餐。比如，元宵节日课程包括诗意课程、灯谜课程、民俗课程、童画课程、食育课程、DIY劳技课程等。

3. 深潜：开辟场馆，推进 STEAM 课程

为了更好地实施人工智能教育，学校以"学科融合、协同创新、实践分享"为开发原则，在科普课程、物联创意课程基础上，着力打造人工智能教育课程，自主创编多种课程教材，打造全新人工智能课堂。

（四）运用适合"每一个"的教学策略

学校以江苏省教育科学"十三五"规划课题"适合教育视域下促进小学生自主学习的策略研究"为统领，在重塑教学形态、重建学习方式、重构学习内容、重组学习团队、重述学程目标等方面转变课堂样态，指向"以学为本"，达成"不教之教"。作为苏州市"教是为了不教"教学改革实验先进学校，大胆探索并逐步形成了"三自递进，内外互动"的教学总策略（"三自递进，内外互动"自主学习总策略是星海小学在苏州市教科院组织开展"教是为了不教"教学改革实验过程中提炼出来的新成果），各学科围绕学科主题，积极尝试构建科学合理的"让学"模式，逐步形成了"预学、共学、拓学"三学为核心的引导学生自学课堂教学模式，从"自愿"到"自能"再到"自创"，形成"三自递进"阶梯，体现自主螺旋上升。学校还积极倡导大数据实证研究，开发"星未来自主学习平台""校本研修平台""星海书韵平台""网络听课评课互动平台""无痕阅卷平台"等，努力实现"个性学、智慧教、精准管和智能评"的"适合的教育"效果。

学校开展课题研究以来，带着指导自学的星海特色魅力课堂在参加区级以上的竞赛课、示范课、录像课中，取得了骄人的成绩。"三自递进，内外互动"自主学习教学总策略也荣获苏州市教改实验成果评比一等奖，学校被评为苏州市"教是为了不教"教改实验学校先进集体。

（五）运行适合"每一个"的评价体系

学校以学生个性化成长为目标探索"适合"的评价体系。用"十佳星海娃"评选全面取代"三好生"评价：10个一级指标，60个二级指标，N个三级指标，构建起了富有特色的"星海娃"自主发展综合评价体系框架。"日常考评"与"期末评定"结合、

"过程性资料"与"成果性展示"兼顾、"努力程度"与"进步程度"对照的"三融合"模式，改变了期末终结性评价的单一效果；学校还开辟了电子化的评价路径，为每一个学生建立了电子档案，这种超高颜值+私人订制的"电子报告书"，以在线呈现的方式刷爆了家长朋友圈，实现了评价的多元化、过程化和动态化。学校"星海娃自主发展综合素质评价体系"成果荣获苏州市教育教学成果二等奖。

三、个体化育人实践探索

（一）数据驱动课程建设：基于差异化发展现实，精心建设综合实践课程基地，助力学生从个性化发展向个体化发展转变

1. 确立"立德树人、培根铸魂"的指导思想

人的个体发展可以有个性的发展，也可以有非个性的发展。学校的教育功能是个体社会化，包括个体个性化与个体共性化两个方面。一方面要把培养的重心从培养共性转移到培养个性上来，实现教育目的的个性化；另一方面则要在"走向个人"的同时"回归集体"，实现教育手段的社会化。作为园区窗口学校，星海小学个体化育人实践一直坚持立德树人，牢记为党育人、为国育才使命，确立科学的育人目标，确保教育正确发展方向。学校突出集体意识培养，倡导"乐观、主动、智慧、懂事"的星海文化，积极开展优秀班级、优秀社团和优秀星海娃评比，每周坚持利用升旗仪式表彰文明班级和优秀学生，用庄严隆重的仪式激发全体星海娃积极向上的集体观念和荣誉意识。

2. 构建"五育并举、全面发展"的课程体系

随着新课程方案、新课标的修订颁布，课程的综合性和实践性进一步凸显，劳动、体育、美育、综合实践活动的课程占比进一步提升，以适应学生未来发展为指向的培养目标进一步明晰。在"个体化育人"理念指导下，学校从学生的现实生活出发，积极建构"满天星"综合实践课程体系，为他们量身打造适合不同年级、不同身心个性的星美课程、星趣课程、星研课程、星动课程，引导学生开展个性化的"发现""思索""寻找""行动"等综合实践活动，逐步丰富并加强学生的核心素养，帮助他们获得学习的成功，促进学生更好地实现从自然人到社会人的成长过渡，积淀走向社会、奉献社会的精神和力量。

3. 提供"人人成功、人人成星"的数据支撑

课程体系的架构，为学生个体化发展指明了方向。但大数据时代，课程资源要产生育人效应，尚需要解决"数量—形式—效能"三位一体的结构性难题。为此，星海小学积极开拓"星聚力"线上课程资源，积极联动家长资源、社区资源和校外各种教育基地资源，利用大数据技术，将各种课程资源以视频、图片、音频等形式传输到网上，方便学生自由快捷地学习和记录。同时，学校又反过来通过学生线上学习的各种数据统计记

录（包括学生资源点的点击量、登录时长、评论话题信息等），及时将学生的课程资源学习信息转化为进一步更新和改进的依据，并指导后续的加工与完善。这样的课程资源就真正满足学生自主个性化的学习需要，为他们实现"人人成功、人人成星"提供了强大的数据支撑。

（二）数据驱动教学：基于学生未来学习需求，大力构建5G互动平台，助推学生线上线下混合式学习质量的提升

1. 构建平台，技术赋能

在星海，每一个孩子都是独特的个体。为了每一个孩子的充分自主发展，学校借助园区易加互动平台，积极构建线上线下交互式教学支持系统，有效地将学生和教师、学生和资源、学生和情境等互联互通起来，通过数据实现交流、反馈、学习、提升。教师通过和平台的智能交互备课，把握学情，并根据学情向学生推送系列个性化学习资源；学生依托平台开展课前预学、课中共学、课后延学等全过程交互式学习，根据自身学习意愿或平台分析得到的数据建议，自主选择适合的学习路径，完成学习任务，实现高质轻负。

2. 创新模式，精准教学

借助智能技术和信息化手段，星海小学积极构建"精准教、个性育、自主学"教学新模式，以易加互动平台等为载体，教师引导学生通过线上线下大单元协作式学习，以真实问题为导向，以任务驱动为主线，以合作探究为方式，以虚实情境为背景，以丰富资源为依托，以协作学习为重点，以精准评价为指引。既紧扣"预学、共学、延学"三环节，又贴合学生学力进阶，实现了规律让学生自主发现，方法让学生自主寻找，思路让学生自主探究，问题让学生自主解决，初步架构出线上线下混合式教学新路径。

3. 素养导向，孕育未来

学校站在"依托5G环境融合个体化育人"的高度，重新思考学校的教育样态和教学模式，着力推动教育空间"变形"和学习方式转变。通过5G技术将不同空间和学习场域进行联通，以问题探究为原初动力，以寻找事物规律为实践目标，通过各类课程的深度参与和全程体验，在科技实验、参观访问、社会实践、实践探秘等无边界实践活动中，打破学科壁垒，突破学科本位困境，形成5G背景下基于学生核心素养发展的个体化育人新路径。

（三）数据驱动评价：基于大数据建设现实基础条件，精准实施"易加综素"评价，赋能学生多元、全面发展

1. 重建体系，完善指标

易加互动平台上没有"易加综素"子项。"易加综素"，即基于学生综合素质评价的一套系统，详见本书126页。学校根据教育部等六部门颁布的《义务教育质量评价指

南》和《中国学生发展核心素养》要求，结合园区"易加综素"学生发展综合素质评价指标体系和学校一直实施的"十佳星海娃评价办法"，建立了以思想品德、学业水平、身心健康、艺术素养和社会实践为五大维度的星海小学"小五星评价体系"。该评价体系和学校"每周一娃""每月之星"的评比紧密结合。期末，学校根据"每周一娃""每月之星"评比的具体情况，推选"十佳星海娃"。

2. 资源建设，动态评价

据统计，"易加综素"自使用以来，已支撑星海小学生成学生综合素质评价报告3 415份、成长写实44 026条，为学生的综合素质发展起到了一定的助力作用。学校的成长写实数量多次在园区公示的数据榜中名列前茅。

3. 助力变革，驱动发展

学校"易加综素"评价改革同时有效推动学校在教学上通过采用易加互动平台智能技术精准分析学情，精准定位需求和匹配需求，智能推送个性化作业，等等。

第四章　大数据驱动下个体化育人实践的支持体系

"师者，所以传道受业解惑也。"大数据驱动下个体化育人实践的支持体系，不仅仅是一般意义上的传承做人道理、教授学业知识、解答疑难问题，而是要在个体化育人的实践过程中，为学生指引个体完整成人的道路，开启个体生命对更高的真善美价值的追求，引导个体生命不断在向上向善向好的历程中趋于整合，从而实现师者自我生命的价值，促进师生双方个体焕发不断成长的蓬勃生机。大数据驱动下个体化育人实践的支持体系，需要完善机构拓展、丰富育人主体、搭建成长平台、创新育人格局，持续开展个体化育人实践，更好地达成师生个体化成人的目标。

第一节　机构拓展——打开个体化育人实践的新时空

星海小学坚守"适合的教育，让师生焕发生命的活力"的办学理念，经过十多年的深入探索与实践，把"人人成功、人人成星"的教育理想逐步变成了现实，绘就出"星光灿烂、海纳百川"的生动发展新画卷，成了老百姓心目中有口皆碑的高品质学校。

为了更好地发挥星海小学的品牌效应，让学生在家门口就能享受优质均衡教育，苏州工业园区管委会、苏州工业园区教育局通过成立星海教育集团、学校发展共同体、同城结对送教帮扶等举措，促进了学校优质教育资源的共享，也为学校个体化育人实践打开了拓展的新时空。

一、集团化办学：引领共建　发展共享

作为区域的品牌学校，在苏州工业园区管委会的统一部署下，由星海小学、星海实验中学、星港学校、胜浦实验小学、星浦实验中学、星浦小学等六所独立法人学校组成的苏州工业园区星海教育集团正式成立。星海教育集团成立以来，积极探索"管理共通、资源共建、师资共享、质量共享"的发展途径，促进成员校向均衡化、特色化、品牌化方向发展，不断提升人民群众的教育获得感、幸福感。

基于星海教育集团办学的基础，星海小学通过建立管理人员轮岗制度，选派核心学校管理骨干到其他成员校兼职或任职，整体输入与本土培育相结合，均衡提升各成员校管理效能，并通过激活社会资源，开展区域共育，不断优化整合"融合共育"新模式，为学生提供更广阔的社会产业资源，不断推进师资融合发展，合作开发课程资源，开展

文化特色建设，形成具有明显特质的教育集团办学文化。各成员校之间，既有统一的协调和管理，以保证同样的教育品质，又相对独立，追求各自的办学特色，实现互惠互助，共同成长。

集团化办学，通过名校带动特色优质学校发展，让更多优质资源得到共享。在集团化办学的探索中，星海小学瞄准园区教改方向，以5G背景下混合式、协作式教学实践为研究主题，以"项目化推进"为实践方向，以"组团式研究、抱团式成长和联动式发展"为实践目标，个体化育人实践成果得以辐射到各成员校，助推各校实现高品质发展。

二、发展联盟：借鉴互补　辐射推广

为实现区域教育的共同发展，苏州工业园区教育局出台了《关于进一步加强苏州工业园区学校发展共同体建设的指导意见》，并持续推进学校发展共同体的创新教学发展实践。作为所在片区的五所学校（星海小学、娄葑学校、胜浦实验小学、星浦小学、新融学校）发展共同体的牵头单位，星海小学抓住契机，深化教学研究，促进教学变革，实现优质教育资源共享，提高教学质量，努力办好人民满意的教育。

一所名校应有的社会价值，不是自带光环地孤芳自赏，也不是静心培养优秀学生，而是要带动薄弱学校一起发展，创建团队，抱团发展，紧密合作，互利共赢。五校共同体通过积极推进管理互通、资源共享、师资互派和文化共建，力求让共同体学校中的每名孩子都能享受平等优质的教育，让共同体成员校的每位教师在互动中共同发展，让各成员学校教育实力得到全面提高。

三、同城帮扶：优势分享　助力发展

开展同城结对帮扶送教工作，是苏州工业园区教育改革中贯彻落实教育均衡协调发展的一项重要战略举措。星海小学根据学科特点、核心素养培养目标，系统化设计同步帮扶项目和研究主题，通过课堂教学同标、教学资源同享、教研备课同题、云上教学同频、教学调研同测、线上线下同步，促进结对帮扶学校教师互动交流，共同教研、共同提升教学质量。

在星海小学带领下，结对帮扶学校项目化推进团队建设，以问题、需求、共赢、成果作为导向，项目组成员通过充分研讨、线下教研、线上沟通、成果共享等形式，确定项目方案，铺就一张教育信息互通的网络，让结对工作高效落地。星海小学还通过开展"名师工作坊送教"活动、"集团校活动"和"小升初衔接活动"等措施向结对帮扶送教学校敞开大门，通过共享"大单元教学设计""作业设计""整本书阅读研究"等相关优势教学资源，有效促进结对帮扶学校同频共振，共同发展，以活动带动帮扶。

星海小学将国学馆定为与新融学校结对的专用室场，利用阔地系统，进行两校间的课堂直播、线上教研。专人专管，建立机制，细化责任，落实到人。在分享优质教学资源、展示优质课堂的同时，针对结对帮扶送教学校的学科发展和教育教学质量提升的实际需求，有主题地进行交流与探索，不断反思改进，同步提升结对学校的教育教学质量，实现学校之间的师生合作共进。学校还充分利用未来教室，探索线上多模态教研课型（同步课堂、专递课堂、研修课堂），开展"送教到班""同体异构""单元整体教学"等课堂交流活动，精选微课、教学设计和课件等优质资源进行分享，做细、做实帮扶工作，助力帮扶学校备课组自我建设。

第二节 主体多元——构建个体化育人实践的新路径

教育教学工作是一项复杂的系统工程，学校、家庭、社会都有责任，必须协同各方、统筹推进，切实形成强大合力。

星海小学充分发挥家长资源、高校资源、社区资源、教育基地资源等多方合作共同体的作用，建立了以"目标共同、机制共建、资源共享、责任共担"为原则的实践育人共同体，通过创新主体多元的路径取得个体化育人实践的新突破。

一、双向引领：提升个体化育人水平

为全面贯彻落实国家教育方针，充分发挥师范类高等学校在基础教育学校管理、教学改革等方面的指导作用和学校基础教育研究基地作用，星海小学与苏州大学开展战略合作，共同建立研究生工作站。研究生工作站聚焦办学存在的问题和困难，借助高校的教育资源和优势，开展职后培训、进修研修、合作培养等方面的合作，进一步提升学校教育教学和教育管理水平，为学校发展注入强劲动力。

另外，学校还遴选苏州大市级骨干教师和具备高级职称的老师作为研究生的实践导师，与研究生签订工作协议，并负责帮助研究生开展教育教学实践与科研实践工作，督促研究生的选题、工作安排、现场学术指导、学位论文初审等系列工作。研究生工作站采取项目驱动式培养模式，以星海小学"适合的教育"发展需求为导向，以实际工程为背景，以基础教育成果培育为主线，以在研省市规划课题等实际项目为引导，开创了适应学校教育需求的高校研究与基础教育研究共赢的联合培养模式。

合作双赢是研究生工作站发展的内在动力。在工作站从事研究工作所产生的科研项目、课题、研究论文等知识产权为星海小学与苏州大学所共有。学生毕业论文发表时须得到双方单位导师的审定和同意。

个体化育人主体应该是多元的家校企社合作共同体，开展家长、高校、社区、基地与学校的战略合作，还可以发挥多元育人主体的自身优势，为学校个体化育人实践提供非学科类课程、兴趣特长教育支撑和更广阔的育人实践资源。

以家长参与特色延时课程活动为例。家长走进校园，结合自身职业或爱好各显神通，用多彩的活动点亮学生的成长。飞行原理、激光技术、人工智能等课堂让孩子们耳目一新，自我防护、遵纪守法、营养卫生等课堂让孩子们深受启发。在家长们的带领下，孩子们探索科技的奥秘，守护健康与安全，感受生活的美好……不同领域、不同专业的课堂，深深吸引着孩子们，给他们带来了难忘的实践和特别的体验。

学校通过邀请家校企社合作共同体的相关人员进校园，拓宽学生的视野，丰富学生的体验，激发学生的兴趣，也组织学生参观大学校园、图书馆、博物馆等场所，让学生们在图书馆看书、在教室听课、在食堂就餐，甚至到实验室做实验，大学备有专门人员回答学生提出的问题。

让个体化育人"活起来"，除了第一课堂和第二课堂，实践课堂是其中的重要一环，有利于提升学生的综合素养。不断探索实践育人共同体的新模式、新机制，可以充分发挥社会实践育人的积极作用。学校通过实践基地、社团建设、体育赛事等渠道，提升个体化育人实践效能。学校实践基地丰富，通过校内实训场所、校外实践基地，推进学用结合，学以致用。课上课下、课内课外结合，帮助学生了解社情、认识国情、砥砺品行。

二、项目驱动：推进个体化育人实践

在"适合的教育，让师生焕发生命的活力"理念引领下，星海小学基于苏州市中小学课程基地项目"发现·寻找·思索·行动：'四叶草'小公民综合实践课程建设"，从学生的现实生活出发，积极建构"五育并举"综合实践课程体系，促进学生更好地实现从自然人到社会人的成长过渡，积淀走向社会、奉献社会的精神和力量，成为适应社会发展需要的合格小公民。

"四叶草"小公民综合实践课程内容，主要包含星美课程、星趣课程、星研课程和星动课程。星美课程，通过日常修习以铸公德，关注国家认同、责任担当、核心价值、八礼四仪等社会道德。星趣课程，通过节日体验以修才智，关注内涵探索、陶冶情操、传承经典、文化自信等文化情怀。星研课程，通过研学浸润以冶身心，关注健康生活、勤于动手、批判实践、勇于探索等社会人生。星动课程，通过劳动实践以习得技能，关注劳动技能、劳动习惯、生活意趣、意志品质等实践技能。

以问题探究为原初动力，以寻找事物规律为实践目标，通过"四叶草"各类课程的深度参与和全程体验，在科技实验、参观访问、项目化学习、实践探秘等无边界实践活动中，打破学科壁垒，突破学科本位困境，培养学生的问题解决意识和探究能力。培养学生道德是非观念和深度思辨的能力。将校内的智造工坊、生态园地、"四叶草"小公民中心等与社会层面上的劳动基地、非遗作坊、绿色农场等串联在一起，带领学生走入社会，体验社会角色，掌握多样技能，形成同理心和实践技能。增强学生公民意识和对学校、班级的认同感和归属感。培养学生发现问题、提出问题、分析问题与解决问题的能力。帮助学生获得知行合一的体验与成长。培养学生适应未来发展的正确价值观、必备品格和关键能力，为其明确人生发展方向奠基。

三、资源共享：丰富个体化育人内涵

个体化育人实践共同体将家长、高校、社区、教育基地等资源有效整合，形成了多位一体的教育联动机制，并将社会主义核心价值观教育有效融入学生的整个实践环境中，实现了社会主义核心价值观教育的个体化、生活化、具象化，使学生在理解、体悟、反思、沉淀后，将社会主义核心价值观内化为自身的行为习惯，实现了理论体系向实际行动的转化。

实践育人是全社会共同的责任，正逐步成为学校、家庭、社区、教育基地等实践育人共同体的价值共识。家校企社合作共同体通过实践育人平台资源的整合，全面提升学生的综合素养，满足社会对未来人才的需求和学生成才的需要，为未来人才培养奠定坚实的基础。

学校还积极搭建培育学生创新实践能力平台，着力推进实践育人共同体的构建，通过形式多样的文化活动、参观寻访、能力竞赛等方式全方位、多层次地拓展教育内容、拓宽渗透影响，增强社会实践、志愿服务、创新创业、公益活动等实践活动的体验性和可选择性，满足学生的个性化需要，增强学生的信心和兴趣。

学校与社区联合开展"教师+社工"走访活动，共同探讨育人方式方法，提供针对性、科学性、有效性措施手段，真正走进群众家中，直接倾听群众心声，切实掌握社情民意，形成家校联动、社校联动协同育人合力、社区治理合力。

展望未来，个体化育人实践探索，将进一步充分运用数字信息技术。通过打造"人工智能+智慧教学场"，为个体化育人实践提供先进理念和智慧技术；通过创建"人工智能+优质资源库"，为个体化育人实践提供解决方法和优质资源；通过架构"人工智能+研修共同体"，为个体化育人实践提供智能诊断和精准评价，创新个体化育人实践的新模式，助推学校教育教学的新变革。

第三节　成长平台——焕发个体化育人实践的新活力

在苏州工业园区智慧城市建设的整体框架下，以云计算、物联网、大数据、现代移动通信等技术为基础支撑的易加互动平台应运而生，此系列平台以基础数据库、教育资源库、教育数据交换平台等为数据支撑，通过智能终端、电子书包、未来教室、增强现实、虚拟现实等应用媒介，提供安全、可靠、方便、高效、低碳、智慧的云服务。依托易加互动平台，星海小学通过创新运用大数据、物联网、人工智能等技术赋能教育评价，强化教学智能诊断和智能管理，进行精准诊断、测试、评价、分析，构建学业评价、教研评价、家校评价和社会评价等相融合的智慧型校园整体发展评价体系。

一、互动平台：智慧教研　抱团成长

学校的每一个教师能随时随地通过任何终端进入自己的易加互动平台个人空间：借助"易加学院"开展学科课程研究、教学目标研制；利用"易加互动"，针对学科核心素养培养，结构化系统化编制课程体系，开发学科及特色微课，发布、共享教学资源和教学课程，实施互动教学，实时推送资源，及时反馈情况；借助"易加网阅"实现网上阅卷，高效获取学生的学习信息；基于"易加综素"，实现学习评价的"全对象、全学科、全维度"，利用雷达图、柱形图清晰呈现班级学生学习的长短板，真正"用数据说话、以实证诊断"，变经验性判断为大数据分析，实现精准的教学指导。易加互动平台让教师的智慧教研如虎添翼，让教师的素养提升拥有了新法宝。

二、师训时空：青蓝结对　梯队培养

星海小学以教师发展需求为起点，以项目研究为核心，以任务驱动为抓手，积极促进各年龄层教师的错位发展，构建共生、系统、和谐的教师成长体系。学校根据新时代"四有"好教师要求，以核心成员为点，全校教师为面，结合"适合的教育"文化特色和实际校情，通过"星聚力"高效课堂、特色讲堂、精彩学堂，培养每个教师成为"师德师风的典范、教书育人的示范、教育科研的风范、担当奉献的模范"，从而打造"有大情怀、有大视野、有大格局、会学习、会合作、会创造"的"星聚力优师"金字塔发展团队。

学校以青年教师培养为关键抓手，以青蓝、蔚蓝、海蓝三大工程建设为基础，狠抓基本功、过好课堂关，注重各年龄段教师培养的目标规划与活动安排。学校分别以"黑板前的书写秀、讲台前的脱口秀、课标下的备课秀"和素养导向下的大情境、大任务、大主题"说上评三人行"活动为契机,对教龄五年内、六至十年和十年以上三个层次的教师进行分层培养。

星海小学以教师幸福成长为目标,以教师有序成长为主线,以优师示范引领为榜样,加大人事与师资科学管理的力度,在职称评审、教师招聘、评优评选、考勤管理、优师宣传、青年教师培养等方面继续做细、做足功夫,通过"梳理人才需求、做好人才档案、定制人才规划、夯实人才通道"等举措,助推人才培养。

三、成长写实:过程激励　素质提升

园区教育依托易加互动平台全面创新了学生的学习管理。园区的每一个学生可以在该平台上实现三种有效学习的新样态。一是课程类的正式学习。在教师引导下,实现"翻转课堂前置学习""课堂交互学习""自主测评学习""在线辅导学习"等,有效衔接课前、课中、课后的学习活动,推进了"课堂革命"——让学习真正发生在学生身上。二是碎片化的非正式学习。学生可以在该平台上,通过扫描二维码便捷地找到学习内容,自主开展资源学习;通过智能终端,随时观看数以万计的园区自主开发的微课资源。三是生活化拓展学习。学生可以选择特色资源,学习国学、体育、书艺等,发展自己的特长,可以通过"成长记实"记录自己的成长点滴,收获成长的喜悦。学习管理拥有了新方式,学生的成长找到了新路径。

成长写实平台和"小五星"综合素质评价都是记录学生成长的电子档案。成长写实平台以记录学生实践、获奖情况、游学生活等内容为主,为了使用更加方便,同时还能互相点赞、评论,促进师生沟通,增进学生间的经验分享与交流。从在校的各种科学探索、文艺活动、劳动实践到周末参加各种活动、假期旅游等,每位星海学子都在自己的电子成长档案里,真实记录生活中的点点滴滴。电子成长档案不仅让学生有了记录自己成长历程的专属空间,更便于老师、家长、学生即时了解、在线互动、多元参与,为家长更生活化地引导学生提供了一种创意方式,为激励学生更好地自主成长开启了一扇希望之门。

四、技术支撑:面向未来　创新发展

信息技术的发展日新月异,朝着更加智能化、云端化、联网化、安全化等方向发展。人工智能和机器学习将逐渐渗透到各个领域,数字化转型、云计算、物联网、5G网络、边缘计算、无人机技术、深度学习、虚拟和增强现实技术、区块链技术等应用越来越广泛,对新时代教育教学转型变革将产生越来越重要的影响。

作为教育部、工信部"5G+智慧教育"应用试点项目学校,星海小学充分发挥信息技术对教育改革的支撑引领作用,创新推进智慧教育工程,努力创设智慧教育的应用场

景、积极探索教智融合的教学模式、不断重构教育服务的绿色样态,学校光荣获评教育部颁发的"网络学习空间应用普及优秀学校",入选首批苏州市人工智能实验学校和园区虚拟和增强现实技术智慧校园。

学校积极使用腾讯会议、企业微信等软件的功能,并及时展开培训,帮助老师们提升线上教学、线上会议等信息技术的应用能力。学校教师还利用在线课堂,积极录制课堂教学视频,远程在线教学。所有教师都能利用在线课堂进行教学,使用率达100%,积极营造了"教学面对面、沟通零距离"的信息应用新氛围。

依托虚拟和增强现实技术应用虚拟实验室,开展应用场景体验与培训,老师们零距离感受,启发了大家对课堂融入虚拟技术的新思考,激励着大家继续深耕智慧教育,不断关注和学习最新的技术趋势和应用场景,不断深化新一代信息技术与教育教学融合创新,努力构建未来学习的新样态,为开展面向未来的个体化育人创新实践做好了充分准备。

五、多元赋能:外化于内 自发驱动

数字时代,随着人工智能、大数据、云计算等新技术加速迭代,人们的生产、生活和学习方式正在发生深刻改变,而教育也正经历数字化转型。在数字化转型过程中,唤醒个体生命成长、激发个体内生动力、促成个体未来发展,将成为个体化育人实践的关键。

(一)优化伙伴支撑:聚焦个体成长

"三人行,必有我师焉。"学习从不限于课堂之内、师生之间。同学之间,皆有可学习之处,完全可以在互帮互助中有所收获、有所成长。"朋辈辅导互助、学业促成共进",对唤醒个体成长同样有着不可忽视的作用。由学习伙伴担任"导生",使每个同学都能得到个别化的指导和帮助,实现学习目的。因为"导生"都是学生的同龄人,同学之间隔阂较少,有利于交流学习。"导生"本身也可以获得不可多得的锻炼经验,对双方身心发展都将产生积极的影响。唤醒个体成长、兼顾全体发展的"导生制"为学生提供了更多的学习选择,也能让更多的同学"学有所得,享学乐学",必将成为星海小学未来一道靓丽的风景线。

(二)激励机制支撑:汇聚内生动力

学校发展的生命力,来源于教师的内生动力。聚焦内生动力,积极调动人的潜能和主观能动性,是学校激励机制的宗旨。教师之间的不同与差异,也是学校的宝贵资源。发现教师的不同特长并设置平台发挥其特长,是学校激励机制中非常重要的策略。变"评价"为"诊断",变"调研"为"展示",激励教师以研究的态度,帮助老师查找自己的问题,通过诊断、调研改进教育教学服务,通过创造机会,发现并展示每个人的闪光点，促使其自觉、持久而稳定地增强内生动力，在合适的岗位发挥、展示特长，提升工作质效。为学校教师提供展示的平台，交流成长经验，激发教师自主提升的愿望和需求，变被动成长为主动成长，鼓励其不断超越自我，争做师德的表率、育人的模范、教学的专家，汇聚起个体化育人实践和学校高质量发展的强大新动能。

第四节 以文化人——打造个体化育人实践的新格局

一、大数据驱动下个体化育人校园文化环境

（一）校园文化环境的营造

校园文化环境的建设一直是常见常新的话题。常见，因为每个学校都在做，一直做；常新，因为大家都在做自己的特色，都在努力形成自己的品牌。文化是为人而成，含有更多的道德含义，它可以为人明确人生的方向。一所学校，不仅仅要教会学生读书，更要引导学生知道为何而读。为何而读的理念不仅要靠课堂教学渗透，还需要校园文化的引领和校园文化环境的熏陶。

校园文化环境营造的任务就是配合和深化课堂教育，让科学的思想和理念与时俱进，让师生的个性张扬，让校园成为智慧和灵气四溢之地，到处显现五育之光。学校因贤达赐名"星海"，意蕴深远：人人都是闪烁的明星，学校每时每刻都是孕育明星的智慧之海。

踩着别人脚印走的人，永远不会留下自己的脚印。教育创新应该是人人参与的、全方位的，这是星海人共有的团队教育理念。2021年，学校以"人人成功、人人成星"的文化建设理念为指导，注重校园文化布置的创新，注重做好校园绿化、美化、净化工作，合理布置和设计校园，有效利用空间和墙面，让学生在日常学习生活中接受先进文化的熏陶和文明风尚的感染，促进了学生的健康成长。建设生态校园、文化校园，形成了"幸福星海"校园文化布置特色。其出发点，就是环境育人，以个性化的校园育人文化环境引领师生奋力向前，仰望星空，渴望成功，营造人人进取、点亮星空的教育氛围。

育人是全方位的，教书仅仅是其中的一个环节。教书，每个学校都有自己的绝招，育人，也有各自的对策。文化引领不仅在课堂，环境育人尽在不言中。晏子所谓"橘生淮南则为橘，生于淮北则为枳"的理论依据就是环境育人。"孟母三迁"，讲的就是良好环境对于孩子成长的意义。今天，星海人立足于个体化教育，借助于今天的大数据驱动，加强和充实文化引领，通过丰富深厚的文化底蕴让学生读书，让学生超越读书，成为真正意义上的文化人、文明人，这才是学校追求的教书育人的最高境界。

（二）相关理念的导引，重要步伐的迈出

"工欲善其事，必先利其器。"科学育人不是信手拈来的事情。创建特色，就得有自己的绝招，就得依靠科学的理念。学校个体化育人如何迈出新的步伐，自然立足于新的科学理念的导引。创新，首先就得从观念更新开始。

理念一："一位好老师是孩子的一本经典好书，一所好学校是孩子的一生财富宝库。"

学生在校六年，获取的应该是做人所必需的基本财富。学科文化、校园文化等营造的成长氛围帮助学生成为合格的时代少年。

理念二："教学的艺术不在于传授的本领，而在于激励、唤醒、鼓舞。"

育人不仅在课堂，更在校园。校园的一草一木、一字一画应该灵气四溢，像春风春雨一样滋养少年，催孕花果，润物无声。学生的成长需要引领，需要激励，更需要唤醒和鼓舞。环境的熏陶也是春风化雨，成功的校园文化环境的营造就在于不断地唤醒、不断地鼓舞。

理念三："成功的教育，不在于教会学生多少知识，而在于你在学生心中播下一颗怎样的种子。"

精神的温养不仅在课堂，校园文化是课堂教学的补充，更将引领学生日后的创造。今日播下种子，让它们生根发芽，在学生走出校园的某一天终将开花结果。

基于这些理念，星海小学在校园文化环境的营造方面有了新的举措。

1. 大数据驱动校园育人文化环境的资源整合

教育是个系统工程，进入大数据时代，育人更需要科学系统支撑，更需要数据支撑。校园文化环境的建设，离不开大数据对各类教育资源的整合。

2. 家校育人文化环境的资源整合

学生的成长与家庭教育密不可分。家长的文化素养对学生的成长起着引领和制约的作用。家长读什么书，看什么电视节目，欣赏什么音乐，平时怎么休闲，社会价值观如何，直接影响着学生成为什么样的人。为了了解学生的成长环境，就必须先了解学生家庭的文化生活，将家庭的文化环境与学校的文化环境的相关资源进行整合。

通过学生在家阅读的家庭文化背景的调查，依托大数据将全校学生的居家阅读状况进行数据分析，有效掌握学生的阅读志趣、阅读状态，了解家长对学校文化环境营造的理念和诉求，同时吸收家庭文化环境建设的合理因素，完善校园文化环境设计理念，充实内容，整合文化环境教育资源。

3. 校园文化环境的资源整合

整合班级文化。统一模式，统一板块。班级文化的布置跟随学校时段的主题和要求，在学校文化环境布置的框架内完成本班级的任务设计和落实。如板报，学校布置某

个节日文化，编排若干个节日文化板块分解到班级，每个班级则就自己的任务进行布置，保证各班布置的内容不重复，各有重点。班级的学科园地位置和制式统一规范，形成学校整体风貌，凸显学校的个体化教育特色。

整合学科文化。班级学科文化随着阶段性学科教学内容的推进而及时更新，学校统一安排，统一重点，分解到班，介绍某学科的相关科学知识、学科创建的重要人物，学校在这门学科教学上的骨干老师和他们的成果，激发学生的学习兴趣，深层次地认知本校的学科教学。

整合德育、环境、卫生、安全等板块。学校教育方方面面，在校园文化环境的营造上也应有所体现。德育天地、卫生健康、安全和守护生命、环境保护和养生等，场所固定，内容更替，形成自己的板块展示体系，保证每个学生在就读的几年内完整地接触和接受到相应的知识和技能教育。

校园文化环境的建设，扣住的是育人的目标，落实的是学校育人的方向。星海小学的大厅布置围绕"乐观、主动、智慧、懂事"展开，就是要让全校师生明确学校的育人方向和个人的努力目标。当然，学校的其他文化布置和设施也是围绕"乐观、主动、智慧、懂事"而展开，整合各种资源，形成自己独特的文化氛围。

4. 个体化育人理念催生校园文化环境的特色建设

个体化育人，其实质就是面向全体学生。当下的教育追求不是人人满分，而是让每个人都能享受成功，得到教育的阳光，提升到合适的高度。

个体化教育不仅在课堂，也应在校园。每一个精神鲜活的学生，每一天在校园中呼吸，都应该感应到属于自己的那一份鲜活的空气，这就是充盈着个体化教育的文化校园。

校园文化环境让每一个人可知可感，它浸淫着营造者的心血，为全体教育同人对教育的追求做铺垫、做补充，更为所有的受教育者做精神引领。因此，校园布置不是孩子信手涂鸦的创造，它首先是一种对教育者本身的精神提升。星海小学整合各种资源，投入大量资金和人力打造特色校园，也是基于个体化教育的理念在校园文化环境建设中的创新实践。

"四叶草"超市是学校为学生们营造的实现自身价值的一块空间，让他们"积点奖章，人人动力"。"四叶草"超市是原先孩子们购物的场所，2021年，这里重新进行装修，焕然一新的墙面布置给学生们美的享受。学校还对学生们的购物行为进行评点，实行积点奖章换购机制，积极引导他们在超市中文明购物，完善自我服务、自我管理体制，完成自我教育，最终成为学生们最喜欢的场所之一。购物场所也成为展示校园文化环境建设的一部分，让每一个来这里的人感受到育人无所不在。这不得不说是学校文化环境育人的创新之举。

与动态的课堂教学相比，静态教育的环境虽然不是学校教育的主体，但它在学校教育过程中的作用是其他教育内容所不能取代的，其作用也不是可有可无的。学校力求创设一种与主体教育相适应的校园环境，发挥环境在育人中的特殊作用。

（三）学校个体化育人特色在文化环境中的彰显

成功的教育首先是自身的特色鲜明，不同于其他人的自我展示标异。从建校那一天起，星海小学一直追求个体化教育，在各类教育教学活动和行为中标注个体化教育特色。

学校个体化育人的特色在文化环境中如何彰显？

星海小学在思考中探索认知，在设计中求解物化，在完成后检视修正并升格。

校园文化环境的营造也是一种数据集合，而作为显性的校园文化环境的营造更是凸显了学校校园文化建设的理念方向和品位。纵观所有办得有声有色的学校，其校园环境建设决不是凌乱无序的。

首先，教育者必须对环境育人有一个深层次的认识。学校育人环境的创设是教育者教育思想的反映，它再现了教育者对育人方式和育人内容的创造。在校园环境的创设上，不同的认识决定不同的形式，不同的形式又产生不同的作用。

其次，要构建一种会"说话"的环境。要努力创设一种环境，使这种环境所表达的语言能够感染学生思想、陶冶学生情操。学生在这种语言氛围中就能产生良好的内心体验，从而使这种体验能够成为促进学生积极主动学习和形成良好品德的一个重要因素，而这正是教育者对校园环境苦心经营的结果。学校通过创建学校文化环境来实现启迪学生心智、塑造学生心灵的目的。这种环境的创设是为塑造和形成学生的某种思想创设的，即是为实现一定的教育目的服务的。教育的作用本身就是一种"塑造"，即把无形的塑造成有形的，把零散的塑造成完美的。至于学生已经具有了的品质，也就无须再去创设形成这种品质的环境了，而应该去创设另一种能巩固已有品质、塑造新品质的环境。这样所创设的环境对促进学生发展才能起到积极的作用。

要学生爱校就得创设一种能激发学生爱校恋校之情的环境；要学生刻苦学习，就得营造一种能促进学生刻苦学习的环境氛围，即校园里的一景一物都要能对学生起到一定的启发和教育作用，要能与学生的内心活动产生积极的对话，帮助学生产生良好的内心体验，从而帮助学生点燃探索知识、积极进取的思想火花。即校园环境的创设要能使学生触景即能生情。

基于这些，星海小学有了自己的个体化教育的考虑，有了自己的校园文化环境的打造理念，并通过全校师生的努力得到了实施和彰显。

学校从八个层面入手。

1. 大厅布置

进门大厅右侧，展示了"三风一训"、大事记、多彩图片、奖杯等，"乐观、主动、智慧、懂事"的精神得到了形象的阐述，展现了学校在"适合的教育"引领下不断超越自我、勇于攀登创新的精神。星灯点点，成为大厅的一大亮点。回眸荣光，仰望星海。

2. 文化长廊

学校文化长廊重新定制"八礼四仪""文明校园""六个好"。焕然一新的图片给来到这里的学生以很强的视觉冲击力和心灵震撼力。核心价值，教育留痕。

3. "四叶草"超市

这里重新进行装修，学生们在这里以积点奖章换购，学校倡导文明购物，自我服务、自我管理、自我教育。品德养成，从细在微。

4. 出彩少先队

精心设计少先队宣传阵地，经常展示全国各行各业的英雄模范人物。同时，学校推出了十佳星海娃、园区好少年、苏州好少年、江苏好少年等展示。先锋榜样，激励成长。

5. 教学楼长廊

学校对教学楼一楼所有教室外墙做了重新设计，张贴了古诗、思维游戏、感统训练图案。思维训练，磨炼品质。

6. 学科文化墙

教室一楼外墙上进行了语文、数学、英语学科板块的精心设计，突出学科特点的同时，更注重趣味性、形象性、实操性。走过路过，学生们会拿起数学板块的算盘动手拨一拨，拿起移动语文板块的生字部首拼一拼字，拿起英语板块的动物图片找一找对应的英语单词。灵动的设计，让学生们沉浸其中，受益匪浅。用心栽花，润物无声。

7. 安全教育专栏

学校一楼墙面开辟出安全教育专栏，醒目的安全标语、生动的安全儿歌，增强学生的安全意识，提醒学生们生活规范、生命安全记心中，警钟长鸣。

8. 科技长廊

科技馆内，硕大的墙壁上，一幅立体感十足的太空探秘图把孩子们带入神秘的科学世界，仿真的机器人模型让学生们忍不住驻足研究。形态各异的造型留白处，给学生们摆放优秀科技作品留足了空间。环境设计给学生营造了一种科技的文化场，这种"场"作为一种氛围、一种文化，让星海学子更具科技的眼光和胸怀。登天之旅，始于足下。

星海小学创设的是一种会"说话"的环境，营造的是一种能激发学生积极进取、奋发向上的环境氛围。

校园文化是一种情怀、一种理念，更是一种品位。校园文化是一个不断建设、更新、提高的整体工程，是学校综合教学水平的重要体现，也是学校个性魅力与办学特色的体现。一所学校校园文化环境的构建反映着教育者的现代教育理念和育人构想。学校通过校园文化环境建设，焕发校园生活的激情，赋予校园里的一草一物鲜活的思想，与受教育者进行有益的心灵对话和情感交流，启迪学生心智，激发学生学习，使他们在特有的环境氛围中"碰撞"出智慧的火花来。

二、大数据驱动下校园文化功能布局

苏州地处长三角经济快速发展区，国际化的视野、快速发展的经济，促进了基础教育的长足发展。现代化的教育理念、开放式的育人模式、创新性的教育需求，对教育的系统性、包容性和综合性提出了更高的要求，教学空间在教育中极为重要的作用便日益突显出来。只有适应教育发展趋势、适应新的教育理念的教学空间才能达到最好的教育目的。

（一）开放式教育空间探索的背景

星海小学位于苏州工业园区，毗邻美丽的金鸡湖，是一所融入姑苏文化内涵，接受多元文化熏陶，兼具传统与现代、传承与创新的江苏省知名小学。它的前身是园区九年一贯制学校——星海学校。随着园区教育事业的蓬勃发展，2010年中小学分立，纯小学建制的星海小学迁入原职业技术学院校址。这里原来是一所培养园区创业人才的大学，具有教室空间大（超过100平方米）、室场分布广（多达几十个）、校园建筑布局有一定内涵等特点。对这些与众不同的校园建筑和布局进行二度开发和利用，将为星海小学延续"适合的教育"的办学理念，实现"人人成功、人人成星"的办学理想打开一个全新的窗口，为实现星海小学教育空间资源在育人方面的综合化、最大化利用起到应有的作用。

（二）开放式教育空间探索的思考

在大数据驱动下的新智能时代，教育的多样性、个性化该如何体现，成为中小学校普遍面临的瓶颈。随着适应学生个性发展和创新需要的素质教育的倡导和逐步实行，现代教育模式下传统教育空间在新时代背景下，已经不能够满足学生全面发展的要求。过往那种以班级授课为基本形式的单一、乏味的空间形态已经不能满足新型教育理念的发展需要。从2010年星海小学独立办学开始，学校便以"适合的教育"作为办学追求，以"适合的教育，让师生焕发生命的活力"作为教育目标，努力发挥开放性的教育空间和个性化的教学在素质教育中的重要作用，助推学校全面开放式教育空间的探索。

首先，在学校功能的定位上，学校进行了纵深化的思考。学校发展可划分为三个阶段：初级阶段的学校样态以满足读书、写字、算术为目标，要求学生算得对，懂得多，背得快，粗放式的农业社会特征明显；中级阶段的学校样态体现为一间间的教室规整排列，一门门的学科课程独立精细，程序化的教学和标准化的测试，让学生犹如流水线上的批量产品，注重的是标准化的合格率和人才选拔的上线率，工业社会特征明显；高级阶段的学校样态，有多种空间组合和多形态的空间布局，强调分科课程下的整合课程，融入更多基于个性化表现的多样性评价。这与生态化社会的发展特征相符。

其次，在学校教育空间的变革上进行了系列化的思考，力求通过教育空间的改变带来教育形态的改变。重点体现在"两个理念对接"和"四大方向变革"上。两个理念对接的思考：教育空间如何与学校教育教学理念对接？学生的个性化培养如何与空间教育课程中对接？四大变革方向：改变单一的教室功能，创造综合性区域性学习场所；让互联网进入孩子的学习，让教室与世界对接，世界就是课本，教室连通世界；将教室对接成图书馆，用图书馆连接大世界；依据教与学的需求"变形"室场空间，创新多样化的室场功能，让孩子们充分释放压力、展现个性。这四大变革也成为星海小学系列化空间教育探索的支点，构建出个性化、特色化的良好教育生态环境。

（三）开放式教育空间探索的实践

对于学校而言，新常态下的教育伴随着"供给侧结构性改革""核心素养""互联网+""新智能时代"等新理念、新事物、新举措扑面而来。在教育空间探索的实践中，依据对开放式空间教育资源建设的思考，星海小学重点从以下四个方面开展教育空间探索实践。

1. 打造"教室空间单元体"，构建具有灵活适应性、功能复合化的主体式开放教育空间

以教育单元打造空间教室，是开放式教育探索的第一步。因为星海小学的教室是由一个个大学校园生产实习车间改造而来，超大的空间成为教育改革发挥想象力和创造性的源头。学校将每一个100多平方米的教室设置成四个空间区域。一是教学互动区。占地近50平方米，由讲台、课桌、现代化的教学设备组成，是班级授课的场地。这一区域与传统的教学范式相似，是供师生学习交流的主要区域。让教室成为师生互动探索的智慧园。二是资源区域。占地15平方米左右。主要分布在教室的右侧，通过资源长柜和班级图书长台的方式实现学生对各种学习资源的广泛利用，既可以增加学生知识的空间，也给老师个性化的辅导与交流提供了场所，让教室成为有趣味的开放园。三是生态区域。由学校提供或学生自带各种特色小绿植或小型养殖生物，用于调整学生情绪和课堂观察所用，既怡养了学生性情，又引发了学生探索，让教室成为温馨的生态园。四是活动区域。在学生课桌椅的最后方，占地15平方米左右。每间教室的这个区域都可以用来开展学生课间活动，低年级铺上榻榻米，高年级配备各种小器材，活动时间孩子既可以放松身心，也可以开展同伴互动，让教室成为师生共同成长的幸福园，实现玩中学、趣中学的教育目的。每个教室中四大区域空间的分布和利用，让教室最大限度地发

挥出空间资源的优势，实现了教室资源的复合化和灵活性运用。这种基于空间结构改变导向教育环境延伸的实践，也成为课程开发的契机，各个年级也抓住四大教育区域建设，有意识地开展"教室空间资源课程的研究"，将个性化的学生教育引向了更加多元的生命关注和潜能发掘，从而为室场空间资源的开发利用总结出更好的经验进行推广。

2. 变形室场空间，创新室场功能，打造室内外、多场室、立体化的教育空间体，为个性化、创造性教育提供足够的"成长空间"支撑

素质教育发展到一定的阶段，"教学空间单元体"将会逐步向"教学空间综合体"过渡，以满足新的教育时空下综合教育的需求。星海小学借助"大改小"的契机，将原来职业技术学院的很多空间场馆和实践操作教室改为多功能、立体化的功能场馆和实践基地，实现了区域集中空间变形和资源整合的最大化效应。特色体育场馆、科技创新教室、实践操作基地、文化艺术长廊和国学经典学堂，五位一体的教育空间规划，让教育的综合性和整合性大大加强；梦想工厂、比特教室、木工作坊、创客空间、高士其基地……多样化的社团空间让孩子们尽情地在兴趣的园地中流连，立体化的教育空间为孩子们的成长奠定了基础。

3. 让教室与图书馆对接，用互联网连接世界，打通班级与图书馆、学校与大千世界的隔断

学校在每班教室的资源长柜处，设置了与班级人数相对应的方形柜格，每个柜格放置有连接了互联网的小型电脑，每台电脑都可以上网游览学校电子图书馆的各类藏书，观看学校"星海时空"中的各种教育资料，直播各类集体活动的相关影像，在线查找各种学习教育资源……较好地实现了"世界就是课本，教室连通世界"这一空间教育资源建设目标，淡化了课上课下的两极生活，让教育单元空间的学习变得更加有趣，个性化的学习成为可能，有利于学生潜能的激发和创新能力的形成。

4. 跨学科融合教育资源，总体性规划空间文化，让创造性的学习无缝对接，让个性化的成长真实发生

教育是内在与外在协同作用的结果，是各种教育因素互相影响的统一。在教育空间资源建设的过程中，学校还非常重视资源的融合和文化的熏染。星海小学借助"智慧校园"的创建，实行跨学科、多学科整合，推动老师间自然的协同与跨学科的学习。学校开展了多学科整合教学实验、探索全科教师的培养，着手项目性学习的研究，既继承了学校分科教学的优势，保持了分科教学的深度和系统，也通过教师协同合作设计一些综合性的学科教学活动，体现"全科教师"的优势，避免分科导致的局限和短视。这样一种整合教育空间资源的尝试，打破了单科授课思维，组合了常规性教学，让老师成为学校特色项目的参与者与组织者，推动跨学科、跨界的研究交流，从而带动更多的学科教师进行教育改革创新。

星海小学占地 20 万平方米，在苏州工业园区地少人多的城市发展现状中还是具有一定的空间发展优势。学校紧紧抓住迁校的时机，以"适合的教育"这一教育理念为统领，全方位地规划教育空间资源，从孩子的视角设计校园建筑、景观，尽力体现文化与环境的陶冶功能，使儿童与环境互动，在细节上做文章，用独具匠心的细节彰显教育对儿童的体贴入微，力争将星海小学建设成为既有"乐园"的气质，但又不失"家"之温馨的良好的学习与创新场所，让空间成为一种教育资源，让建筑与景观成为一种文化，时刻对孩子的成长进行正向化的熏染，达成了"随风潜入夜，润物细无声"的教育效果。

（四）开放式教育空间探索的畅想

教育空间创设的本质是人，是人性的一种空间化和凝固化。宅者，人之本。人因宅而立，宅因人得存。人宅相扶，感通天地。这种以自然适意性和融洽共生性为指向的教育空间思路，为学校开放式教学空间探索带来了启发。2023 年，星海小学星汉街校区启用，学校将进一步按照开放式教育空间打造的思路，借助学校建筑空间变化推动教育变革，实现学生学习和人际关系的重构，激发师生共同学习的潜能，让学校成为师生共同发展的幸福园、教育时空对接的开放园、人文与科技创生的智慧园、特色与共性和谐发展的生态园。

第五章　大数据驱动下个体化育人课程体系创新

第一节　大数据驱动下个体化育人课程设计理念及原则

随着"互联网+"、人工智能、虚拟现实、物联网等新一代信息技术飞速发展，其相关数据的生产、传播、利用、管理与评价等呈现出指数级增长态势，人类已然迈入"大数据时代"。作为国家重要发展战略的教育大数据成为推动教育信息化、"教智融合"发展的重要力量。显然，教育教学领域产生的大数据将为教育教学的变革创新带来时代机遇和挑战。每个时代都有相应的教育行动路向，将大数据发展的历史性成就运用于教育领域，必定会带来教育面貌的划时代革新。大数据驱动下个体化育人课程设计理念在一定的背景下生成。

一、大数据驱动下个体化育人课程设计理念

（一）一体化课程观

党的十八大报告中提出："坚持教育为社会主义现代化建设服务、为人民服务，把立德树人作为教育的根本任务，培养德智体美全面发展的社会主义建设者和接班人。"这一重要论述成为新时代党的教育方针。在这一论述中，为社会主义现代化建设服务是教育工作的总方向，德智体美全面发展是重要标准，培养社会主义建设者和接班人是总目标。

个体化育人理念是将党的教育方针落实在义务教育培养目标中。其一，将新时代党的教育方针中的重要标准和总目标直接融合到个体化育人目标中。在新方案培养目标中明确指出："培养德智体美全面发展的社会主义建设者和接班人。"这同时体现了党的教育方针中的重要标准和总目标。其二，将党的新时代教育方针中的总方向细化到个体育人的培养目标之中。具体而言，为了落实新时代党的教育方针的总方向，将个人追求融入国家富强、民族复兴、人民幸福的伟大梦想之中，要培养学生乐于提问、敢于质疑，学会在真实情境中发现问题、解决问题，具有探究能力和创新精神，关心时事，热爱和平，尊重和理解文化的多样性，初步具有国际视野和人类命运共同体意识。

个体化育人的基本原则有两个方面的功能。其一，确保培养目标能够落实。培养目标是对党的教育方针的进一步深化和具体化，而如何确保培养目标能够在课程发展中落实，这就需要有相应的原则作为保障。其二，个体化育人指导课程设置与实施的准则。

课程发展基本原则的重要功能就是指导课程设置能够服务于个体化育人目标的实现。

（二）适应性课程观

随着时代发展，如何更好地彰显课程建设的时代特色，以及如何规范课程建设的基本框架是本次课程方案修订非常关注的内容。新方案中的基本原则在很大程度上回应了上述要求，具体表现如下。

2001年版方案在课程发展基本原则中提出了均衡性、综合性和选择性等要点，作为开展义务教育课程建设的特色。然而，随着课程改革的纵深推进，课程建设中的种种问题逐渐凸显出来。如教学实践中智育一枝独秀，其他四育要么被忽视，要么被弱化；教学实践聚焦培优，忽视不同需求；重知识与技能，忽视必备品格与价值观念；关注单一学科，忽视学科间的关联；重视记忆理解等机械学习方式，忽视在实践中学等。正因如此，新方案要破除课程建设中的五种不良表现，提出了义务教育课程发展的五个基本原则：坚持全面发展，育人为本；面向全体学生，因材施教；聚焦核心素养，面向未来；加强课程综合，注重关联；变革育人方式，突出实践。这五个基本原则不仅解决了课程建设中存在的问题，也凸显了符合时代发展需要而提出的课程建设特色。

星海小学运用大数据平台及借助多元的评价机制，用心用情发现每一个学生身上的闪光点，让具有不同个性和特长的学生都能找到自信的源头。不需要"十八般武艺样样精通"，也不苛求每个方面平均发展，每个人只要展现出不同于他人的个性特质，只要亮出属于自己的成长潜质，在星海的天空下总能呈现属于自己的精彩绽放。"人人成功、人人成星"，已经成为星海教育的一种常态现象，这种"面向未来、关注个性、强调成长、激活潜能"的评价模式已经引起了社会的普遍关注，被众多媒体赞誉为"星海现象"。

如果课程建设只有特色而没有基本框架加以规范，那么这样的课程教学是走不远的。正因如此，义务教育课程发展基本原则明确了未来课程建设在各个方面的基本原则，具体表现为"坚持全面发展，育人为本"的原则，规范了未来课程建设的方向；"面向全体学生，因材施教"的原则，明确了课程建设指向的对象；"聚焦核心素养，面向未来"的原则，提供了课程建设的目标；"加强课程综合，注重关联"的原则，规范了课程建设的实施机制；"变革育人方式，突出实践"的原则，指出了课程建设的育人方式。

星海小学针对每个孩子，制定个体化育人的措施。采取活泼的、学生熟悉且喜闻乐见的"星海娃"卡通形象的形式来实施对学生综合素质的评价，调动了学生的积极性和主动性。从"每周一娃"到"每月之星"，再到期末的"十佳星海娃"，都依据孩子们的喜好，设计了儿童化的评价项目，比如诚信娃、自护娃、礼仪娃、环保娃、合作娃、勤学娃、志愿娃、创新娃、健身娃、艺术娃等，让每个学生学会发现自己的闪光点。由单一走向多元，由平面迈向立体，由硬性标准转为可成长的弹性量度，由精英型评价转为大众型评价，这样的评价方式的转变，让标准不再生硬死板，让评选不必高高在上。多元立体的评体方式让每一个学生都能切身地感受到评价的亲切，"跳一跳就能摘到桃子"，每个学生在多元评价的体系中各展所长，找准定位，这样的评价让学生乐于参与，主动悦纳，从而在评价中唤醒最好的自己。

（三）序列化课程观

美国教育心理学家加涅提出，学习能力的发展是一个循序渐进的过程。教学应当遵循两个序列：一是学生认知能力发展序列，二是学科知识逻辑结构序列。

根据这两种观点，我们可以将序列理解为一种具有顺序性和逻辑性特征的相对静态的操作依据。其相关内容的各要素在相互之间和整体上都体现出一种恰当的关联性和适应性。而"序列化"是以相对静态的序列为基础，是实现序列的动态操作过程，它表现出一种由浅入深、由简到难、循序渐进的序列状态。

课程标准是国家教育行政部门依据国家的教育方针和教育目的制定的有关课程的指导性文件，是依据学生的身心发展规律，通过学科内容的学习，完成规定的教育教学任务而达到的目标。它是课程编制、课程实施、课程评价的准则和指南。同时，它还是教材编写的依据，教材必须充分体现课程标准的基本理念和各部分的内容。从某种意义上讲，教材就是对课程标准的一次再创造和再组织。

"让每一颗星星都闪亮"，一直是全体星海人的理想和追求。办学以来，星海小学将"适合的教育，让师生焕发生命的活力"作为办学理念，激发"每一个"的成长自觉，提供"每一个"的选择可能，构筑"每一个"的发展态势。核心素养的真正落地，作业负担的切实减轻，需要以课程为依托。星海小学一直在努力探索，尝试建立起一个适合学生整体、多元发展的课程体系。"双减"背景下，星海小学对学校课程架构进行调整与重塑，进一步完善"满天星"课程体系。

学校依据培养"乐观、主动、智慧、懂事"的星海娃的这一育人目标，融合"适合的教育"的办学理念，秉承"人人成功、人人成星"的教育理想，呼应"星光灿烂、海纳百川"的校训，建构"满天星"课程体系。"框架性课程、菜单化选课、走学式课堂、多维度评价"已成为星海"满天星"课程的四大特色。"恒星课程群""行星课程群""卫星课程群"分别对应国家基础性课程、拓展性课程、探究性课程，聚焦学习能力、发展能力、审美能力、创新能力、生活能力、实践能力六大学生核心能力。在"双减"政策指引下，学校结合校内特色课程及校园文化，基于"生本"需求，设置"星梦学堂"特色课程，融入学校社团课程、课后延时服务课程，为每一个孩子提供适合的个性化学习平台。

二、大数据驱动下个体化育人课程设计的基本原则

在当今信息化时代,大数据技术的应用不断推进,也给教育培训领域带来了新的机遇和挑战。在这样的背景下,大数据驱动下的个体化育人课程设计成了一种新兴的教育模式,其可以更好地满足学生的学习需求和兴趣爱好,提高学生的学习效果和整体素养。

(一)全面发展,注重科学性与互动

随着大数据时代的到来,教育也逐渐被数字化和信息化所渗透,传统的课程设计方式已经不能满足现代教育的需求。因此,在大数据驱动下,个体化育人课程设计成了当前教育领域的热点话题。

1. 以学生为中心,注重个性化教学

个性化教学是指根据学生的兴趣爱好、学习风格、认知习惯等方面来设计课程,以激发学生的学习兴趣和主动性。大数据技术可以通过对学生的学习数据进行分析,了解学生的学习情况,为个体化课程设计提供数据支撑。在个性化教学中,教师需要了解每个学生的学习情况,包括学生的学习目标、学习方式、学习习惯等。教师可以通过大数据技术分析学生的学习数据,从而了解学生的学习情况,为个性化教学提供科学依据。例如,教师可以通过分析学生的学习习惯,设计出更适合学生的学习计划,从而提高学生的学习效果。

2. 注重全面发展,培养综合素质

个性化教育不仅要培养学生的学科能力,还要注重学生的身心健康、综合素质等方面的发展。在大数据驱动下,可以通过对学生学习、生活、健康等数据进行分析,全面了解学生的发展情况,从而为个体化课程设计提供依据。在注重全面发展的课程设计中,教师需要关注学生的身心健康和综合素质发展。大数据技术可以通过分析学生的健康状况和生活习惯,为教师提供健康指导和生活建议,帮助学生培养健康的生活习惯,促进学生身心健康。

3. 注重教学的科学性,提高教学效果

个性化教育不仅要符合学科教育规律,还要注重教学方法的科学性。大数据技术可以通过对不同教学方法的效果进行分析,了解每种教学方法的优缺点,为个体化课程设计提供科学依据。在注重教育教学的科学性的课程设计中,教师需要关注教学方法的选择和教学效果的评估。

4. 注重教师和学生的互动,促进学生的自主学习和自我发展

在大数据时代,教师和学生可以通过各种技术手段进行更加高效的互动,以促进学生的自主学习和自我发展。一方面,大数据技术可以用来收集、分析和利用学生的学习

数据，从而帮助教师更好地理解学生的学习需求和问题。教师可以通过这些数据对学生进行个性化的指导和反馈，帮助他们更好地理解和掌握学习内容，还可以利用大数据技术来制作和提供在线学习资源，例如视频课程、在线测试和互动学习工具等。另一方面，大数据技术可以用来促进学生之间的互动和合作学习，例如在线讨论、协作项目和团队作业等。这些活动可以帮助学生更好地理解学习内容，同时也可以促进学生的自主学习和自我发展。

总之，大数据技术可以帮助教师更好地理解学生的学习需求和问题，同时也可以促进学生的自主学习和自我发展。教师可以利用这些技术手段来实现更加高效的教学和学习，构建德智体美全面培养的课程体系，贯彻新时代党对教育的新要求，完善课程类别与结构，优化科目的课时比例，促进学生健康、全面发展。

（二）面向全体学生，收集、分析数据

在大数据时代，个体化育人已成为教育领域的重要发展方向。个体化育人的实现需要大数据技术的支持，通过对学生数据的收集、分析和应用，为每个学生量身定制教育方案和服务，为每一位适龄儿童、少年提供适合的学习机会。面向全体学生的原则要求把握学生身心发展的阶段特征，注重幼儿园、小学、初中、高中各学段之间的衔接，体现不同学段目标要求的层次性。打好共同基础，关注地区、学校和学生的差异，适当增加课程选择性，提高课程适宜性，促进教育公平。

在当前大数据时代，教育领域也开始逐步应用大数据技术，以实现个体化育人，针对不同学生的不同需求，提供更加精准的教育服务。然而，大数据的应用需要大量的数据支撑。

在进行数据收集之前，我们需要对学生进行全面的了解，包括学生的学习特点、兴趣爱好、心理状态等。只有深入了解学生，才能更加精准地进行数据收集和分析。

在收集数据时，不能仅仅局限于学生的学习成绩和考试情况，还需要收集学生的行为数据、社交数据、心理数据等多样化数据。通过多样化数据的收集，可以更全面地了解学生的情况，从而实现更加精准的个体化育人。

在收集到足够的数据之后，需要利用大数据技术进行数据分析。通过数据挖掘、机器学习等技术，对数据进行深入分析，找出学生的学习规律、兴趣爱好、心理状态等数据，为个体化育人提供更加精准的支持。

在进行数据收集和分析时，需要注意保护学生的隐私，避免泄露学生的个人信息。可以通过数据加密、权限控制等方式，确保数据的安全性和隐私性。

随着大数据时代的到来，数据分析在各个领域得到了广泛的应用，教育领域也不例外。如何利用数据分析技术，推动个性化教育，让每个学生都能得到最好的教育，成了当前教育界面临的一项挑战。

传统教育模式中，教师往往是按照统一的教学计划，为所有学生提供相同的教学内容和方式。然而，每个学生的认知水平、学习兴趣和学习方式都不同，因此传统教育模式往往难以满足每个学生的需求。随着数据分析技术的发展，我们可以通过分析学生的学习行为、学习数据等信息，为每个学生提供个性化的教育方案，从而更好地满足他们的需求和提高他们的学习效果。

数据分析在个性化教育中的应用主要包括以下几个方面。

1. 学习行为分析

通过分析学生的学习行为，可以了解每个学生的学习情况，进而为他们提供个性化的学习建议。例如，我们可以通过学习时间、学习内容、答题情况等数据，了解每个学生的学习兴趣、学习方式，并针对性地调整他们的学习计划和学习方式，提高学习效果。

2. 学习数据分析

通过对学生的学习数据进行分析，了解每个学生的学习水平和弱项，从而为他们提供有针对性的辅导和支持。例如，我们可以通过对学生成绩、作业完成情况、测验结果等数据进行分析，了解每个学生的学习水平和掌握情况，并通过个性化的辅导和支持，帮助他们提高学习效果。

3. 教学资源个性化推荐

通过数据分析，我们可以了解每个学生的学习兴趣和学习需求，进而为他们推荐个性化的教学资源。例如，我们可以根据学生的学习历史、学习时长、学科偏好等信息，推荐拓展性教学资源，提高学习效果。

数据分析技术的应用为个性化教育提供了有力的支持，通过对学生的学习行为、学习数据等信息进行分析，可以为每个学生提供个性化的教育方案，提高他们的学习效果。未来，我们可以进一步探索数据分析技术在教育领域的应用，为每个学生提供更好的教育服务。

传统的教学形态下学习者获取知识主要通过实体课堂，但随着时代的进步，实体课堂里所获得的学习技能，仅仅是学习内容的一部分，还需要在课堂外补充。"适合的教育"是以学习者发展为本的教育，它根据学习者天赋和秉性、兴趣和爱好不同，施加不同的教育和影响，使学习者能主动地学、探究地学，促进每一个学习者持续发展。大数据技术的发展和网上授课等教学模式的创新使学习者可以根据自身情况对学习时间、进度、内容和学习方式有针对性地选择。大数据技术的集成性、交互性、开放性和智能性为学习者开展"适合的教育"的自主学习提供了可能，教师可以基于数据驱动下的教学系统对学习者的学习资源、学习方式、知识掌握情况等进行综合系统的分析，实现海量富媒体教学内容和学习者碎片化时间的有效对接，有针对性地通过在线教学或实体教学为学习者推荐适合其特点的学习方法与内容,让"适合的教育"落到实处,提高学习者的效率。同时,大数据时代的网络课程又为学习者自主学习提供了实时、开放、交互、泛在的学习环境,学习者可以随时随地通过网络实现按需学习。大数据支撑下"适合的教育"的泛在学习环境变化必定会引起学习者学习需要的变化,数据驱动下的教学系统可以为学习者提供集成化、个性化、社交化的教学服务,在自主学习的过程中实时交流学习心得和方法。基于此,大数据支撑下的"适合的教育"拓宽了学习者获取经验或知识的途径,为学习者自主学习提供了前所未有的获取资源和信息的平台。

综上所述,大数据驱动下的个体化育人可以更好地满足学生的需求和特点,提高教育质量和效率。但是,在实现个体化育人的过程中,需要重视数据的隐私保护和安全性。教育工作者应当尊重学生的个人隐私,严格控制数据的使用范围和权限,确保数据的安全和合法性。大数据时代,实体课堂教学为中心的学习,转变为多元化的空间自主学习是"适合的教育"学习方式发展的必然趋势。

(三)加强课程综合

大数据的应用,已经开始改变传统的教育模式,为学生提供更加个性化的教育服务。在大数据驱动下,个体化育人成了当前教育领域的重要趋势之一。个体化育人需要针对不同学生的特点和需求,量身打造适合他们的教育方案。在这个过程中,课程综合是至关重要的一环。课程综合不仅可以提高学生的综合素质,也可以满足不同学生的需求,让他们获得更好的学习体验。

那么,在大数据驱动下个体化育人如何加强课程综合呢?

首先,课程设置应体现个性化。个性化课程设置的目标是满足学生的个性化需求,提高学生的学习兴趣和学习动力,促进学生的学业成绩和综合素质的提升。因此,我们需要通过大数据技术,了解学生的学习习惯、学习水平、兴趣和需求等方面的信息,为学生提供个性化的学习支持和资源。

个性化课程设置的实现,需要以下几个步骤。

1. 数据采集

数据采集是实现个性化课程设置的第一步。我们需要采集学生的学习数据、行为数据、兴趣数据等多个方面的数据。这些数据可以通过学生的学习记录、在线测试、问卷调查等方式进行采集。同时,我们还可以通过学生的社交媒体、搜索引擎等数据获取学生的兴趣和需求等信息。

2. 数据处理

数据采集后,我们需要对数据进行处理和分析。通过数据挖掘和机器学习等技术,我们可以对学生的学习行为、兴趣和需求等数据进行分析,识别出学生的学习模式和学习需求,为个性化课程设置提供参考。

3. 个性化课程设置

在数据处理的基础上，我们可以为学生设计个性化的学习计划和课程内容。根据学生的学习模式和需求，我们可以为学生提供适合的学习资源和学习工具，如在线视频、学习游戏、交互式课件等。同时，我们还可以为学生设计个性化的学习路径，满足学生的学习需求和兴趣。

首先，个性化课程设置的优势在于能够满足学生的个性化需求，提高学生的学习兴趣和学习动力，促进学生的学业成绩和综合素质的提升。同时，个性化课程设置还能够提高教育资源的利用效率，减轻教师的负担，提高教学效果和教育质量。

其次，教学方式应体现多样化。教育工作者需要不断探索多样化的教学方式，以更好地落实课程综合的原则。一是互动式教学方式。这种教学方式可以让学生在参与课堂互动的过程中更好地理解知识点，同时也可以增强学生的主动性和参与性。具体来说，我们可以运用教育科技工具，如在线问答平台、实时投票系统等，来吸引学生的注意力，激发他们的兴趣。二是小组协作的教学方式。这种方式可以增强学生的合作意识，同时也能够促进学生之间的交流和互动。在组队学习的过程中，学生可以互相补充知识、交流观点，从而更好地理解课程内容。三是游戏化教学方式。这种方式可以让学生在轻松愉悦的氛围中学习，从而更好地吸收知识点。在游戏化教学中，我们可以设置不同的关卡和任务，让学生在完成任务的过程中逐渐提高自己的能力和知识水平。

再次，我们需要利用大数据技术对学生的学习情况进行跟踪和分析，并根据学生的个性化需求和学习状况进行调整。通过不断地探索和实践，我们可以让教学方式更加多样化，更好地满足不同学生的需求，从而更好地实现个体化育人和课程综合的目标。

最后，课程评估和反馈应体现高效化。

在大数据驱动下，课程评估需要借助先进的技术手段和数据分析方法。一是可以利用数据分析工具对学生的学习数据进行分析，包括学习时间、学习进度、作业提交情况等，从而了解学生的学习状态和学习效果。二是可以采用在线问卷调查等方式收集学生对课程的反馈意见，从而了解学生对课程的满意度和改进意见。三是也可以从教师和教学助理的角度收集对课程的评价和建议，以便进行课程的改进和优化。

课程反馈是指根据课程评估结果，及时对课程进行调整和改进。在大数据驱动下，课程反馈需要借助技术手段进行实现。一是可以利用数据分析工具对课程评估结果进行分析，找出问题所在，并提出改进方案。二是可以利用在线教学平台等工具，及时向学生反馈课程改进方案，并进行课程调整。三是也需要加强教师和教学助理的培训，提高其课程设计和教学能力，从而更好地实现课程反馈。

大数据驱动下个性化育人加强课程综合是一个系统性的工作，需要借助先进的技术手段和数据分析方法，同时也需要教师和教学助理的共同努力。只有这样，才能更好地实现个性化育人，提高教育教学质量。

（四）符合内在逻辑

大数据驱动下个体化育人可以概括为"以学生为中心、以数据为基础、以个性化为目标"。它的内在逻辑是通过收集、分析学生及其学习环境中的数据，对学生进行全方位、多角度的分析，形成个性化的学习方案，以达到提高学生学习成效的目的。

实现大数据驱动下的个体化教育，需要以下几个步骤。

第一步，数据收集。这是个性化教学的基础。学校可以通过学生作业、实验、调查问卷等途径，收集学生学习状态、学习成果等相关数据。

第二步，数据分析。通过对收集到的数据进行分析，了解学生的学习习惯、能力状况、瓶颈及潜在优势，同时也掌握学生的兴趣及倾向。这是制定个性化教学方案的依据。

第三步，个性化设定。根据学生的分析结果，制订出多样化、有针对性的学习计划和措施。学校要针对学生的不同需求和特点，为每位学生制定适合自己的学习方案。

第四步，监测评估。对制订出的教学计划和措施进行监测评估，及时反馈学生的学习成果和调整教学方案，保证个性化教学计划的有效实施。

此外，还需要开展多元化的教学方法，营造多样化学习环境，提升学生的实践与创新能力。通过创造性的教学方法和学习环境，学生更自由地发挥他们的想象力和创造力，打破传统教育模式的局限性，提升学习兴趣和掌握知识的能力。在个性化教学的过程中，学校还要针对学生不同的发展方面，培养学生的学业发展能力、社会交往能力、情感发展能力。

总之，大数据驱动下的个性化教育，是基于学生的需求，注重个性化差异性的教育。只有学校能够真正认识到每个学生的独特性，并制订出符合学生需求的教学计划和措施，才能真正实现个性化教育的目标。

第二节 大数据驱动下个体化育人课程目标及特征

随着大数据技术的不断发展，个体化育人已经成为课程目标的重要方向。个体化育人可以帮助学生更好地适应社会，更好地实现自己的梦想和目标。

一、大数据驱动下个体化育人课程目标

（一）总体目标

依据各级教育主管部门指导性文件和学校的育人目标，"双减"背景下，如何落实

新课程方案和新课程标准是摆在每一个教育人面前的重要课题。星海小学立足于立德树人根本任务，进一步推进"适合的教育"的办学理念，结合2022年4月教育部印发的《义务教育课程方案和课程标准》，以及同年8月江苏省教育厅发布的关于实施《义务教育课程方案和课程标准》的通知，学校更新了课程设置，努力让课程更符合学生的发展需要，保证在国家课程的基础上，突出本校课程特色。经学校课程组织机构集体审议，初步确定学校课程的总体目标是通过国家课程的校本化实施与校本课程的开发，为学生提供丰富而适合的课程，使学校课程结构更合理，学校特色鲜明。推进教师的教学理念进一步更新、教学手段进一步优化，跟上时代发展的步伐，使每一位独具个性的学生发展核心素养。包括如下内容。

开全开足国家课程，从不随意增减每周的课时数，严格遵守上级部门规定的作息时间。科学、综合实践活动开设起始年级提前至一年级；落实中央要求，将劳动、信息科技及其所占课时从综合实践活动课程中独立出来。

国家课程校本化。首先从英语、艺术、体育、综合学科开始进行国家课程校本化，努力探索国家课程校本化的实施标准，确定学校的基础型课程和拓展型课程。

学校课程生本化。结合学校实际情况，根据教师的不同才艺，学校在原有"满天星"社团课程的基础上提炼升华，创设"星梦学堂"校本特色课程，与学校特色相结合，开发了一百多项特色校本课程，丰富了学生的生活，为其心灵种下一颗生涯规划的种子。

（二）课程目标

个性化育人课程旨在针对个别学生的需求和特点专门设计课程，帮助学生发挥自己的优势，克服自己的劣势，提升自己的综合素质和能力。让学生找到适合自己的学习风格。学习风格不同，所适应的学习方法也不同，因此要帮助学生了解和掌握自己的学习风格，针对性地选择学习方法。发现和发展学生的兴趣和潜能。每个学生都有自己的兴趣和潜能，个性化育人课程旨在帮助学生发掘和发展自己的兴趣和潜能，并促进其全面发展。帮助学生解决个人问题。学生在成长过程中会遇到各种问题，如心理、行为、家庭等方面的问题。个性化育人课程致力于帮助学生面对和解决这些问题，提高学生的自我调节能力和解决问题的能力。培养学生的创新和实践能力。个性化育人课程注重引导学生探索和创新，开拓学生的创新和实践能力，引导学生走向成功。在大数据驱动下，个体化育人的课程目标应该包括以下内容。

1. 基于大数据驱动的学习评估

使用大数据技术可以更加准确地评估学生的学习状况与表现，从而制订更加精准的教学计划和方案。基于大数据的学习评估可以通过收集和分析学生学习相关的数据来获得更加准确和全面的学习评估结果。具体来说，这涉及以下几个方面。

（1）学习数据的收集。可以通过各种方式来收集学生的学习数据，如学生的成绩、作业、测试结果、学习活动记录等。

通过有针对性的问卷调查，收集学生的学习反馈和评估信息，了解学生的课程满意度、学习效果等。教师在课堂上对学生的学习表现进行观察，记录学生的参与度、反应能力、听取情况等信息。通过定期的测试和测评，收集学生的知识掌握程度和学习成果，评估学生的学习表现和进展。使用学习分析工具对学生的学习数据进行收集、分析和展示，了解学生的学习行为、学习习惯、知识掌握程度等，为教师制定个性化的教学方案提供依据。通过学生的作业和项目作品，了解学生对所学内容的掌握程度、应用能力等信息，为教师针对性地指导学生提供依据。

（2）学习数据的分析。通过对收集到的学习数据进行分析，可以对学生的学习状况和表现进行评估，比如识别出学生的弱项和优势，并为学生制定相应的教学方案。以下是常见的学习数据分析方式。

对学生的上课时间、听课情况、复习时间、作业完成情况、错题率等方面的数据进行统计和分析，了解学生的学习习惯和行为模式，为制定个性化教学方案提供参考。对学生的学习成绩进行统计和分析，了解学生在不同学科、不同学习阶段的成绩表现，为制定个性化教学方案提供依据。对学生的学习跟踪和反馈数据进行统计和分析，了解学生的学习过程和学习态度，为教师提供开展个性化辅导和指导的依据。对学生的学习行为数据进行分析，了解学生在学习过程中的行为习惯和行为规律，为教师对学生的学习行为进行引导和优化提供依据。

2. 基于大数据驱动的学习数据的预测

通过对学生学习数据进行分析，可以建立起学生的学习历史记录和学习趋势，从而可以预测学生未来的学习表现和需要。

借助机器学习和数据挖掘等技术，对学生历史学习数据进行分析和建模，预测出学生今后的学习表现和风险，为教师提供教育干预和个性化教育的依据。通过对学生的学习历史数据和兴趣爱好等信息进行挖掘和分析，推荐针对性的教育资源和课程内容，为学生提供更加个性化的学习方案，促进学习的转化和提高。借助深度学习和神经网络等技术，对学生的学习数据进行模型构建和优化，实现对学生未来学习表现的预测和评估。通过对学校、班级和学科等群体数据进行建模和分析，预测出学校、班级和学科等方面的未来发展趋势和走势。

3. 基于大数据驱动的个性化学习

基于学生的学习评估结果，针对每个学生的个性化学习需求，提供针对性的教学内容和方案。

针对学生的学习优势，提供更高难度的学习任务以拓展知识面。

提供更加开放和自由的学习环境，充分发挥学生的创造性和探究能力，鼓励学生自主选择学习内容和学习形式。提供更具挑战性和深度的学习资源和活动，帮助学生拓展知识面和学习领域，提升学生的综合素养和学科能力。以学生为中心，围绕学生的兴趣爱好和特长进行课程设计和教学实践，充分发挥学生的优势和潜力。

针对学习弱势的学生，定期进行个性化测评，及时发现学生的学习问题和困难，制定针对性的教育干预措施。提供个性化辅导和支持，将教学内容和教学形式与学生的具体情况和能力相适应，帮助他们克服学习困难，提高学习动机和兴趣。通过学习反馈机制，及时向学生反馈学习进展和中间成果，帮助学习弱势的学生更好地调整学习策略和行为，增强自信心和学习兴趣。针对不同的学习习惯和学习能力，提供不同的教学模式和多样化的教学材料。常见的有以下模式。

① 线上学习模式。

适合那些喜欢在自己方便的时间学习的学生。这种模式下，学生可以自主选择相关的学习资源、观看视频、参与在线课程等，同时可以通过各种渠道与教师进行互动和交流沟通。

② 实验学习模式。

适合那些喜欢运用自己的知识进行探索的学生。这种模式下，学生将会在实验和探索中进行学习，实践操作能够很好地帮助学生巩固知识。

③ 群组学习模式。

适合那些有社交需求和爱好合作的学生。这种模式下，教师鼓励学生彼此合作，分享自己的观点和知识，帮助彼此学习、提高。

④ 个性化学习模式。

更加适合那些需要特别照顾的学生，这种模式下，教师会根据学生的学习兴趣、特点和需求，量身订制学习计划和课程。

针对学生的个人兴趣和特长，开设相关的选修课程或项目，让学生更加感兴趣和有动力去学习相关的知识和技能。学校可以根据学生的爱好和兴趣，开设相应的兴趣特长课程，比如钢琴、芭蕾等艺术类课程，或者羽毛球、足球等体育课程。在设计课程和组织活动时，为学生提供更加开放和自由的学习环境，充分发挥学生的创造性和探究能力，鼓励学生自主选择学习内容和学习形式。学校可以通过开设各类线上或线下的活动，比如讲座、工作坊、实验等，为学生提供更多信息门槛低、精准度高的学习资源，扩大学生知识的范围和广度。响应学生的兴趣和特长，让学生能够自己掌握学习速度和学习进度，根据自己的情况和个性化需求安排学习时间和计划。

针对学生的学习方向和职业规划，引导学生选择适合自己的课程和专业，提供相关的咨询和辅导。综合实践项目课程是一种具有实际应用意义的课程，它可以帮助学生更好地将知识贯彻于实际，并让学生更好地应用他们已经学到的知识技能。

建立学生评估和追踪机制，对学生的学习情况进行不断跟踪和评估，并及时调整教学方案和方法，确保学生能够取得更好的学习成效，及时发现和解决学生的学习问题。教师通过不同方式，及时向学生反馈学习进展和中间成果，帮助学生更好地调整学习策略和行为，增强学生自信心和学习兴趣。学校可以通过学业追踪，了解学生的学习状态和绩效表现，及时发现和解决学生的学习问题，并对学生的答案、思路等进行细致的分析和反馈，以促进学生的进步。通过模拟考试和测验，学校和教师可以更好地了解学生对具体知识点和技能的掌握情况，有效进行学业评估，并针对性进行辅导和提升。根据各类学习测评结果和反馈，教师可以对课程进行重构和调整，让课程适应学生的学习需求和兴趣，提高学生的学习效果和成绩。

4. 基于大数据驱动培养个性化技能

针对每个学生的个性化需求，可以提供以下适宜的课程，帮助学生拓展他们的技能和知识面。

（1）小组讨论和合作学习。对于那些需要提高协作和沟通技巧的学生，可以提供小组讨论和合作学习的课程，帮助他们提高这方面的技能。这就需要教师的课堂形式多样化，让学生通过与其他同学的互动合作，共同完成课程任务和学习目标。将学生分组，让他们一起讨论课程中的话题、问题和案例，自由分享观点和想法，并激发创造性思维和探究能力。将学生分为小组，让他们一起完成课程设计和实践活动，相互帮助、鼓励和支持，进而提升学生的合作意识和团队协作能力。将小组分成"对抗"队伍，让学生通过模拟赛、角色扮演等来完成任务，从而培养学生良好的竞争素质和尽力义务。鼓励学生自由表达不同的意见和观点，激发学生的批判性思维和自我探索能力，逐渐提高学生的问题解决和分析能力。

（2）个性化教学。提供根据学生的个性化需求和学习风格进行量身定制的教学内容和方式，帮助学生更好地理解和掌握所学内容。可以为每个学生制订独立的学习计划，量身定制课程和学习方式，从而更好地满足学生的学习需求和兴趣。给予学生自主选择课程的权利，提供多样化的学习资源，让学生根据自身兴趣进行学习，更好地激发其学习动力和创造性思维。借助新兴技术的应用，如在线学习资源和社交媒体等，通过多元化的教育工具和手段，使教学更加个性化和智能化。开展以项目为基础的学习，鼓励学生团队协作，自主探究和解决问题，加强学生的实践能力和创新精神。

（3）科技创新类课程。对于喜欢科技和创新的学生，可以提供各种科技创新类的课程，如编程、3D打印等，帮助他们拓展自己的技能和知识面。

（4）艺术类课程。对于喜欢艺术和文化的学生，可以提供各种艺术类课程，如音乐、舞蹈、绘画等，帮助他们发掘自己的艺术天赋和兴趣，拓展自己的知识面。

（5）体育和健康类课程。对于需要提高体质和健康水平的学生，可以提供各种体育和健康类课程，如瑜伽、健身等，帮助他们改善体质和健康状况。

总之，针对学生的个性化需求，提供适宜的课程可以帮助学生拓展自己的技能和知识面，促进全面发展。

5. 基于大数据驱动的创新思维和创造力的培养

为了帮助学生在未来的职场和社会中更好地发挥自己的优势，个体化育人的课程目标还应该包括学生创新思维和创造力的培养。为促进学生的创新思维和创造力，可以制订以下个性化育人课程目标。

（1）激发学生的创造力和创新思维。在课程中，引导学生在思考和解决问题时，多从不同的角度去思考，培养学生的创新性思维能力。课程中为学生提供自由发挥的机会和足够的空间。鼓励学生问问题，思考过程中的不同可能性，逐渐形成创新思维和探究能力。教师还应该鼓励学生将他们学到的概念和知识联系到现实世界中的现象，这样能够更有效地激发学生思考。平时通过有趣的、有竞争性质的游戏和竞赛活动，鼓励学生探索和创造。鼓励学生小组合作完成作业和项目，激发学生创造力和创新思维。

（2）培养学生的独立思考和自主学习能力。课程中注重培养学生的自学和独立思考能力，让学生在思考和解决问题时，不断探索、实验和尝试，从而培养创造力和创新能力。教师将课程设计为以问题为核心，以学生自主探究为指导的学习方式。教师鼓励学生根据自己的课程目标和兴趣，选取适当的阅读材料和工具，自主获取信息和答案。教师应该时刻关注学生的学习状态，及时给予学生反馈和评价，以帮助学生改进和提高学习效能。教师应该鼓励学生探索和尝试不同的学习方法，鼓励学生在失败中学习，提升学生的自信和成功体验，激发学生的自我控制和自主意识。利用新技术手段，如在线课程、虚拟实境、计算机编程等，教师能够更好地促进学生的自主学习和创新思维，培养学生发现问题、解决问题的能力。

（3）提供多元化的学习环境和体验。为了让学生的创造力得以发挥，为学生提供多元化的学习环境和体验是非常重要的。平时教师应该设计丰富多彩、有趣、启发性的课程，涵盖各种不同的学科、思想、行为、技能和价值观。教师可以通过利用现实和虚拟环境设置不同的课堂、研究、模拟和实践任务，让学生参与各种真实和虚拟的社会和学术场景。教师应该提供不同的学习方式和策略，例如小组合作、独立研究、项目制学习等方式，以更好地适应不同学生的学习需求和兴趣。教师应该根据不同学科和任务需求，让学生实地参观、在线阅读、浏览视频和多媒体信息等，以便学生能够获得多样的学习体验和多元化的思考。

（4）培养学生的合作能力和团队精神。通过课程中的团队合作和项目制活动，促进学生的交流和互动，培养团队精神和合作能力。开展团队竞赛和游戏等活动，帮助学生锻炼团队协作能力。采用合作学习的方式，鼓励学生在课堂上相互交流和探讨，形成彼此之间的教学互助，学习更有动力和能力。运用项目式学习，让学生自主分配任务，通过协作完成整个项目，让学生关注团队成员，相互协作和学习。

（5）鼓励学生独立创新。鼓励学生进行独立创新，提供相关的资源和平台，帮助学生把创新思维和创造力转化为实际成果。学生需要具备一定的学习技能，如信息检索、批判性思维，这些都是独立创新的基础。学生需要通过实践，将理论知识转化为实际能力，应有机会参与科学研究或创新项目，不断锻炼自己。学生的兴趣是独立创新的源泉，教育者应该发掘学生的兴趣，鼓励他们深入研究，并在此基础上进行创新。

总之，大数据驱动下的个体化育人课程目标需要从多个角度出发，为每个学生制定针对性的智能化学习方案，帮助其更好地发展自己的能力，以更好地适应社会。

二、大数据驱动下个体化育人特征

大数据应用是指通过采集、存储、处理和分析大量的数据来获取有价值的信息和知识的方法和工具。在学校教育中，通过大数据应用可以实现个体化教育，也就是根据学生的兴趣、能力、需求等个体差异，为他们提供个性化的教育方案，从而更好地满足他们的学习需求，提高学习效果。

在大数据应用下，学校个体化培育学生的课程特征主要包括以下几个方面。

（一）个性化课程设计

通过大数据技术，学校可以收集学生的学习成绩、学科偏好、兴趣爱好等信息，然后根据这些信息为学生制定个性化的课程方案，满足学生在不同方面的需求。学校在"适合的教育"理念下，课程改革探索一直在路上。如何办适合星海学子的教育？如何为学生设计好"成长跑道"，让星海学子自信而阳光？如何基于校本，走出一条持续而稳定的课程发展道路？星海小学始终围绕"适合的教育"这一核心办学理念，聚焦学生核心素养的培植，以"课程改革"为突破口，以"学生评价改革"为发力点，以"指导学生自学"为教研抓手，以"大数据运用"为研究基础，以"成就教师"为并行路径，开拓创新，大胆实践，逐步走出了一条有自身特色印记的星海课程改革的路径。

为此学校进行课程满意度调查问卷，从学生课程需求调查问卷的统计结果分析发现，学生的发展需要具有一定的共性：健康生活的需求、快乐学习的指导、幸福成长的体验、实践能力的养成。在此基础上，星海人课程观发生变革。

1. 高度

提高对课程应有地位作用的认识。课程是学校最重要的产品，是学校一切工作最终的物化体现，是一所学校师生能力与水平最有力的证物，是学校的核心竞争力。时时处处有课程，一事一物皆教育。课程是学生学校生活全部内容的总和。学校成立课程改革领导小组，从学校智囊团入手，将课改作为学校中心工作写进学校发展规划。

2. 起点

建立新的课程观。课程是由一定育人目标、基本文化成果及学习活动方式组成的用以指导学校育人的规划和引导学生认识世界、了解自己、提高自己的媒介。因此，学校多次组织各级各类课程改革的培训学习，全校上下掀起了学习新课程理念，讨论学校课程改革焦点问题的热潮。

3. 突破

梳理已有的课程改革实践经验成果，改变课程改革的"碎片化"现象，建成具有本校特色的课程体系。学校和教师善于用隐形的手，为学生的成长提供最强有力的支撑。

系统的课程体系是根基。学校每周按5天安排教学，每个年级的基础课时为40分钟。解锁更多课时空间后，一、二年级适当增加外语课程和阅读课程，三、四年级适当增加数学思维能力课程。德育课程（含晨会、班会、少先队活动）等在课程设置中得到保证。同时在原有基础上丰富学校特色课程，各类社团课程的开展，使得校本特色课程的实践和探索有了空间。

关注学生核心素养提升，根据各年段特点，加入星言课程、国际理解课程和星慧课程等。利用体育活动课、大课间（45分钟）及学校社团等综合性文体活动时间，保证学生每天有1小时体育锻炼时间。在保证音乐、美术课程教学的同时，加强综合性美育工作。音乐、美术、体育与健康根据学校实际情况按年级设置相关的特色课程，安排在本学科课程中整合教学。信息技术教育、劳动技术教育根据学校实际情况，在"综合实践课程"中统一安排课时。

（二）多元化教学策略

在个性化课程设计的基础上，学校还可以采用多元化的教学策略，如线上教育、查询式学习、协作式学习等，帮助学生更好地掌握知识和技能，培养学生多元化的能力。

随着核心素养理念的提出，为了能够满足学生的学习需求，课堂教学不再局限于以往单一的教学方法，而是逐渐呈现出多元化的发展趋势。为有效增强小学教学效果，顺应国内新课改的各项要求，教师要以全新的思路，采用多元化教学策略开展教学工作，以提升教学工作的适应能力，带动教学工作的发展。多元化教学策略能够显著激发学生的学习内驱力，使其以客观认知视角看待问题，最大限度地挖掘学生的学习潜能，促进学生素养的有序养成。

1. "1+X"模式，多元拓展教学内容

课堂教学是具有"生命"的艺术，课堂教学也是多元的。在核心素养的指引下，小学教学内容不应是一成不变的，应该是多元、动态的。在实际教学中，可根据学科特点和学生认知规律及发展需求，以"1+X"的方式，多角度、多元化地拓展教学内容。

"1"泛指国家课程内容,"X"作为拓展内容和特色内容,"1+X"是指以课程标准为基础,不断拓展和丰富教学内容。"1"和"X"的有机融合,拓宽了学生的知识面,提高学生对学科教材以外相关内容的关注度。教学中可以配合教材内容,适时穿插讲解与所学内容相关的知识,学生在问题与发现、探究与实践中增强了对所学内容的了解,无形中提升了各种核心素养。

2. 内生外延并举,探索多元教学方式

学生的个体特征和个性差异是多元的,适合其发展的教学方式也应该是多元的。多元化教学法是新课程改革下转变和创新教学方法的产物。教师根据学生的具体情况及当地教学条件,可采用引进来和走出去的方式对教学方法进行不断改善和创新。

立足小学生身心发展的特点和接受能力,以"融入式"教学法打破原生态课堂"讲解输入—听课接收"的单一教学方式,将形象教学法、情境教学法、律动教学法等融入课堂。在轻松愉悦的氛围中渗透教学,在"动"中培养学生对知识的兴趣。

(1)直观展示。直观展示教学,是借助纸片、道具、多媒体等工具以展示的教学方法,便于学生积极学习各类知识,确保学生能够熟练运用知识解决生活问题,增强学生学习的主动性。因此,小学教师需要把握教学任务的核心内容,充分借助直观展示教学方法,让学生融入课堂,在较强的感官体验下,形成立体式教学效果,提升教学质量。

(2)实践教学。在小学时期,学生的思想处于成长阶段,需要教师给予学习指导与帮助。教师可借助实践活动,让学生从实践活动中掌握知识核心内容,以提升知识应用性,增强学生的生活能力。在实践活动中,教师开展的教学工作能够显著提升学生课堂参与程度,使其积极、高效地完成各项知识的学习任务,发挥实践教学价值。

(3)问题探究。问题探究教学法,是指教师分别从课前、课中、课后三个阶段开展的以问题为主导的引导式教学方法,具有教学高效性、引导精准性、答案开放性等特点,能够显著增强学生的能力。在教学期间,教师需要结合教材内容,完整理解教材的教学思想,继而制定有效的教学方案,让学生从课前预习材料中,对学习内容形成基础认知,促使学生准确解决问题。在教学期间,教师用问题引导学生,便于学生找到适合自身的学习方法,能够增强学生的学习效果,帮助学生树立学习自信心。

(4)小组合作。教师在应用小组合作策略进行实际教学时,可结合问题情境开展组合式教学工作,让学生以小组形式,对特定问题加以讨论,提高学生的课堂参与程度,切实增强学生思考的主动性,从思路表达、题意理解等方面,综合培育学生的学习素养。小组合作教学能够显著增强学生学习的规划性,减少学习停滞不前、作业完成不及时等问题,以小组间的相互监督促使学生高效完成问题交流、积极完成作业。

(5)游戏教学。游戏教学能够顺应学生对娱乐项目的追求,教师可以在游戏规则中融合方法,以此锻炼学生的能力。比如借助小程序,让学生进行游戏闯关,每关给出问题，回答正确则闯关成功。教师可结合学生闯关情况，进行教学评价。此种小游戏，能够逐步增强学生的能力。与此同时，游戏教学能够有效缓解学生在课堂上的紧张感，使学生在游戏中自然领悟知识，并使知识得以高效利用，确保教学任务有序完成。

（6）多媒体教学。多媒体教学在小学各科教学体系中，是比较高效的教学措施之一。小学教学工作中，教学知识点较多，原有的板书设计无法囊括所有知识点，存在框架设计的局限性，难以积极调动学生学习的积极性。在多媒体教学辅助下，思维导图、微课视频等电子教学工具客观、全面地展示了知识内容，便于学生解决问题。与此同时，多媒体工具在教学环境中的充分利用，能够节省课堂板书设计时间，提升教学质量，确保教学效率。

（7）全息动态评价。全息动态评价可以关注学生在学习的各个环节，对其学习吸收、知识应用等各项能力进行有效测评，同时关注学生学习能力的动态变化，形成学习过程评价，以教学评价方式，促使学生正确看待自身学习情况，端正学习态度，建立积极的学习心态。教师在进行全息动态评价教学时，以学生全环节学习情况为评价视角，进行教学过程评价，以此保障教学方案制定的合理性，提升方案调整的灵活性。如学生建档策略，在对学生进行全环节教学评价时，须开展学生档案建立工作，以保障评价内容的全面性、真实性。在每个学生的评价档案中，添加课堂表现评分、课堂作业正确率、课后作业完成情况、章节考核成绩等内容。对学生成绩给予分区，比如，90分及高于90分的成绩为优秀，高于80分且不足90分的成绩为良好，高于60分且不足80分的成绩为一般，不足60分与60分的成绩为有待加强。再如过程评价策略，课前、课中、作业、章节考试四个阶段的成绩，能够动态反映出学生在四个阶段的学习效果，客观呈现学生的知识掌握情况。教师可及时调整教学方案，提升整体教学质量。

（8）生活教学法。生活教学法是以陶行知理念为中心创建的新型教学模式，旨在从生活中提取学习内容，引导学生形成生活化的学习思想。教师可选择多样的生活素材，结合多媒体、直观展示、问题驱动等教学方法，构建全新的教学体系，增强课程教学的高效性。

总之，多元化教学策略在小学教学中的实践和探索是核心素养背景下教学创新的重要体现，也是课程改革发展不可阻挡的趋势。因此，小学教师须及时更新教学观念，不断提升自身专业技能，以多元视角审视教学，让多元化教学促进学生全面发展，小学教学才能更加具有生命和活力。

（三）智能化评价机制

学校可以使用智能化的评价机制，利用大数据分析学生的学习情况，以实现对学生学习成果的及时评价。通过这种评价机制，学校可以为学生提供更加精准、个性化的评价信息，帮助学生更好地认识自己的学习状况，及时调整学习策略。在大数据背景下，教师可以通过智慧数据评价系统，从情感、态度、兴趣、交流、合作等多个维度准确掌握全体学生的学习情况，也能为每一位学生的学习情况进行立体画像，在此基础上的评价才可能全面、客观、多元。教师通过课堂中学生花费的学习时间、完成练习情况、学习行为变化情况、成绩等数据，分析学生学习行为与学习者学习结果的相关关系，最终为学生构建学习行为模型。

评价的价值取向，由重知识到重能力再到注重学生的全面发展。知识的掌握和技能的提高是比较复杂的，不能以为通过简单的评价测试就可以判定高低，而是要基于核心素养，多角度、全方位、多标准地对学生进行多元评价，使评价关注人、关注人的发展、关注人的成长。全面、发展的学生评价应是纵横交错、动静结合的立体式评价。对学生学习过程的评价可采用表现分析法、观察法、谈话法、问卷调查法、建立档案法等形成性评价方式；在形成性评价的基础上，利用评价报告单、成果展示、游艺性测评等终结性评价方法，可对学生学期和学年的学习情况进行评价；对学生的兴趣爱好、情感反应、参与态度、知识与技能的掌握情况、合作交流等采用定性述评，即用较形象准确的文字加以简要描述；以分数等级为主的能力测验或水平测量则属于定量测评。形成性评价与终结性评价、定性评价与定量评价等多元评价形式，在学生的学习评价中各有其利弊，须将它们结合起来使用，使评价更加科学、真实、准确。评价主体不能只局限于教师，应建立开放、宽松的评价氛围，鼓励学生、同伴和家长等共同参与，实现评价主体的多元化，帮助学生在自我评价、生生互评、师长评价中不断反思，认识自我，发展自我。

在云计算、大数据时代，"用数据说话，以实证诊断"的评估与监测已成为教育现代化建设的重要保障。星海小学积极以苏州工业园区易加互动平台的微课与测试、"云痕"阅卷系统的数据分析与评价、未来教室的互动教学、企业微信的"星未来"学习平台等大数据实证分析为支撑，努力探索"个性学、智慧教、智能评"的教、学、评一体化的"适合的教育"路径与方法，推出了活用易加互动平台资源，开展个性化学习，借用"云痕"阅卷系统，为教学精准把脉，用大数据为学生画像，推行绿色评价等举措，促进学生的综合学习素养不断提升。

学校大力推广苏州工业园区易加互动平台，借助大数据背景下的实证数据为学生的主动学习与家校的"适合评价"提供有力支撑。易加互动平台，具有丰富的学习资源，微课、优质课教学视频多达数万节，但对于部分学生而言，如何在其中找到适合自己的学习资源，具有一定的难度。在这个过程中，学校教师的引导作用，得到了充分体现。老师们可以将易加互动平台中的优质资源，有选择性地利用应用程序推送到家长的手机上，方便学生随时随地进行学习。

"云痕"大数据教学诊断平台基于一种新型快速阅卷模式，旨在不改变老师阅卷习惯的前提下，结合高速扫描仪和图像识别处理技术，实现客观题自动阅、主观题手动阅（系统识别得分），自动结分的快速阅卷目的。星海小学近几年在全校各个学科全面推进"云痕"大数据教学诊断平台的建设和使用。在日常教育教学评价中，老师通过"云痕"大数据平台搜集数据、创造数据、依托数据、分析数据、转化数据，"云痕"阅卷将老师从枯燥的阅卷工作中彻底解放出来，让老师更精准、快速、轻松地提高教学质量。

基于平台和大数据分析，通过"自主+教师""自主+同伴+教师"等多元主体，以教学环节为纽带，构建课前自主学习评价，课中个性化学习、协作式学习、情境化学习等评价，以及课后个性化拓展评价等逐渐递进的评价模式。结合"师评与生评""主观与客观""过程与结果""技能与素养"等不同类别的评价内容，重点对学生在自主学习能力，资源获取能力，知识建构能力，问题发现、分析与解决能力，以及合作学习能力等方面的综合能力进行精准评估，实现了学习留痕，生成了可视化的过程性和结果性数据资源，从而实现快速、准确和全面地对学生学习能力的综合性评价，以便能更精准有效地指导学生的自主学习。

（四）全员参与的教育生态

大数据的应用使得每一个参与者（包括学生、家长、老师和学校管理者）都能够参与个性化教育。家长和学生可以获取学习进程和成果，老师可以更加了解学生的个性化要求和知识差距，而学校管理者可以优化教育资源和管理流程，提高教育质量和效果。从大数据应用的发展状况可以看出，其典型特征是借助信息技术实现教育教学方式和学生者学习方式的优化和转型，以期达到丰富学生学习体验和精神世界的目的。

大数据背景下的教育生态现状可以概括为在技术运用上，主要运用新兴技术尤其是移动互联网、云计算、大数据等实现与教育的深度融合；在核心本质上，强调以学习者为中心，注重学习者的个体学习体验；在科技优势上，运用无处不在的科技力量，扩展教育内容，扩大教育对象，提高教学效率，改变单一的教学情境，营造更为平等和谐的师生关系，为学习者带来全新的学习体验；在学习方式上，强调学习者开展移动、混合、自主、协作学习的能力；在应用情境上，打破以往单一的课堂教学情境，学习者可以借助移动通信技术，通过移动终端或穿戴设备进行自主、自觉学习；在预期效果上，进一步提高学习者的学习效果，扩展学习者的知识广度和深度，培养学习者的综合实践能力；在未来走向上，科技与教育的深度融合将使学习平台的操作更加简单、便捷，与现实场景的融合更加真实，营造良好的智慧化学习生态环境。

1. 学习时空走向多维化

在大数据时代，教育的围墙被打破，学校成了真正意义上的开放大学。学习时空实现从单维向多维的无边界转变，这归根结底是技术促进的教育变革。从时间维度来看，学习时间不再局限于单一的课程教学，学习者在科技的支持下能够在任何时间进行即时学习或碎片化学习，从正式学习转变为正式学习和非正式学习相结合。同时，在移动互联网的影响下，学习时间贯穿于课前交互、课中交互和课后交互的始终，全天候学习的特征将日益显现。从空间维度来看，在科技的影响和支持下，学习空间从现实空间走向虚拟空间，由封闭、固定的学习场所走向开放、自由的网络空间，集中体现为由狭小的教室空间转向相对开放的区域空间乃至全球空间，再到更为开放、自由的网络空间乃至宇宙空间。另外，科技提供了丰富的信息表征或表现形式，从传统的口耳相传、纸质书刊到音频、视频等全媒体的多种数字化表现形式，丰富了学生认知世界的方式，信息化、智能化、可视化教学成为潮流和风尚。此外，技术实现了学习资源的无限可复制性与广泛通达性，大大增加了有学习意愿的学习者的机会。让民主、开放、协作、交互、共享和创新等要素融入教育。这样，教育资源的普惠化使得掌握知识不再是少数人的特权，学习者可以通过在线教育网站、移动设备或终端进行形态各异的交互学习，共享丰富的线上和线下学习资源。除了理论课程学习的多样化，在实践学习方面创客空间的兴起也激发了学习者动手实践创造的积极性，沉浸式设备、3D打印等新兴技术则进一步实现了学习时空的无边界性。可见，时间和空间将不再是人们进行知识生产、传播与应用的限制性因素，相反，在大数据背景下，学生的学习将更加自主、自觉和自由。

2. 交互合作学习共同体

大数据背景下，课堂教学的目标从竞争性比赛转变为追求相互合作、充满关爱的学习体验，鼓励学生进行批判性思维和创新创造，以良好的环境氛围充分挖掘学习者的个性特征和潜在能力。师生角色不再以某一主体为中心，二者的界限将更加模糊，在学习过程中师生间互助合作、共同进步的可能性越来越大；在互联网信息技术的深刻影响下，传统一师对多生的学习模式将发生根本转变，浩瀚的网络学习资源为学习者提供了更为多元的选择机会，多师对一生的学习模式将成为常态。如此，师生、生生之间的网络化交流与互动的结果就是形成具有泛在化特征的学习共同体。这种泛在学习交互平台，使不同地区学习者能随时随地自行组织学习活动，与其他学习成员进行交流和协作也成为可能，相比传统合作学习小组组合随意化、任务选择泛化、分工形式化、过程组织自由化、学习机会非均衡化等方面，它具有很大的优势。

3. 注重学习者的学习体验

无论是翻转课堂、融合教育，还是大单元整体教学、线上线下混合式学习，都强调学习者的学习体验，以改善传统教条式和填鸭式教学的弊端。这种学习有三个要点：一是充分利用科技的力量，凭借各式各样的新媒体将教学内容的呈现方式多样化，激发学习者的求知欲。学习者可采用头脑风暴、角色扮演、场景模拟、虚拟现实等方式真实参与学习过程，体验学习的乐趣。二是学习者在参与学习的过程中，教师可以通过交互平台对学习者的提问类型、人数、次数等进行大数据统计分析，根据学习者在学习中遇到的疑点、难点和共性问题及时调整与优化教育资源，对个别特殊问题辅之以个性化指导。三是学习者能随时在学习平台与同伴进行交流互动，线下还可以利用社交平台与他人分享自身的学习体会。这种双向乃至多向的动态交互机制，使学习者在学习全过程都能体验到学习的乐趣，真正实现寓教于乐。

4. 突出学习者的自主学习

在传统的教育模式中，教师围绕教育管理者制定的学习目标开展教学活动，在教学中处于中心地位，学习者在这种权威下被动学习。这种标准化的课堂教学不仅难以满足学生真正的学习需求，更无法充分照顾不同个体的独特需要，尤其对那些拥有特殊才能和个性的学习者来说学习上受到极大的抑制。大数据背景下衍生的学习新形态有望解决这一问题，学生可以通过互联网自主筛选学习资源，或接受学习平台推送的学习资源，自主制定学习目标、自定步调和自我考评，从而进行高能动性的自主学习。在评价环节，学生根据自我感知判断自身的学习效果，并对教育者的教学活动做出评价。相应地，教师的角色也发生了转变，主要担任辅助学习者、指导学习者成长的角色。这种自主学习能最大限度地激发学习者的学习内驱力，提高学习过程的趣味性、时效性和多样性。

5. 智慧教学提升学习效率

"互联网+教育"深度融合后，教育以大数据等技术服务为支撑进行教学和管理，课堂教学效率显著提高。这种基于大数据的智慧教学是"互联网+"和学习需求共同催生的，可以从学习者和技术支持两方面加以阐释。从学习者方面来看，智慧教学以学习者为中心，重视学习者的主动求知和情感体验，旨在通过多样化的学习方法和个性化的学习服务为学习者提供高效率、优质的学习体验。从技术支持方面来看，智慧教学运用云计算、大数据等技术平台构建智能化的教学环境，有效地将课前、课中和课后学习活动串联起来。这样，学习者就可以自由选择学习主题，自主确定学习时间、场所、步调；教师可以通过调阅学习者的学习过程记录随时分析学习数据，评价学习结果。此外，网络触角的蔓延，加上虚拟现实技术的快速发展，使虚拟实践引入课堂教学成为可能。通过人工智能技术最大限度发挥大数据在数据分析、决策向导和学习服务等方面的优势，学习者能够在有限的课堂时空内集中注意力，全身心地投入有价值的虚拟现实仿真模拟实践学习中，进而提升学习效果。

总之，大数据应用在学校个性化教育中起着关键性的作用，学校可以把其作为关键性组成，为学生提供更加量身定制的培育方案，实现更加有效的教育。

第三节　大数据驱动下个体化育人课程结构及方案

星海小学秉承"适合的教育,让师生焕发生命的活力"这一办学理念,经过几轮课程建设与改革的洗礼,在破与立、传承与创新之间,寻找突破,逐渐找到了自己的课程定位,进行星海课程的顶层设计,"满天星"课程的框架构思逐渐清晰。学校依据培养"乐观、主动、智慧、懂事"的"星海娃"这一育人目标,以及融合"适合的教育"办学理念,秉承"人人成功、人人成星"的教育理想,呼应"星光灿烂、海纳百川"的校训,提炼确立了"建构适合孩子生命成长的课程体系"这一核心目标。星海终于满载一船星辉,在学海扬帆,脚踏实地,仰望星空。

学校的课程强调"以学生发展为本",重点在于培养创新精神和实践能力,强调科学素养和人文素养并重,培养学生"养成健康的个性"。同时,注重课程建设的规范性,重点优化基础型课程,同时不断开发拓展类课程、特色课程,增强各类课程的选择性,达到共性与个性的和谐发展,适应学生的全面发展,促进学生的特长发展,提高学校的社会影响力。

一、课程结构

学校创设实施"满天星"课程。"满天星"以一种生动的隐喻,诠释了星海小学课程体系所覆盖的基础性、多元性、互补性和可能性。"满天星"课程具体由"恒星课程群""行星课程群"和"卫星课程群"统整而成;其中,"恒星课程群"是指国家课程、地方课程等基础性课程。"行星课程群"是基于"恒星课程"基础上的拓展课程,以项目化学习推进课程实施。"卫星课程群"是供师生自主选择的实践性校本特色课程。三大课程群,聚焦"社会体验以铸公德""人文体验以通性灵""乐学体验以修才智""审美体验以养情趣""运动体验以健身心""项目体验以得技能"六大目标,打造出六大课程星系:星润课程、星言课程、星智课程、星艺课程、星悦课程、星创课程(表4)。

表4　"满天星"课程设计表

星系群	星润:社会体验以铸公德	星言:人文体验以通性灵	星智:乐学体验以修才智	星艺:审美体验以养情趣	星悦:运动体验以健身心	星创:项目体验以得技能
恒星课程群	道德与法治、劳动	语文、英语	数学、科学	音乐、美术	体育、心理	综合研究、信息

续表

星系群	星润:社会体验以铸公德	星言:人文体验以通性灵	星智:乐学体验以修才智	星艺:审美体验以养情趣	星悦:运动体验以健身心	星创:项目体验以得技能
行星课程群	"体验与成长"项目课程、"四叶草"小公民课程	"阅读与生活"项目课程、读书节、双语节	"思维与实践"项目课程、数科节	"欣赏与表达"项目课程、艺术节	"健康与悦纳"项目课程、体育节	"发现与创造"项目课程、星海嘉年华
卫星课程群	"八礼四仪"、传统节日、思政考级……	古诗文考级、经典诵读、国际研学、典范英语……	科技模型、珠心算、走进"高士其"、科技模型……	葫芦丝、苏扇、合唱、水墨童画……	足球、游泳、轮滑、心灵小伙伴……	模拟飞行、人工智能、编程、春秋季研学……

六大课程星系分别指向学生的六大核心素养：社会与道德、语言与文学、逻辑与思维、艺术与审美、健康与运动、科技与探索。这也与推进"星海娃"核心素养的发展理念相一致。

星润课程：社会体验以铸公德，关注社会与道德，主要包括国家认同、责任担当、核心价值、道德情操等课程板块。

星言课程：人文体验以通性灵，关注语言与文学，主要包括人文底蕴、人文积淀、人文情怀、语言素养等课程板块。

星智课程：乐学体验以修才智，关注逻辑与思维，主要包括学会学习、乐学善学、反思质疑、举一反三等课程板块。

星艺课程：审美体验以养情趣，关注艺术与审美，主要包括审美情趣、艺术表现、生活情趣、艺术情怀等课程板块。

星悦课程：运动体验以壮身心，关注健康与运动，主要包括健康生活、乐观主动、珍爱生命、健全人格等课程板块。

星创课程：科学体验以得技能，关注科技与创新，主要包括科学探索、理性思维、批判实验、勇于探索等课程板块。

（一）恒星课程

2022年4月，教育部印发《义务教育课程方案和课程标准（2022年版）》。同年8月，江苏省教育厅发布了苏教基函〔2022〕23号，也就是《省教育厅关于实施〈义务教育课程方案和课程标准（2022年版）〉的通知》。"双减"背景下，苏州工业园区星海小学致力于落地新课程方案和新课程标准，不断促进学生发展核心素养，开足开全国家课程，从不随意增减每周的课时数。学校以落实立德树人根本任务，在适合教育视域下开展课堂教学范式变革。学校在新课程标准指导下，开展项目研究，以课程改革为抓手,以评价实践为助推,努力推进教学改革,以智慧平台作为主阵地,大胆尝试"精准教、个性育、自主学"智慧课堂改革。通过改变国家课程的课堂范式,从源头上提质增效,减轻学生负担,不断落实"适合的教育,让师生焕发生命的活力"的办学理念。

1. 推进"三材"建设有创新

语数英学科深入推进"三材"(教材、学材、习材)建设。学材,泛指学生的学习材料,是与学习内容相关的、指向学生兴趣发展的各类学习材料,为不同个性、不同基础的学生提供自主学习的平台。习材,意指学生的练习材料,为不同层次的学生提供不同的套餐,并在此基础上把学习方法、学习习惯、探究性学习能力的培养统整起来。

比如语文的序列目标、古诗文考级标准、写字标准等,数学的思维训练系列,英语的拓展阅读、外教课程等。每学科都制定了"星海娃自主学习导学单""星海娃自主学习加油站""星海娃自主学习探索卡",满足不同层次学生的需求,真正做到因材施教,形成具有星海特点的优质课程资源。个性化的教材、学材与习材体系,为传统的教与学提供了校本化、师本化与生本化的物化形式,全面提高了教师课前、课中与课后的学习指导和学生的学习效率。

2. 关注综合实践活动课程

星海小学严格按国家规定在一至六年级开设综合实践研究性学习课,一、二年级每周1课时,三至六年级每周2课时。星海小学综合实践活动备课组利用学校的资源,并结合学校德育及教学活动,融合多学科资源,主题式开展综合实践活动。

3. 主题式推进劳动教育

关注劳动教育。学校在一至六年级开足劳动课程,融入劳动教育内容,包含纸工、木工、金工及家政等,层层深入。将劳动教育融入班级建设的日常。学校特色校本课程也关注劳动教育。如设计了"四叶草农场"特色课程,引导学生通过项目化学习,增强劳动意识,提升劳动素养。

(二)行星课程

"行星课程"是学校基于"恒星课程"有效落实基础上设置的一系列项目化学习拓展类课程。

1. 实践课程项目化

学校在国家课程基础上进行开发延伸,开发了"体验与成长""阅读与生活""思维与实践""欣赏与表达""健康与悦纳""发现与创造"等项目化学习。通过项目化学习,将理论联系实际,校内联动校外,进行跨学科资源整合。

2. 校园活动课程化

学校还组织学生开展丰富多彩的活动,并且将活动课程化。例如全学科嘉年华、快乐劳动节、智慧科技节、幸福读书节、多彩艺术节、国际理解节等校园节日已成为常规活动，构成了星海活动课程体系的基础。学校精心为学生打造的活动课程体系，犹如一道道营养丰富的自助餐，以其多样性、趣味性吸引着学生去尝试、去参与。这些活动课程拓宽了学生的发展空间，展示了学生各方面的才华。

（三）卫星课程

在"双减"背景下，基于"生本"需求，星海小学结合学校特色，开发了一系列特色课程，建设成"卫星课程群"。丰富多彩的特色课程设置是尊重孩子差异，张扬学生个性，挖掘学生潜能，推进核心素养发展的有效举措。学校根据学生需求设计了多样化的、可供学生自主选择的、学生感兴趣的课程菜单。目前学校各类特色课程已经达到百余个，满足了星海学子个性发展的需要。课程以菜单的形式向学生进行呈现，每一位学生在家长、老师的指导下可以完全自主地选择校本课程活动内容。

1. 六大"星系"——社团课程，缤纷开设

学校组建星梦学堂社团课程，整合多学科教师资源，结合学校特色文化，开放了六大"星系"缤纷课程，全面激发和发展学生的兴趣爱好，挖掘学生的潜能，同时为校级竞技类课程储备梯队力量。通过资源整合，融合创新，助力特色课程生本化。通过外聘专家助力，家长资源整合，校内学科课程融合，星梦学堂课程更丰富、更多元，特色课程教学的专业性不断提升。

针对不同年级、不同班级，为每一个孩子提供"私人定制"的个性化课后延时课程。在课后延时活动中拓展学习时空，激发和发展学生的兴趣爱好，挖掘学生的潜能，全面提升素养。各类课程分年级实施——一、二年级以"星动""星言""星艺""星美""星慧"课程为主，三年级起增加名师资源课程，四年级起增加星创课程和行走体验课程，让课程开设符合学生身心特点和年段要求，更具个性。

2. 联动效应——体育课程"1+6"

学校的"1+6"体育特色课程是依托国家课程、地方课程，根据学生年龄、身体条件、运动能力等建构的，课程的设置以"1"——篮球为主特色，"6"——健美操、轮滑、击剑、足球、游泳、排球为辅助特色（表5）。

表5 体育特色课程设置表

年级	第一学期	第二学期
一年级	篮球	健美操
二年级	轮滑	篮球
三年级	篮球	击剑
四年级	足球	篮球
五年级	篮球	游泳
六年级	排球	篮球

3. 人人参与——艺术课程，全面开花

一系列的联动效应，激发了教师创造性地实施课程教学的积极性，音乐组的"民乐"课程，美术组的"纸艺""编织"课程，实现"人人会一门乐器，人人能制作得意的艺术作品"，切实提升学生的艺术修养。

4. 发扬传统——珠算课程，融合创新

星海小学作为江苏省珠心算教育实验学校，以课例研究为引领，以课堂教学为阵地，努力创设适合每一个孩子发展的个性化教育；结合"满天星"课程体系，加强珠心算与数学教材的有机融合，规范教学行为，扎实有效开展珠心算教育实验，以提高教学质量为重点，科学挖掘师生潜能，全面推进短时高效，促进学生计算能力及整体数学素养的提高，努力提高数学教学质量。

（四）课堂范式有创新

根据《苏州工业园区新时代教学"七认真"实施意见》，学校重新修订了备课形式，改变固有的教案呈现方式，要求全体教师以学习者为中心，以促进学习为目标，整合资源，搭建支架，分层设计，撰写"学案"。先确定学习目标，再设计评价任务，最后实施学习过程，从课程视角去关注"教—学—评"的统一（图7）。

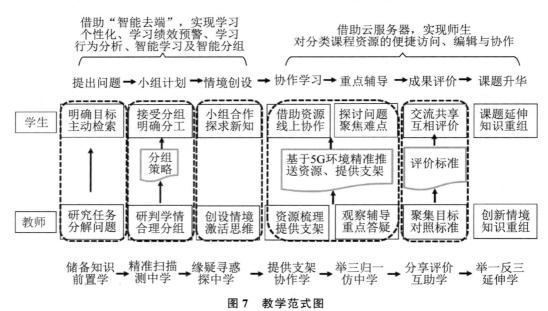

图7　教学范式图

重构"精准教、个性育、自主学"课堂教学范式，进一步推倒单一、封闭、传授课堂的"围墙"，使学习活动从单一的课内活动延伸到课前和课后，使课前、课中、课后的学习活动一体化、持续化、连续化，为学习者树立终身学习意识、培养终身学习习惯奠定坚实基础，初步架构了"学力进阶"课堂的初步范式。

重构的教学范式，坚持"学"为中心。目标建构，明确学习目标和进阶关系，方法引领，提供学习支架和步骤策略。自主探索，联结思维体系和认知结构。多向交流，倡导互助互学和自主调节。多维评价，实现精准诊断和自我归因。

（五）管理有保障

成立课程规划领导小组。

组长：尤佳。

副组长：胡修喜、蒋勇、卢雪珍、安晓倩。

组员：教导处成员、体艺卫处成员、教研组长。

课程建设领导小组将承担课程建设方案的制定与实施、课程实施过程的管理、课程实施指导、课程实施效果的评价等职责。明晰各级组织职责、权力、相互关系，强化学校行政系统的质量管理责任，通过教学课程实施指导、教学目标落实过程管理、"七认真"教学质量监控等办法加强对课程实施质量的全程管理。优化教师教学评价机制，通过公正、公平、科学、合理的多元评价条例，营造良性的竞争氛围，促进学校课程的建设与管理。

星海小学将继续探索多元、丰富和优质的课程建设之路。要发挥课程在提高学生综合素质中的"引擎"作用。以"建设适合儿童发展的课程"为突破口，加强课程的开发和执行，真正站在学生立场去设计课程、实施课程。把课程建设做成一个学校的品牌，真正推进学校的内涵式个性化发展。

二、"星梦学堂"课程实施方案

学校发展需要我们的课程改革向纵深发展，为了全面推进"星梦学堂"特色课程，从顶层设计上开展探索"大数据背景下"的课程改革试验，实现多年来星海小学的梦想，为每个"星海娃"私人定制自己的专属课程，实现"一师一课表，一生一课表"的小目标，学校决定将突破口放在特色社团课程上，通过全校课时改革，作息调整，让所有的特色社团课程进入课表，并进一步以课程要求来规范社团课程教学，提升课程品质，使得学校的"满天星"课程进入新的发展轨道。

（一）前期准备，课程梳理，星系整合，设置到位

为了顺利实现课程上线，前期筹备紧锣密鼓地开展着。教导处从学校课程顶层设计入手，将课程六大"星系"构建完成，分别包含人文、思维、健康、实践、创新、审美等多个维度，聚焦学生核心素养。各课程星系，虚位以待，老师们也动员起来整理自己的社团课程，撰写课程简介，明确课程对象。同时确认活动地点，找到对应的课程星系加盟。一张蔚为壮观的课程星系图，就出现在我们的视野中。随后学校组织各行政部门、骨干教师、分教研组，共同审核这些课程。拿到通行证的课程则进入预定的特色星系轨道。

（二）数据平台，家长参与，自主选课，资源分配

当课程信息导入智慧校园平台后，统一由后台制定选课时段。同时，通过校讯通向家长发出课程预告，向家长全方位展示一百多门丰富的课程菜单作为预热。教导处及时跟进，编辑家长端自主选课的步骤说明，通过微信发给家长，并由班主任进行宣传辅导，确保家长人人知晓，人人操作，人人参与。每年9月初，选课系统准时启动，三千多名"星海娃"同一时间进行选课。

（三）后期统计，数据导向，在线点名，精准管理

系统后台及时更新反馈数据，学校及时掌握各门课程的选课情况，最早抢报满员的课程是哪些，每个课程录取的情况如何，第一时间反馈到位，分析学生及家长选课的方向性、学生的兴趣热点。而这些宝贵的一手数据，将是学校接下来进一步调整课程设置、优化课程结构的依据。

在后台，班主任老师能及时看到自己班级每一位学生的社团报名情况。各社团任课老师也能及时导出自己社团的报名情况。这样就避免了班主任和任课老师之间信息不对等可能造成的管理漏洞。社团报名情况及时汇总后向全校公示。至此，社团报名工作顺利收官。

每一次社团课，老师通过智慧校园平台进行点名，点名会同时反馈给教导处和班主任老师。学校校园面积大，楼舍场所多，班主任老师一旦接到某位同学未及时到达社团地点的信息，可以及时处理，避免了学生管理的安全漏洞。

大数据平台的使用，解决了学校三千多人网上选课报名的难题，及时处理数据信息，实时监控选课情况，规范选课流程，使教学资源分配更为合理，释放了学生自主选课的意向，给予他们更为自主的平台，实现了学校课程与学生之间真正的双向选择（表6）。

表6 星梦学堂特色课程设置表

序号	学科	课程名称	授课老师姓名	时间	上课地点	总负责人
\multicolumn{7}{c}{苏茜路校区}						

序号	学科	课程名称	授课老师姓名	时间	上课地点	总负责人
1	校级星动课程	绿茵女足	董天戈（外聘）	周四14:45—16:15	足球场	安晓倩、马晓军
2		羽毛球	祁婷婷	周四14:45—15:25	体育馆	
3		女篮	高鹏	周四14:45—15:25	西门篮球场	
4		摔跤	外聘老师	周四14:45—16:15	摔跤室	
5		男篮（三、四年级）	郭雪冰	周四14:45—15:25	西门篮球场	
6		女排	马晓军	周四14:45—15:45	排球场	
7		拉丁舞	陈萍（外聘）	周四14:45—15:45	健美操房	
8		霹雳舞	王军（外聘）	周四14:45—16:15	舞蹈教室	
9		滑板	郑金国（外聘）	周四14:45—15:45	行政楼前	
10		击剑	陈燕（外聘）	周四14:45—16:15	击剑馆	
11		篮球（低年级）	王杰（外聘）	周四14:45—16:15	行政楼前	
12		围棋（1段、2段）	陆倩（外聘）	周四16:30—17:30	一（12）班教室	
13		五子棋	朱勤华	周一16:30—17:30	国学馆	
14		健美操	尹欧	周五16:00—17:30	健美操教室	
15		中国象棋	安晓倩	周五16:30—17:30	星海书苑	
16	校级星艺课程	梦之声合唱(演出)	闫晓寒(外聘)、黄荟	周四15:00	合唱教室	周莹、黄荟
17		梦之声合唱(预备)	李力、周莹	周四15:00	音乐教室(绿色)	
18		民乐团	朱霞炜、朱润芝、赵建红	周四15:00	音乐教室(白色)	
19		评弹团	肖英洁(外聘)	周四15:00	音乐教室(橙色)	
20		舞蹈团	盛子轩	周四15:00	舞蹈房	
21		鼓号队(打鼓)	任瑶	周四15:00	3C楼四楼阶梯教室	
22		鼓号队(小号)	王容多(外聘)	周四15:00	3C楼三楼阶梯教室	

续表

苏茜路校区					
序号	学科	课程名称	授课老师姓名	时间	上课地点	总负责人
23	校级星美课程	创意美术	徐秦超	周四15:00	美术教室(2)	谷橙橙、胡定珺
24		布艺拼贴画	施梦苑	周四15:00	六(9)班教室	
25		游弋丹青	陈卓寅	周四15:00	美术教室(3)	
26		编织物语	张瑞、唐晓	周四15:00	美术教室(4)	
27		格物致瓷	胡定珺	周四15:00	美术教室(1)	
28		非遗苏扇	杨燕	周四15:00	行政楼三楼中间教室	
29		衍纸社团	黄亦喆	周四15:00	三(12)班教室	
30		校园礼品创意社	宗金龙	周四15:00	五(8)班教室	
31		用笔说画	谷橙橙	周四15:00	"四叶草"小公民中心	
32	校级星创课程	人工智能	王丹婷(外聘)	周四15:00	2号楼二楼人工智能教室	李祥、周明星
33		ICode平台Python编程	陆志强(外聘)	周四15:00	3C楼五楼IT教室(2)	
34		ICode图形化编程	陆志强(外聘)	周四15:00	3C楼五楼IT教室(1)	
35		扣哒世界Python编程	戴鑫楠	周四15:00	2号楼一楼信息教室	
36		科技模型	肖敏	周四15:00	3C楼一楼科学探究室(1)	
37		百变电子	李祥	周四15:00	3C楼二楼科学教室	
38		创客智造	丁莹(外聘)	周四15:00	3C楼高士其基地	
39		模型入门	严鑫	周四15:00	行政楼三楼	
40		物联创意	周明星(外聘)	周四15:00	3C楼四楼科学教室	
41		电子技师	林炳锐	周四15:00	3C楼四楼木工坊	
42		模型制作	韦利	周四15:00	3C楼一楼科学探究室(2)	
43		创意STEM	高羽	周四15:00	3C楼高士其基地	
44		种植与烹饪	徐玲	周四15:00	3C楼二楼烹饪教室	
45		暖爸科学实验	李晓飞(外聘)	周四15:00	3C楼四楼劳技教室	
46		非遗紫砂	张旻茜(外聘)	周一16:00—17:30	3C楼二楼烹饪教室	

续表

苏茜路校区						
序号	学科	课程名称	授课老师姓名	时间	上课地点	总负责人
47	校级星言课程	小主持人	宋蕾蕾	周四15:00	2号楼二楼录播教室	姜霖、陆缘
48		诵读社团	戴林岑	周四15:00	国学馆	
49		苏州话社团	陆缘	周四15:00	三(4)班教室	
50		硬笔书法	王悦(外聘)	周四15:00	3C楼五楼未来教室	
51		软笔书法	姜霖	周四15:00	星海书苑	
52		心理剧(高年级)	朱颖	周四15:00	心理中心一楼教室	
53		心理剧(低年级)	任珍珍	周四15:00	心理中心二楼教室	
54	一年级班级社团	趣味故事	尹英	年级组老师走班		李逸虹
55		国学经典	周玲玲			
56		儿童绘本	田思雨			
57		手工世界	王艳			
58		趣味绘本	曹培			
59		童话王国	庞军伟			
60		故事欣赏	杨玲			
61		多彩数字	陆婕妤			
62		数学王国	董飞			
63		趣味剪纸(一年级)	孙仪清			
64		英语人物绘画	何纯			
65		秘密花园(一年级)	张菲菲			
66	二年级班级社团	绘本故事欣赏	范菁菁	年级组老师走班		沈红梅
67		成语乐园	郎思静			
68		趣味手工	杨奕			
69		趣味剪纸(二年级)	史艳			
70		快乐阅读	龚婷			
71		国漫学语文	方圆			
72		数学绘本故事	杨明霞			
73		趣味数学	祁凡			
74		数学故事	李玉兰			
75		英文故事汇	查佳毅			
76		创意涂鸦	沈吕莉			
77		趣味剪贴画	夷馨			

续表

苏茜路校区					
序号	学科	课程名称	授课老师姓名	时间	上课地点	总负责人
78	三年级班级社团	创意儿童画	王亚婷	周四15:00	三(1)班教室	盛蕾
79		儿童简笔画	刘坚	周四15:00	三(2)班教室	
80		英语歌曲大家唱	冯莉	周四15:00	三(3)班教室	
81		珠心算(1)	蒋彩芳	周四15:00	三(5)班教室	
82		文学欣赏(三年级)	张丹枫	周四15:00	三(6)班教室	
83		趣味百科	刁淼成	周四15:00	三(7)班教室	
84		西方文化	曹玥	周四15:00	三(8)班教室	
85		珠心算(2)	薛建勋	周四15:00	三(9)班教室	
86		秘密花园(三年级)	徐莹	周四15:00	三(10)班教室	
87		诗歌朗诵	倪昌宇	周四15:00	三(11)班教室	
88	四年级班级社团	英文书写	孙磊	周四15:00	四(1)班教室	许蕙
89		美文赏读	吴琼琼	周四15:00	四(2)班教室	
90		绘画天地	金天怡	周四15:00	四(4)班教室	
91		《水浒传》启蒙阅读	仓贝卿	周四15:00	四(5)班教室	
92		英语动画赏析	傅静怡	周四15:00	四(7)班教室	
93		阅读沙龙	赵颖	周四15:00	四(10)班教室	
94		数学故事	李秋	周四15:00	四(11)班教室	
95		手绘小报	胡玥	周四15:00	四(12)班教室	
96	五年级班级社团	大话西游	王丽华	周四15:00	五(1)班教室	朱霞炜
97		我爱Phonics	张淑艳	周四15:00	五(2)班教室	
98		创意衍纸	钱苏叶	周四15:00	五(3)班教室	
99		美文阅读	汤聚梅	周四15:00	五(5)班教室	
100		走进三国	孙亚坤	周四15:00	五(7)班教室	
101		墨韵书法	杜倩	周四15:00	五(11)班教室	
102		影视作品赏析	周颖	周四15:00	五(12)班教室	

续表

苏茜路校区					
序号	学科	课程名称	授课老师姓名	时间	上课地点	总负责人
103	六年级班级社团	扎染	邹璐	周四 15:00	六(1)班教室	於蔚华
104		诗情画意	顾萍萍	周四 15:00	六(2)班教室	
105		成语故事	闵溪	周四 15:00	六(3)班教室	
106		赏名家名篇	李正芳	周四 15:00	六(4)班教室	
107		十字绣	秦文漪	周四 15:00	六(5)班教室	
108		戳戳绣	董益嘉	周四 15:00	六(6)班教室	
109		数字油画	张愈之	周四 15:00	六(7)班教室	
110		数学思维	张宸轩	周四 15:00	六(8)班教室	
111		像素涂鸦	邢妍洁	周四 15:00	六(10)班教室	
112		秘密花园(高年级)	杨蕾	周四 15:00	六(11)班教室	
星汉街校区					
113	星动	少儿跑酷(体适能)	陆梦怡	周四 14:45—15:25	体育馆	赵艳
114	星动	国际跳棋	宗涛(外聘)	周四 14:45—15:45	书法教室	
115	星动	趣味足球	蒋勇	周四 14:45—15:25	操场	
116	星言	特色阅读	王安然	周四 14:45—15:25	图书馆	
117	星美	儿童纸盘画	周航	周四 14:45—15:25	星之彩美术教室	
118	星美	秘密花园	杨筱	周四 14:45—15:25	星之绘美术教室	

第六章　大数据驱动下个体化育人实践路径探索

第一节　个体化育人实施概说

一、个性化育人的含义与特征

当下世界各国都十分重视个性化教育，强调在民主平等自由的环境下实现学生自我教育、自主学习，使个性潜能充分发展，这是基于培养适应未来趋势的现代人的战略思考。从教育的层面看，这种个性化、差别化、自主化的学习实践，也正是"适合的教育"与自主发展相关的有益探索。"尊重个体""发展个性"已汇聚成强大的教育潮流，影响着当代教育改革的方向、决策、原则和内容。学校以育人为本、德育为先、能力为重、全面发展，为每个学生提供"适合的教育"，让每个孩子都能成为有用之才。

二、个性化育人智慧课堂的探索

（一）还原教育本真

素质教育的核心思想是创造适合孩子的教育，而不是选择适合教育的孩子。素质教育把人的发展看成是一个整体，是相互关联、相互作用的几个要素的有机集合。人类在基本资质上是相同或相似的，而每个人在先天成果、环境影响、受教育后的内化过程等方面都不同，所取得的教育效果无疑具有一定的共性，同时也具有无限多样的个性。一切都是共性和个性矛盾的统一。其中，个性是矛盾的主要方面，决定性因素。我们的教育要面向全部孩子，并挖掘他们的个性，让每一位孩子获得"适合的教育"。

（二）深挖"因材施教"

个性化教学与传统意义上的"因材施教"有着相近的内涵，都要求尊重学生的兴趣爱好及情感态度等，都要求充分发挥学生的特长，极力挖掘学生固有的潜能。但个性化教学更强调尊重学生的主体地位和个性特点，引导学生积极、主动、自觉地学习。开展个性化教学应当做到以下几点。第一，深入细致地研究和了解学生。弄清每个学生的兴趣、爱好、性格特点、学习态度、知识基础、健康状况和家庭、社会背景等。对学习表现最好和最差的学生可作重点的个案研究。第二，正确对待学生的个别差异。一个学生可能在某些方面表现出短处，而在另一些方面有长处。比如在思维类型上，有的长于形象思维，有的善于逻辑推理。教师必须对学生表现出的差异特点进行全面而具体的分析。第三，针对学生个性特点，采取不同的具体措施。在教学中，教师对各种不同类型的学生采取有针对性的、灵活多样的措施。对于那些成绩优异或具有特殊才能的学生，教师在教学中不只是善于发现他们，更重要的是应采取措施精心培养他们，为充分发展他们的才能提出更高的要求。如加强个别指导，布置特殊作业，提供必要的学习资料。而对于学习差的学生，要给予热情关怀和照顾，深入研究他们的心理活动特点，从实际出发，制定一套适合他们特殊情况的措施。对学习马虎大意、漠不关心的学生，除进行学习目的的教育外，必须严格要求他们认真读书和做作业。对学习信心不足或缺乏坚强意志的学生，必须多鼓励，使他们增强自信心，加强自制能力等。只有进行个性化教学，才能使每一个学生得到充分的、全面的发展，才能真正贯彻新课程教学的理念。

（三）重视个性教育

如果没有对事物个性的研究，就没有对共性的行动。从另一个意义上说，人格发展不仅是人身心发展的需要，也是社会发展的需要。可以说人格是民族的财产。有个性的人往往能独立思考，有批判性思维能力和创造力，有很强的意志和行动力。

当前，重视个性教育已成为国际教育发展的趋势。在我国，计划经济时代的产物——平均主义教育观所导致的教育失误已成为历史教训。社会主义市场经济时代，强烈呼唤个性独特、人格完整的社会主义建设者和接班人。因此，人格教育和差异教育是素质教育的功能和本质。

为了强调个性，必须放弃制作规格统一的"标准品"的教育模式。个性教育不受集中化、规模化、同步化、通用化、标准化等概念的影响，要从研究学生的差异入手。对于中小学生来说，他们的人格具有自动性、独特性、可爱性、二重性、倾向性和社会意识的整体性等性质和特征。人格教育的任务是创造宽松和谐的文化环境和氛围，让学生感到舒适，积极思考，充分发展个性倾向。

在此基础上，教育者可以有意识地培养和训练学生的个性特征、特长或潜在优势，使其特殊才能的萌芽不被埋没。同时，人格有两重性。对于个性强的学生，不能只是一味压抑，也不能完全放任。相反，我们应该积极引导学生朝着最好的方向发展他们的个性。必须注意的是，人格的发展是指在集体主义的原则下承认个体差异，即在社会生活中保持个体的独立性，遵守个体的行动模式和想法，适应环境的特征，这是与以个体为中心、以自我为中心的教育完全不同的概念。

三、着力个性育人模式创新，智慧引领区域教育同频共振

学校十年"适合的教育"探索与实践，结出了累累硕果，"适合的教育"经验和做法也得到了不同层次的推广，对所在区域、苏州市、江苏省，乃至全国、国际友好学校都产生了积极的影响。据统计，截至2023年底，全国各地学校前来参观学习交流的次数达一百多次，涉及学校达两百多所。

1. 区域推广

学校积极实施区域深入推进义务教育优质均衡发展的工作要求，与区内胜浦实验小学、娄葑学校（小学部）、星浦小学和新融学校等结成学校发展共同体，发挥示范引领作用。通过交流"适合的教育"办学思想，分享"适合的教育"管理经验，扩大学校优质教育的辐射与影响，形成校际合作共享机制，促进区内共同体学校在办学思想、管理水平、教学质量等方面的整体提升，共同努力办好人民满意的教育。

2. 市内推广

在苏州市，星海小学被业内同行誉为"园区教育窗口、质量优良标杆、特色育人典范、智慧校园先锋"，在苏城老百姓中有着很好的口碑。因为办学成果突出，学校多次承办苏州市教育局、苏州市教育科学研究院、苏州教育学会等组织的大型教育教学活动，并作"适合的教育"办学经验交流，成为苏州教育的一张亮丽名片。

3. 省内推广

近年来，星海"适合的教育"经验的展示，受到省内外瞩目。2017 年 6 月，由江苏省教育厅、江苏省教育报刊总社举办的江苏省"发展适合的教育"讨论会在泰州靖江市召开，时任校长洪亮作为全省基层义务教育学校的代表应邀参加，并指定在大会上介绍苏州工业园区星海小学开展"适合的教育"实践探索经验和思考。2018 年 5 月，学校还作为特邀交流嘉宾参加江苏省教育学会小学教育专业委员会学术年会，作"教育空间探索"专题经验分享，系统阐述了星海小学"适合的教育"办学成果，受到与会代表的广泛赞誉和充分肯定。《人民教育》《中国教育学刊》《江苏教育报》《江苏教育》、凤凰新闻网、东方头条网等各大媒体先后对学校"适合的教育"实践探索作了推广与介绍。

4. 国内推广

2017 年 4 月，星海小学时任校长洪亮作为苏州市义务教育质量综合评价改革项目样本校代表，应邀参加全国基础教育评价改革高峰论坛活动，作了"用评价改变孩子的行走方式"的主题演讲，引起了与会者的积极反响和广泛赞誉。2017 年 12 月，星海小学入选"中国最具影响力中小学百强榜"。2018 年 1 月，第二届"全国好教师先进事迹报告会暨好老师、好校长、好学生、好家长、好社团、好学校表彰大会"在北京中关村三小隆重举行，时任校长洪亮代表"全国十佳好校长"向与会的教育部领导和全国优秀教育工作者代表作了题为"让适合的'星光'辉映校园"的主题分享，阐述了学校多年来坚持"适合的教育"的探索之路，赢得了与会领导、专家、校长、教师代表的纷纷点赞。而万里之外的新疆伊犁哈萨克自治州霍尔果斯丝路小学于 2017 年 4 月正式挂牌为"苏州工业园区星海小学分校"，在"适合的教育"理念感召和星海小学鼎力扶持下，积极开展教改实验，获得了长足的发展，一跃成为霍尔果斯地区的"窗口学校"。

第二节 个体化育人组织形式的变革

一、微观圈层生态系统：凸显教师团队主体地位，做立德树人的引路者

要做大教育，教师就要成为大先生。这是对教师专业发展的新方向和新要求，也是5G时代实现大数据驱动下高质量育人的关键支撑。首先，教师要低头奋斗，抬头看天，要在"5G+教育"时代勇立潮头、开拓创新，做"适合的教育"的先行者和急先锋。要努力在个体化育人的方式、方法和策略上下功夫，要在新型教学方式变革的进程中保持学习和研究的心态，努力以真实问题为导向，以任务驱动为主线，以合作探究为方式，以虚实情境为背景，以丰富资源为依托，以协作学习为重点，以精准评价为指引，在个体化育人的变革之路上躬行不辍，让自身基础底部实现更快跃升。其次，教师要融入团队，同心协力，成为学校内外部结构融合的发力点。教师要在主体化育人主阵地中自觉担任起第一质量责任人，要提高每一天的学校专业生活质量，使学生全面发展，学有所长，还能看见自身的光芒照耀。再次，在"5G+教育"的大背景下，要努力实现师与师、生与生、师与生之间的深度协作，才能有效达成个体化育人。学习经验和学习机制的转变需要基于协作的学习，需要教育者丰富创新课堂形式，推动启发式、参与式、协作式教学方式更好地融入课堂。5G时代的到来，将促使学习环境向更加自主化、个性化、精准化、智能化、融合化的方向发展，让信息技术支撑下的协作学习成为现实的可能。

在个体化育人的微观层面，教师要成为学生成长的领路人，只有立德树人的主体地位确立了，教师才可能真正有效担负起为党育才、为国育人的使命，并自觉地将国家需要转化为个人或团队的自觉行动。

二、中观圈层生态系统：家校社政同向共育，建立新型关系实践场

教育的系统性、复杂性和综合性，注定了家校社必须勠力同心，才能构建高质量的教育体系。家庭、学校、社会均须顺应新时代教育发展的趋势，厘清家校社协同育人的内涵，建立健全协同育人的多方联动机制，以学生为中心，各施所长，合作共育，探索家校协同、校社协同、家社协同、家校社协同的育人实践模式，共同营造良好的教育生态，促进教育高质量发展及学生全面而有个性地发展。

家校社政是学校圈层教育生态中外部结构融合之力的共振点。在家校社政圈层生态中，发挥起带动支撑作用的学校，让家校社政共同构成以学生成长为核心的同心圆育人共同体。充分挖掘多方育人的支撑性力量，发挥多方互促性优势，形成多元主体参与的

治理机制。

首先，形成家校同向共育高度的价值认同。家庭教育也要以立德树人为根本任务。家庭要和学校站在同一个育人方向，家长应尊重学校教育的专业性，家庭教育要回归自身的角色。家庭教育和学校教育应建立共同的社会主义核心价值观，达成共识，形成合力，与学校"共同而同向"供给高质量育人资源。

其次，重建家校新型关系实践场。父母要与学校教师"双师绽放"，共同探索研究儿童高质量成长。家长要把精力从由陪同课外培训，转变为和学校同向共育的精神陪伴上来。家庭要和学校一道，充分发挥家庭教育资源，共创儿童课内外成长课程链，将精力和时间用在孩子体验劳动、规律运动等习惯培养上，用在阅读积累、艺术熏陶等兴趣培养上，进而形成良好的家庭、家教、家风。

再次，推动家校社政多元主体治理。多年来，星海小学在不断统整优化学校内部组织变革基础上，协同校外多元治理，推动教代会、校务委员会、党总支、少先队代表大会、三级（学校、学段与班级）家委会、义工团队、专家顾问和社会组织等共同参与学校治理。调动家校之外，尤其是街道、社区社政维度的多元主体参与的主动性、积极性和创造性，增强街道社区、社团组织、公益机构等对学校办学治校的参与感和认同感。

三、宏观圈层生态系统：整合地域校际联合体，形成基础教育的校际协同

在校内外圈层中，整合各种资源，通过学习共同分享与利用，实现多方育人力量汇聚，建立以学校为主体的协同育人创新联合体，形成聚合式育人辐射效应。

星海小学在推进优质均衡的基础教育领航中，构建起基础教育协同共生的联动机制。2011年，与大别山十年手拉手，运用"空中课堂"和送教分队，为西部山区输送几十节精品课和十几批次的教育支援。2016年，星海小学与贵州松桃第一完小结对，通过园区易加互动平台和送教到校，定期发布课程资源和送出名师，供贫困地区学生、教师免费学习和教研。2018年，星海小学设立位于新疆霍尔果斯丝路小学的分校，为实现高质量育人的优质教育资源在边远地区的有效应用，学校对受援对象进行分类分层的调研分析，优化显性资源和隐性资源的形成过程，调动受援对象的深度参与，并在此过程中促进援助者自身成长，从而共生共长，共建共享。2019年，星海小学与星海中学、胜浦实验小学、星浦小学组成"星海集团校"，创新地域校际联合体，通过实地教研、线上合作、数据共享等，形成基础教育的校际协同，有效拓宽个体化育人的主体空间。

四、虚拟圈层生态系统：创新虚实、协同、共创教育平台，抢占个体化育人新时空

"5G+"时代，要充分利用5G云端技术，将以"虚实共生、协同共创"为特征的大

数字虚拟教育环境纳入个体化育人的场域，将师生、生生多形式的教育互动引入虚拟时空，逐步将区块链、大数据、云计算等智能技术在5G教育场景中创新融合，使得传统网络环境中除师生、生生、人机交互外，环境与环境、资源与资源之间也以类脑智能主体方式进行交互与学习，搭建虚实、协同、共创教育平台，从而形成一个囊括多元智能主体学习与交互的智能教育生态系统。这既是个体化育人必然要遇到的新问题，也是5G时代抢占教育新时空的重要机遇。

星海小学承担着园区"教智融合背景下'适合的教与学'实践研究"子项目"大数据支撑下学生综合素质评价改革的研究"，同时又承担了园区"5G支撑下核心素养导向的混合式教学"子项目"5G支撑下教学应用场景研究之一：协作式学习研究"。2022年9月28日，星海小学承担了园区5G支撑下核心素养导向的新型教与学创新月度汇首场展示，给园区教育项目改革实践提供了一个成功范例。该期创新月度汇，星海小学将两个项目无缝对接并整合到评价模式创新上，聚焦到协作式学习上，形成新的研究主题——核心素养导向下的大单元设计与协作式学习研究，并以"全学段、全学科、全流程、全要素"为特征的学案变革为突破口，从"5G环境下，基于学生素养评价的协作式学习和大单元教学范式研究"和"单元学习'大观念、大任务、大项目和大问题'的确定，素养导向的学案设计与实施"两个方面，探索5G支撑下大单元视域下的各学科协作式学习的策略和路径。为"5G+教育"时代虚实共生、协同共创的育人环境创建提供了案例，打下了基础。

第三节 个体化育人模式建构

一、个体化育人"协作式学习教学模式"的建构

星海小学以十余年"适合的教育"的探索为基础，以5G支持下核心素养导向的混合式教学项目实验校建设为依托，在教、学、管、评等多个领域开展"协作式教学模式创新"项目化研究与实践，促进区域项目在学校层面的深入落地与推进，以逐步实现个性化教育的转型和升级。

（一）素养导向，学为中心：建构以学力进阶为基础的个性化学习新路径

星海小学以儿童的"学"为出发点，以江苏省规划办批准立项的学校主课题"大数据驱动下学生个体化发展的实践"研究为指导，结合5G技术和智能教学新空间的建设，进一步推倒单一化、封闭式、传授型课堂的"围墙"，改变以往直线式知识传递的教学形式，聚焦关键学力，借助智能技术和信息化手段，指向"精准教、个性育、自主学"，建构以学习者为中心的体验式、沉浸式课堂，使学习活动从单一的课内活动，融合为课

前、课中和课后的学习时空。通过合理确定学习进阶，配合线上、线下学习任务，对学生学习行为进行及时分析，精准指导后续学习，初步架构出以"学力进阶"为目标的精准化学习新路径。

目标指向很清晰，由"检索预学"到"学情分析"，从"激活思维"到"初步进阶"，再由"迁移运用"到"学力提升"，目标循着学路逐步拾级而上。

与"学力"指向相适应，个体化学习的过程也由"前置学""测中学"转到"探中学"，再在"协力学""模仿学"之后走向"延伸学"，这个学习路径与目标指向是一致的。

根据大单元协作式项目总体要求，学校各学科以星海小学学生"学力进阶"目标为指向，要求教师系统解读教材，找准学习起点，明确学习终点，精准把握目标，设计问题导向的自主学习任务单，开发配套学习资源，引导学生开展"前置学"。从而逐步由单一的满堂灌主导模式向为学生提供学习服务、引导学生完成学习目标的辅助学习型模式转变。

（二）技术赋能，教有范式：建构以真实任务为依托的协作式教学新模式

2022年7月，在正式成为园区"5G支撑下核心素养导向的混合式教学"项目实验学校后，为了确保项目的顺利推进，学校又进一步探索，根据线上线下融合的协作式学习总要求，在前期"个体化学习研究"和大数据支撑下的前瞻性项目实践的基础上，顶层设计5G背景下基于学生核心素养的协作式学习操作流程图。

根据协作式学习操作流程图，基本的教学过程分成了七个大的板块，整个流程是基于大单元、大情境、大任务，是以真实问题为导向，以任务驱动为主线，以合作探究为方式，以虚实情境为背景，以丰富资源为依托，以协作学习为重点，以精准评价为指引的、能够在各个学科合理运用的学习任务群操作范式。

从提出问题到小组计划，再由情境创设到协作学习，在重点辅导之后，开展成果评价，最后走向任务升华，是按照"预学、共学和延学"三部分来设计，但整个流程又是完全基于学生学力进阶而设计的。这样的以技术赋能为基础、以协作学习为重点、以素养提升为目标的课堂教学范式研究，正在星海绝大部分学科教学中尝试并逐步运用。

在这一教学范式中，协作学习成为任务的核心和重点。预学阶段，借助易加互动平台等提供的资源，教师按照课程要求，进行资源的初步分类和梳理，为学生线上协作学习提供多样态的学习和研究素材，给学习小组的初步协作提供支架；当学生对课程学习有了初步的尝试，协作学习合作便可顺延到课堂的"共学"阶段，此时，教师可依据"易加学情"分析和反馈的问题进行课程资源的二次分类和各协作环节资源的精准推送，为师与生、生与生的课堂深度协作和"延学"阶段的实践运用打下基础。

这一教学范式运用的另一个重点是评价。通过创新运用大数据、人工智能等技术，

赋能教育评价，强化教学智能诊断和智能管理，依据学力和课程目标，研制出学科核心素养测评工具，实现精准诊断和自我归因。

技术赋能之下的教学范式变革，实现了规律让学生自主发现，方法让学生自主寻找，思路让学生自主探究，问题让学生自主解决，初步建构出以真实任务为依托的协作式教学新模式。

（三）人机协同、境生万维：打造任务与情境深度融合的智能化教学新空间

"5G+教育"颠覆了以往教学空间的单调性与封闭性，以教室、教材和教师为中心的传统知识传授型教学环境将让位于基于互联网、基于教学平台、基于人工智能的全时空体验式学习新空间。在超低延迟与超高速率的5G技术的支持下，线上线下一体化教学正在成为学校研究的重点。在疫情防控期间，学校的线上教学就广泛地将各种平台资源、线上虚拟场景等运用到教学实践之中，学生的体验感、互动性大大增强。

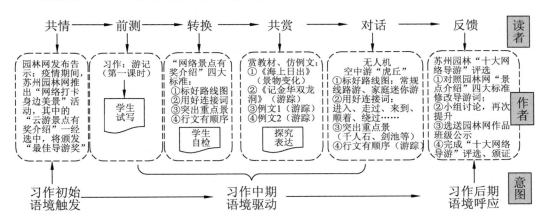

图8　"人在家中坐，美景云上游"网络打卡身边美景活动示意图

图8是学校一位四年级老师执教游记习作的示意图。由于单元教学期间正值疫情开展线上教学，学生也无法到实景地体验游览过程，因此，任务初始，该老师设计了苏州园林网"打卡身边美景"活动。这位老师有效借助了苏州园林网极具真实感的基于虚拟现实技术的游园项目，引导学生通过家中设备进行线上个性化游园，并在课前一周发布了课程指南。教学中，老师以苏州园林网网络景点有奖介绍、基于虚拟现实技术的无人机视角模拟游程、班级公推选送"四星游记"和"十大网络导游员"评选贯穿情境，以写景课文我会读、云游路线我会画、重点游程我会写、四星游记我会评为四大驱动任务，以发现表达密码、理清游览顺序、写细景物特点和评选最佳游记为目标，设计出大情境支撑下的习作任务轴（图9），从而有效解决学生习作过程指导缺位、习作与学生生活需要关联度不高等问题。这节课是星海小学以真实情境为背景，打造智能化教学新空间的一种尝试。

当然，课堂教学的重构、教学范式的革新、教学新空间的建设，都离不开教师群体

理念的更新与智慧的分享。"5G+教育"时代，更需要的是课程资源的精准梳理和共享、教研观点的多维激活与即时碰撞、创新案例的技术支撑与协同开发，这些都需要集体的智慧，需要通过校本教研，将各项变革落到实处。

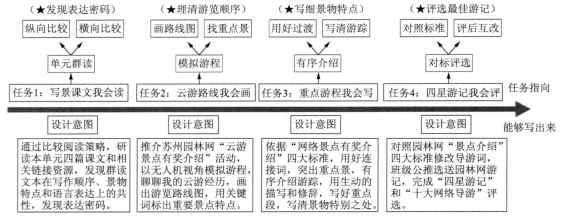

图9 大情境下的习作任务轴

二、个体化育人"协作式学习教学模式"过程和方法

（一）"5G+教育"时代"倒逼"变革

当今闭合式的教学空间与开放式的移动学习方式产生了不调和的状态。"5G+教育"所带来的学习方式的转变将对教育空间产生"倒逼"效应，促使学校开展全方位的室场空间变形和学习资源的动态流动。

（二）"学习者中心"的"破壁"计划

未来的教育会是怎样的形态？著名教育家、新教育实验的创始人朱永新先生在他的著作《未来学校》中重新定义了教育，并全面描绘了未来教育的发展蓝图。其中一个主要观点就是"今天的学校将会被未来的学习中心所取代"：学习走向个性化、形式走向丰富化、时间走向弹性化、内容走向定制化、方式走向混合化、教师走向多元化、评价走向过程化、目标走向幸福化等。当教育走向"5G+"时代，依据5G网络"超快获取""超多链接"和"超强可靠"的特点，知识的传递将不再是静止的状态，"流动、共享、定制"的个性化知识推送将成为可能，"学习者中心"的"破壁"计划终将走向成功。

（三）"协作式学习"的"突围"行动

《未来学校》一书中提到，学习经验和学习机制的转变需要基于协作的学习，需要教育者丰富创新课堂形式，推动启发式、参与式、协作式教学方式更好地融入课堂。传统课堂上以课堂为中心、以教师为中心、以教材为中心的流水线式教学过程，已经无法满足学生的全面发展和个性化成长，园区高质量教育发展需要一场结构性的教学变革。而这种结构性变革的方向之一就是5G支撑下基于学生核心素养的大单元协作式教学。由于闭合的、以直线式知识传递和面对面互动方式为主的传统教学生态系统没有显著改变，协作式学习的突围依然困难较大。"5G+"时代的到来，将促使学习环境向更加自主化、个性化、精准化、智能化、融合化的方向发展。以5G技术支撑下的智能教室作为信息化学习环境的高端场景，能极大地满足学生在进行协作学习时对教室环境的新要求，让信息技术支撑下的协作学习成为现实。

（四）"项目实验校"的"攻坚"抓手

作为"5G支持下核心素养导向的混合式教学"项目实验学校，星海小学一直紧紧追随新时代教育发展的步伐，深入学习大数据促进下的适合教育的理论与研究，以学校主课题"大数据驱动下小学个体化育人的实践研究"为抓手，以全学段、全学科、全流程、全要素的学案变革为突破口，利用园区易加互动平台的"预学""共学""延学"等功能，探索并实践教智融合背景下的各学科非线性教学结构，让学生"学"起来，让课时"富"起来，让作业"嗨"起来，实现学有情境，学有动机，达成"不教之教，学以再学"。

三、个体化育人"协作式学习教学模式"成果创新点

经过十余年的探索，苏州工业园区星海小学的"适合的教育"呈现出人本化、特色化、精准化、个性化和智能化的诸多特征。"5G+教育"背景下，如何在规模化的学校办学体制下，以课程育人为导向，探索适合每一个学生发展的教育可能性？如何以大数据为支撑，寻求大规模因材施教的路径与策略？如何科学地界定"个体化教育"的具体指向，让"适合的教育"视域下的混合式、协作式学习既关注学生的全面发展，又对接个体化潜能开发需求？这些问题正是学校"适合的教育"的探索从实践走向创新的进程中必须直面的问题。

（一）对接课程方案的新变革

2022年3月，新修订的《义务教育课程方案和课程标准》正式颁布，这是国家新的历史起点上落实立德树人根本任务的重要举措，是回答"培养什么人、怎样培养人、为谁培养人"这一根本性问题的具体体现，对促进义务教育高质量发展、建设教育强国具有重要意义。《义务教育课程方案与课程标准》强调素养导向下的学科育人，强调内容重组下的课程整合，强调生本协作下的模式变革，以推动个体化教育和大规模因材施教的实践。

（二）探索协作式学习的新路径

为有效地推动数字化转型背景下的创新型课堂建设，星海小学将"课堂模式的转

型"与"教学评价的创新"两大项目无缝对接，整合到 5G 支撑下核心素养导向的大单元协作式学习研究与实践之中。本项探索着力从三方面进行课堂教学的转型与变革：一是以开展以核心素养为导向的大单元学案变革，聚焦学力，凸显素养，指向学生可持续发展的综合能力的培养；二是以易加互动平台为支撑的项目任务发布，推送资源，提供支架，指向分类课程资源的便捷访问与多维互动；三是以线上线下融合的协作式学习范式研究为背景，学科整合、内外联动，尝试建构以自主协作为主线的个体化学习新路径。

（三）打造 5G 支撑智慧教育新环境

星海小学以"5G 支撑下教学应用场景研究之协作式学习研究"项目为依托，从三个方面建构 5G 支撑下的智慧教育新环境：一是利用 5G 网络技术助力人工智能与教育服务深度融合，打造在线学习与面对面学习相融合的新场域，助力学生通过开放性平台开展自主学习、智能测评、自动纠错、分享交流，促进问题解决和能力提升；二是利用易加互动平台监测学生所处的学习情境，通过平台在线收集学生即时生成的学习数据，在线统计并展示学生学习成果及生生评价的信息，完成学习的输出与评价，让学习历程立体完整呈现；三是利用 5G 网络和人工智能技术，构建校内校外乃至社群学习圈，让课堂、图书馆、实验室等正式场合的学习与泛在化、碎片化、移动化学习等相互融合和补充，实现 5G 技术与新型教与学方式改革同生共长。

四、体化育人"协作式学习教学模式"成果应用及效果

一段时间以来，星海小学围绕项目方案开展活动、推动研究，现将阶段研究成果梳理如下。

（一）聚焦核心素养，初步重构了育人模式

5G 支撑下核心素养导向的混合式教学项目实验启动后，学校便站在"依托 5G 环境、融合协作育人"的高度，重新思考学校的教育样态和育人模式，着力推动教育空间"变形"和育人范式转变。尝试通过 5G 通信技术将不同空间和学习场域进行联通，将校内的智造工坊、实践基地、德善书苑、"四叶草"中心、智能玩伴等与社会层面上的德育基地、博物馆、科普基地等串联在一起，形成 5G 背景下基于学生核心素养评价的协作式育人模式总框架（图10）。当然，这一设想还在逐步建构与实践之中，但其应用空间广泛，成效也值得预期。

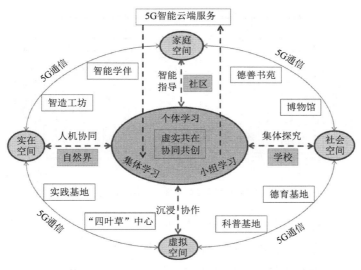

图 10　5G 背景下基于学生核心素养评价的协作式育人模式图

（二）聚焦"双减"落地，初步形成了课堂范式

在"双减"的大背景下，星海小学落实立德树人根本任务，以大单元背景下协作式学习研究为目标，聚焦学校教育的生命线——课堂教学，以儿童的"学"为出发点，聚焦关键学力，重构"精准教、个性育、自主学"课堂教学范式。新型课堂范式本着"以生为本"的理念，以各学科核心素养的培育为指向，以学生自主学习能力的开发为目标，营造"线上线下一体化、课前课后全时空"的良好教学环境，构建个体化教学范式要素的关系框架，切实提高教学效率，促进"双减"政策和个体化育人目标真正落地。各学科以此为指引进一步研讨和细化，建构出本学科"5G 支撑下素养导向"的新型教学范式。以语文学科的任务群建设与实践为例，语文组推出了 5G 背景下习作学习任务群的教与学范式（图 11）。

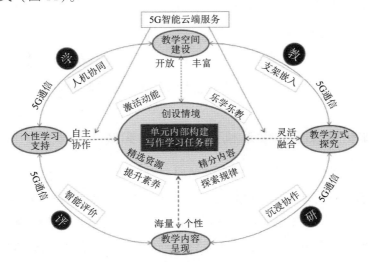

图 11　5G 背景下写作学习任务群的教与学闭环系统模式图

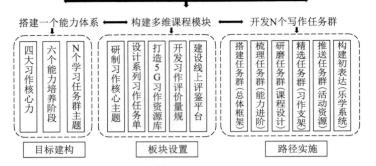

图 12　5G 支持下写作学习任务群的课程目标建构图

此范式以习作"初表达"乐学系统的构建为切入口，以真正激活小学生习作动能、提升小学生习作素养为旨归，在统编小学语文教科书单元内构建"写作学习任务群"总体框架，探索写作要素有效落地的具体路径与策略，从而有效形成"核心素养"理念指导下的"研、学、教、评、改、赏"习作任务群的教与学闭环，提升小学生习作教学的总体效率和能力水平（图 12）。

（三）聚焦精准评价，初步实现了数字画像

评价改革也是项目建设的一个重要板块。任务启动后，学校依托园区易加互动平台，逐步构建了星海小学自己的"小五星"综合素质评价体系，率先开发建设"易加综素"子项和综合素质数据资源库。

学校项目组在学习借鉴基础上，根据教育部等六部委颁布的《义务教育质量评价指标》和《中国学生发展核心素养》要求，结合园区"易加综素"学生发展综合素质评价指标体系以及学校一直实施的"十佳星海娃"评价办法，建立了以思想品德、学业水平、身心健康、艺术素养和社会实践为五大维度的星海小学评价体系，初步实现了学生综合评价的数字画像。

第四节　个体化育人管理机制

一、个体化育人主体联动机制的概念和实践

当今社会，教育已经成为一个国家发展的重要领域。作为一个国家和民族未来发展的基石，教育承担着培养人才、创造知识和推动社会进步的重要任务。随着社会的发展和教育理念的转变，人们对教育的要求也日益提高。传统教育模式已经无法满足人们个性化和全面化发展的需求，个体化育人主体联动机制成了当前教育改革的重要方向。

个体化育人主体联动机制是一种以学生为中心，教师、家长、社会等多方主体共同

参与的育人模式。它通过建立多元评价体系、设计个性化课程和实施学习小组活动等方式，促进学生个性化发展和全面素质提升。同时，个体化育人主体联动机制也可以促进学校、家庭和社会的有效联动，实现育人主体之间的协同育人。

主体联动是指在育人过程中，学生、教师、家长、社会等多个主体之间建立良好的互动关系，形成一个协同育人的系统。主体联动在个体化育人中尤为重要，它可以帮助学生更好地实现个性化发展，促进育人主体之间的有效互动与合作。

二、个体化育人主体联动机制的内涵和意义

个体化育人主体联动机制是在个体化育人和主体联动的基础上，通过建立有效的协同育人机制，实现育人主体之间的互动和协作，从而推进学生的个性化发展和全面素质提升。它具有以下几个方面的内涵和意义。

1. 以学生为中心

个体化育人主体联动机制以学生为中心，通过了解学生的需求和差异，为学生提供有针对性的教育和支持，实现学生的个性化发展和全面素质提升。

2. 育人主体之间的协同育人

个体化育人主体联动机制通过建立学生、教师、家长、社会等多个主体之间的有效协作机制，促进育人主体之间的互动和合作，实现协同育人。

3. 促进学生全面素质提升

个体化育人主体联动机制通过建立多元评价体系、设计个性化课程和实施学习小组活动等方式，促进学生全面素质的提升。

三、个体化育人主体联动机制的实践模式

1. 多元评价体系的建立

个体化育人主体联动机制中的多元评价体系是评价学生全面发展和个性化发展的关键。多元评价体系包括学科成绩评价、综合素质评价、个性化评价等多个方面的评价，可以更全面地反映学生的学习和发展状况。学生和家长可以通过评价结果更清楚地了解学生的优势和不足，为制订个性化学习计划提供依据。

2. 个性化课程设计

个性化课程设计是个体化育人主体联动机制的核心之一。教师需要根据学生的兴趣、需求、能力和学习风格等因素，为其量身定制课程。这种课程设计可以激发学生的学习兴趣，提高学生的学习积极性和主动性，帮助学生更好地实现个性化发展。

3. 学习小组活动的实施

学习小组活动是个体化育人主体联动机制中的重要方式之一。通过小组活动，学生

可以在小组内相互交流和协作，分享学习经验和成果，增强学习成效和交际能力。同时，教师可以通过小组活动更好地了解学生的需求和差异，为其提供更有针对性的教育和支持。

四、个体化育人主体联动机制的实施策略

个体化育人主体联动机制的实施需要教育部门、学校、教师和家长共同努力。以下是一些具体实施策略。

1. 加强师资队伍建设

教师是个体化育人主体联动机制中的核心，需要具备个性化课程设计、多元评价和学习小组活动等方面的专业知识和技能。因此，提高教师的教育水平和专业素养至关重要。

2. 建立多元评价体系

建立多元评价体系是实施个体化育人主体联动机制的关键。需要制定一系列评价指标和方法，包括综合素质评价、个性化评价、学习成果评价等，以全面地了解学生的学习和发展情况。

3. 推广学习小组活动

学习小组活动是个体化育人主体联动机制中的有效方式之一，需要得到广泛推广。学校可以通过设置小组活动时间、培训教师和学生、建立学习小组等方式来推广学习小组活动。

4. 加强家校合作

家长是学生发展的重要支持者和监护人，需要与学校共同协作，共同关注学生的发展情况和需求。学校可以通过家长会议、家访、家长课堂等方式加强家校合作，让家长更加了解学生的学习和发展情况，为学生制订更合理的个性化发展计划提供依据。

五、个体化育人主体联动机制的展望

当前，随着信息技术和人工智能的不断发展，个体化育人主体联动机制将进一步得到推广和发展。可以预见，未来的教育将更加注重发掘和培养学生的个性特点和潜力，提供更多的自主选择权和学习空间，为学生的全面发展和未来的职业发展打下坚实的基础。

同时，个体化育人主体联动机制也需要不断完善和创新。首先，需要解决教育资源不足的问题，包括师资、教材、设施等。其次，因为每个学生的发展需求和能力水平都不同，需要制订相应的个性化发展计划和措施。再次，需要解决教师个体能力不足的问题，提升多元化教学和评价、学生辅导和指导、小组协作和管理等多方面的能力。最

后，应充分调动家长积极性，让家长与教师共同关注学生的学习和发展，提供必要的支持和帮助，鼓励学生发掘自己的潜力和兴趣，激发学生的学习热情和动力。

总之，个体化育人主体联动机制是当前教育改革和发展的重要方向，它将有助于提高学生的综合素质和能力水平，促进学生的全面发展和未来的职业发展。我们应该共同努力，推动个体化育人主体联动机制的实现和发展，为学生的未来发展和社会进步做出贡献。

第七章 大数据驱动下个体化育人评价体系

第一节 易加互动平台评价系统的建构

根据各级教育信息化建设要求,依据"非凡城市、智慧园区"建设大背景,2013年,苏州工业园区全面启动智慧教育建设,先后完成了一期、二期的项目建设。随着教育改革的逐步深化、融合创新应用的不断深入,智慧教育枢纽平台持续开发与优化的需求越来越急迫,对大数据和人工智能技术的融合应用需求尤为突出。

2019年4月,园区信息化领导小组正式批复立项"苏州工业园区智慧教育枢纽平台三期"项目,三期建设主要侧重数据驱动和"适合的教育",主要目标是满足数据驱动需求,支撑课堂特色创新,推进综合素质评价,构建精准决策体系。

而区域教育评价具有重要的导向功能和引领作用,区域教育评价改革是区域教育改革的核心内容,肩负办好人民满意的教育和探索实践"适合的教育"的历史使命。为充分发挥教育信息化的技术优势,结合园区教育"四化"建设发展方略的现实需要,根据《教育部关于推进中小学教育质量综合评价改革的意见》(教基二〔2013〕2号)、《教育部关于深入推进教育管办评分离 促进政府职能转变的若干意见》(教政法〔2015〕5号)等文件精神,苏州工业园区构建并逐步完善基于数据驱动、实证引领的现代教育评价机制。

一、以"两大五星"为重点,推动区域教育评价改革

1. 改进结果评价,构建区域教育绿色生态

"五星评价"是对学校的年度结果性评价,其内容分成两大部分、五个维度。第一部分"教育内涵发展指数",包括"学校发展水平""学生发展水平""教师发展水平"三个维度,全方位引领学校内涵发展、教师队伍建设和学生健康成长。第二部分"教育服务满意指数",包括"内部满意度""外部满意度"两个维度,让教育服务对象和社会各界来评价教育的发展和接受教育服务的满意情况,积极建设区域教育先进文化建设和绿色生态,为区域教育发展赋能提质,让教育的发展更好地适应和促进区域社会经济的和谐发展。

2. 强化过程评价,促进园区学生快乐成长

园区根据《中国学生发展核心素养》中学生发展核心素养,主要指学生应具备的,

能够适应终身发展和社会发展需要的必备品格和关键能力的要求，建设以思想品德、学业水平、身心健康、艺术素养、社会实践为五大维度的"易加综素"，通过线上与线下相结合的问卷、监测、赋分等多样化的数据采集，形成学生综合素养发展的成长档案。为学生、家长、教师、区域管理者提供全面、科学、直观的学生综合素养发展情况，为学生快乐成长创造更好的环境。

二、以"三大发展"为目标，引领区域教育适合发展

1. 用"五星评价"引领学校内涵发展

园区"五星评价"的结果反馈不限于等第，而是以报告的形式呈现，分区域版和学校版。区域版包含《苏州工业园区学前教育质量分析报告》《苏州工业园区中小学"五星评价"报告》《苏州工业园区中小学"学业负担"报告》等。学校版坚持"一年一评估，一校一报告"的原则，充分体现个性化、发展性的特点。报告分两大模块：第一模块是数据实证型的"诊断模块"，权重80%以上，第二模块是分析经验型的"指导模块"。用数据全时空、全链条、全维度地反馈学校当年发展情况，让学校进行区域横向比较，寻找差距；自身纵向比对，明确短板。通过自我诊断、自主分析，学校进一步明晰发展优势、明鉴发展问题、明确发展方向，进一步激发了学校发展的内驱力，增强了学校发展的竞争力，更好地引领学校自主式发展。

2. 用"易加人才"引领教师专业发展

园区教育人事数据更新不及时或不够鲜活，园区自有的人事信息管理平台缺失，因此亟须建设园区教育人事管理平台。而过多的数据及来源对日常使用形成了壁垒，亟须打通人事数据壁垒，对教师招聘信息、教师基础信息，以及荣誉、职称、薪资、奖励等相关数据进行统一整合和管理；亟须搭建教师教育、培养体系，以呈现教师教育的动态过程、体现教师静态的最高荣誉、体现教师进阶发展的动态过程；亟须构建教育人才指数测评体系，通过"教育人才指数"的考评、动态跟踪及长期使用，形成区域性"教育人才指数"测评及保障系统，促进园区教育人才专业的、可持续的发展。

3. 用"易加综素"引领学生全面发展

"易加综素"主要针对学生学习过程中产生的大量数据（数据来源包括两方面，即显性行为和隐性行为，其中隐性行为包括课堂活动、课外活动、在线社交等不直接作为教育评价的活动，显性行为包括成绩、作业完成状况等）进行分析，大数据模型及显示的数据能够为学校和教师的教学提供参考，及时、准确地评估学生的学业状况，发现学生潜在的问题并为其提供符合个性发展的教育干预，进而预测学生未来可能的表现，从而为学生的全面发展提供"适合的教育"。

在此大背景下，苏州工业园区根据《中国学生发展核心素养》的要求，聚焦立德树

人，重点构建了"五育融合背景下的易加综合素质评价"体系。基于园区易加互动平台，按德智体美劳的五个维度设计，构建了对学生"全对象、全学科、全维度"的综合素质评价模块，助力学生全面而有个性的发展。

"易加综素"包含综合素质项目及指标管理、评价工具、个人成长写实记录等内容。通过平台的建设，形成学生综合素质发展评价体系；通过线上与线下相结合的问卷、监测、赋分等多样化的数据采集，形成学生综合素质发展的个人成长档案。

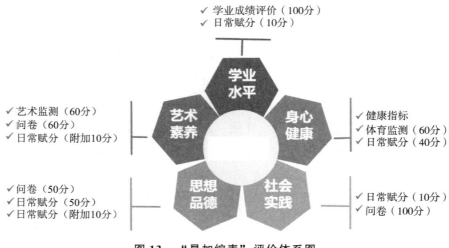

图 13 "易加综素"评价体系图

表 7 "易加综素"评价指标表

一级指标	二级指标	指标说明
思想品德	行为习惯	学生在珍爱生命、遵纪守法、诚实守信、团结友善、乐于助人等方面的认知和表现
	公民素养	学生在自尊自信、自律自强、尊重他人、乐观向上等方面的认知和表现
	人格品质	学生在爱国情感、民族认同、社会责任、集体意识、人生理想等方面的认知和表现
	理想信念	学生在文明礼貌、勤俭节约、热爱劳动、爱护环境等方面的认知和表现
	国际理解	学生对多元文化、多元价值的理解、尊重等态度表现
学业水平	学业成绩	学生主要监测学科（语、数、英、政、史、地、物、化、生）的基础知识、基本技能掌握情况和运用知识解决问题的能力等
	选修表现	学生参加校本选修课程的表现及效果
	学科特长	学生的学科特长及在教育行政机构或教育科研机构举办活动中的获奖情况

续表

一级指标	二级指标	指标说明
艺术素养	学科表现	学生对艺术学科课程标准要求的掌握情况
	艺术参观	参观博物馆、美术馆、各类艺术展览 社会走访（民族、民间）
	艺术参与	参与社团活动、社区活动 参与艺术展览活动
身心健康	健康指标	教师定期对学生相关健康指标进行测试与评价，让学生了解自身健康状况
	体育监测	教师定期测试相关体育项目，让学生了解自己在校体育学习情况
	运动能力与态度	通过对学生运动能力与态度的基本评价，培养学生正确的运动观念
社会实践	参观考察	学生参加社会调查、团队教育活动、参观访问等的表现
	社会服务	学生参加社区服务、志愿服务、公益活动等的表现
	职业体验	学生在实际工作岗位上或模拟情境中实习，参加军训、学工、学农等的表现

表8 学生综合素质发展评价标准表

一级指标	二级指标	二级指标分数来源	一级指标分数来源及评价规则
思想品德（110分）	行为习惯	每个二级指标等于一级指标分数，最终根据星级标准展示星级等第	品德评价（日常赋分默认50分）评分规则：由学校统一赋分，支持导入。系统根据规则折算 问卷（默认50分）评分规则：根据问卷中绑定思想品德指标的题目得分率折算，审核后得分 品德附加（日常赋分默认10分）评分规则：根据个人空间的成长写实中绑定思想品德指标标签的同学点赞数进行折算赋分，可由班主任调整赋分
	公民素养		
	人格品质		
	理想信念		
	国际理解		
学业水平（110分）	学业成绩（日常赋分默认100分）	默认占比为平时30%，期中30%，期末40%。占比可由区域统一配置。平时成绩、期中成绩、期末成绩来自易加互动平台分析，同时支持手工录入，其中平时成绩可由教导处为各个学科设定次数预警值，达不到的无法生成平时成绩，同时给出提示 评分规则：单科成绩根据平时、期中、期末的占比折算；总分根据各学科占比汇总折算	学业水平日常赋分（默认110分）评分规则：由各二级指标学业成绩、选修表现、学科特长的得分累加

续表

一级指标	二级指标	二级指标分数来源	一级指标分数来源及评价规则
	选修表现（日常赋分默认5分）	评分规则：分数由选修课老师进行赋分。无选修课默认满分	
	学科特长（日常赋分默认5分）	评分规则：分数由任课老师进行赋分	
艺术素养（110分）	学科表现	每个二级指标等于一级指标分数	艺术素养日常赋分评分规则：由任课教师根据个人空间中学生的成长写实记录进行评定赋分
	艺术参观		
	艺术参与		
身心健康（100分）	健康指标（无分值）	学生体质健康数据每学期从"体质健康监测"中获取，并进行展现	身心健康（默认100分）评分规则：由各二级指标体育成绩、运动能力与态度的得分累加
	体育监测（默认60分）	评分规则：根据"体育监测业务"中期中和期末的监测成绩进行折算	
	运动能力与态度（日常赋分，默认40分）	评分规则：由体育任课老师日常赋分	
社会实践（110分）	参观考察	每个二级指标等于一级指标分数	社会实践（默认110分）评分规则：由班主任根据个人空间的成长写实中绑定社会实践指标标签的内容评定赋分
	社会服务		
	职业体验		

星海小学始终围绕学生的学习与成长，积极探索教育数字化赋能教育评价改革的区域实践路径。以创新学生评价体系，智慧记录学生成长为原点，转变评价理念，以培育高素养时代新人为目标，坚持"为党育人、为国育才"使命，培养全面发展的社会主义建设者和接班人。2021年1月，星海小学积极申报苏州工业园区"国家级信息化教学实验区"实验学校，经过多轮商讨、论证，学校最终确定了将"大数据支撑下学生综合素质评价改革"作为学校攻坚项目，正式启动了新一轮评价改革项目研究。

早期，星海小学就构建了"星海娃"综合素质评价体系。但随着教育形式的变革，需要进行新的调整，学校项目组在校长室带领下，于2022年4月25日和11月9日两次组织集中研讨，并特邀苏州大学教育学院冉云芳副教授针对学校项目研究的困难突破做了精准指导。在学习借鉴基础上，根据教育部等六部门颁布的《义务教育质量评价指南》和《中国学生发展核心素养》要求，结合园区"易加综素"评价指标体系和学校一直实施的"十佳星海娃"评价办法，创新建构了星海小学新型综合素质评价体系。

2022年12月，又在园区教育局指导下，学校项目组对评价体系再次作了校本化处理，建立了以思想品德、学业水平、身心健康、艺术素养和社会实践为五大维度的星海小学评价体系。该评价体系和学校"每周一娃""每月之星"紧密结合，期末，学校根据"每周一娃""每月之星"评比的具体情况，推选"十佳星海娃"。在核心素养发展指引下，学校坚持"五育并举"，强化全面评价，细化了评价指标、考察要点和内容要求，逐渐完善了综合评价指标新型框架。

学校项目组率先开发建设易加互动平台和综合素质数据资源库。目前，学校在园区技术人员指导下，已经完成了"十佳星海娃"的数据资源库建设和评价体系雷达图的平台搭建。

学校利用暑假时间结合假期生活特点，精心制定"三能（能锻炼、能自护、能志愿）之星"评比细则要求，组织开展"三能之星"评比，邀请技术人员对全校教师、各班主任进行技术培训指导，具体指导如何制定评比要求，如何上传暑期生活素材，如何分析数据资源，如何量化分值等，在此基础上，通过广泛争取家长支持和鼓励学生参与，顺利完成了暑期"三能之星"评比。通过暑期"三能之星"评比的试水，学校对大数据支撑下的学生综合素质评比有了更加清晰、丰富的认识和准确的把握。

项目的成功实施，助力学校5G支撑下核心素养导向的新型教与学模式变革，同时有效推动学校在教学上通过采用易加互动平台智能技术精准分析学情、精准定位需求、匹配需求，智能推送个性化作业，等等。这样通过线上线下"精准"教育、教学评价，指向每一个独特的个体，做到适合"每一个"，又促进"每一个"，让学生走向全面发展。

学校以"大数据支撑下的学生综合素质评价改革研究"为学校教育教学改革实践龙头项目，带动学校整体改革发展。从一年来的改革实践过程与成效来看，全校教师在教育教学过程中的理念、课程改革实践、教师发展和学校发展创新等方面，已经把学生评价改革视作"动力杠杆"，并以此开启星海小学全面的教育改革。学校在项目研究中成功孵化新项目（包括2022年苏州市中小学课程基地和学校文化建设项目"四叶草"小公民综合实践课程基地建设和苏州市基础教育前瞻性教学改革项目"适合教育视域下精准教、个性育、自主学教学范式的实践研究"），促进学校新时代新发展。

第二节　个体化育人评价体系的确立

"一花一世界，一叶一菩提"，每个孩子原有的个性发展基础不同，发展的水平、速度也不尽相同。个性化教育，认为每个学生都是一个独特的完整个体，适合每一个学生就是适合每一个完整的个体，而不是适合人的某一方面。在个性化育人中，抽象的学生变成了具体的、活生生的、具有鲜活生命的现实中的每一个人。所有的教育教学活动，都要切实落实到每一位拥有不同特点和禀赋的学生身上去。个性化教育，除了教育过程方面的个性化，更重要的是学习成果的评估个性化。如果采用统一的评价指标和评价方法，从某意义说，不利于学生个性的健康发展，甚至在一定程度上限制了学生的个性发展。因此个性化育人需要焕发神奇的评价魔力，焕发每个孩子的品格光芒。

一、个体化育人评价的诉求与方向

十多年前，教育部推进新课程改革，倡导"三维"目标，推进评价改革。目前关于个体教育评价方式、维度、内容存在如下表现。

1. 重视集体"教"的评价，轻视个体"学"的评价

长期以来，我们中小学课堂绝大多数教学评价聚焦的是教师的"教"，教学目标、教学思路、教学内容、教学方式、教学效果等，而判断每一个学生在课堂有哪些变化、哪些进步、哪些收获，却没有数据分析，观点支持。

2. 重视学生单一的学业成绩评价，轻视个体综合素养评价

对于学生学业成绩的评定，基本是以知识与技能进行分类、甄别，以一考来定终身，在这个过程中，没有关注到学生个体的品质、学力、情感、意志等综合素养，更没有素养数据信息进行对比、评价，评价没有起到反馈、激励、唤醒的作用。

3. 重视学生终结性量化评价，轻视个体过程性发展评价

2022新课标细化了评价实施建议，倡导评价是检验、提升教学质量的重要手段和方式，要充分发挥评价的诊断、激励和改善功能，注重实现教、学、评的一致性，不仅明确了"为什么教""教什么""教到什么程度"，而且强化了"怎么教"的具体指导。评价涉及学习态度、过程表现、学业成绩等多个方面。因此，评价改革的方向应该遵循的是改进结果评价、强化过程评价、探索增值评价、健全综合评价。如果确立个体化教育评价体系，根据时代发展需要，应该是以素养导向为着力点，以项目化评价为主要方式，以过程数据为评价与技术新融合，形成科学的评价体系，激发学生成长内生动力，完成评价的终极价值：为了让每个自然生长的生命蓬勃丰盈。

二、个体化育人的评价视点与落点

星海小学把评价改革的立足点指向每一个具体而鲜活的生命个体，依托"四叶草"小公民综合实践基地，建立健全个性、多元、精准的全面育人评价机制，努力创设适合生命自然生长的个性化评价体系。

1. 个体化育人评价视点一：坚持素养导向的评价

学校摆脱唯分数、重绝对结果、单一学科评价的束缚，"四叶草"小公民中心实践通过发现、思索、寻找、行动贯穿于每一种课程的始终，且相互勾连、多维构筑，促进学生逐步优化小公民核心素养（图14）。

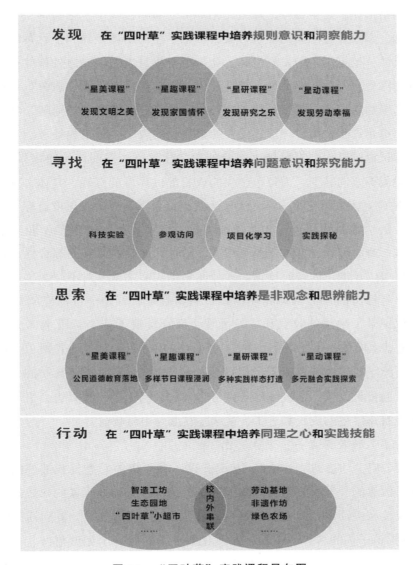

图14 "四叶草"实践课程导向图

2. 个体化育人评价视点二：坚持主体多元的"画像"评价

学校充分认识到学生综合评价改革是面向未来、顺应时代发展的大趋势，"先行先试"，积极落实园区国家级信息化教学实验区研究与建设工作。项目任务确定后，学校即成立工作专班，明确项目含义、项目实施的重难点和推进思路，有条不紊推动项目改革逐步实施，逐步构建了星海小学自己的综合素质评价体系，率先开发建设"易加综素"和综合素质数据资源库，成功孵化新项目，包括江苏省教育科学"十四五"规划立项课题"大数据驱动下小学个体化育人的实践研究"和苏州市基础教育前瞻性教学改革项目"适合教育视域下精准教、个性育、自主学教学范式的实践研究"，实施全员导师、学科代表、小组合作、自主管理、班组文化等行动策略，让学生在自评、互评、他评中获得自我激励。学校通过不同的评价方式，尊重学生的个体差异和多元智能发展，呵护学生的自然天性，挖掘学生的发展潜能，让每个学生身上的闪亮之处都能被欣赏，从而唤醒学生内心深处自然生长的动力。精准评价，用大数据为学生"画像"评价转型的背后是理念、思维的转变，同时也是技术的转向。如何更加精准地"刻画"学生个体生长的过程评价、综合评价、增值评价，重要的是数据的收集、积累和处理。学校以智能平台为依托，尝试通过以大数据赋能为媒介的数字化评价，推动评价向重素养、多维度、精准、纵向增值等方向转变，为每个学生的成长提供尽可能直观、具体、真实、完整的"画像"。学校成立大数据应用中心，关注大数据背景下综合素养评价目标、评价内容的研制和选择。从学生的核心素养和关键能力出发，学校科学设置了学业水平、思想品德、社会实践、身心健康、艺术素养等维度，适时开展全面素养的综合性评价，并以数字化素养发展报告单的形式及时反馈。教师还根据实际需求，对不同学生量身定制个性化评价项目。将每次的评价数据和评价报告累积起来，就是一份动态的数字化成长档案。档案不仅记录了学生的收获和成长历程，而且反映了某个阶段个体成长的增值幅度，"不比起点比增量，不比聪明比努力，每天进步一点点"是学校所倡导的理念。家长可以通过智能平台的家长端查看自己孩子的"画像"，及时了解孩子的优势、潜力和不足。通过纵向分析比较，学校鼓励学生与昨天的自己比较，同时也会引导教师和家长用发展的眼光看待学生的成长和进步，让学生在激励中温暖前行。

3. 个体化育人评价落点一：评价项目儿童化

如何让孩子们主动接纳"评价"，并因此以一种积极的心态寻找最好的自己呢？星海小学采取了活泼的、学生熟悉且喜闻乐见的"星海娃"卡通形象的形式来调动学生参与评价的积极性和主动性。学校从"每周一娃"到"每月之星"，再到期末的"十佳星海娃"，都依据孩子们的喜好，设计了儿童化的评价项目。比如诚信娃、自护娃、礼仪娃、环保娃、合作娃、勤学娃、志愿娃、创新娃、健身娃、艺术娃等。从单一走向多元、从平面迈向立体、从精英型评价转为大众型评价、从硬性标准转为可成长的弹性量度，多元立体的评价方式让每一个学生都能感受亲切，每个学生在多元评价的体系中都能各展所长。

4. 个体化育人评价落点二：项目设置个性化

在星海，每一个"星海娃"都有着自己闪耀夺目的一面，每个学生都是一个独立的个体，学校十分尊重他们的独特体验，在原来"十佳星海娃"基础上又增设了可以自主申报"N"项的"个性星海娃"评选办法。比如，有的孩子给自己起了个"机器人小能手"的称号，有的说自己是"拉丁舞小王子"，有的说自己是"苏州话达人"……这样的评价，不仅仅使评价内容走向多元，更重要的是调动每个人参与评价的积极性，突出了"每一个"的个性色彩，让每个学生学会发现自己的闪光点，让教育充满希望。音乐老师如是说："在我的音乐课堂中，最后的五分钟是孩子们的特长展示时间，学生可以自主选择唱歌、演奏、舞蹈、作曲、相声、曲艺等。"教师、学生、同伴对此给予积极的评价，这就是音乐课堂中的特长评价。小小"达人秀"，还可以秀出课堂，秀到校园大舞台，秀到社区大舞台，甚至秀到电视台。这种有个性指向的评价，真正着眼于"个性差异"，有利于学生个性的发展、才艺的展示，也促进学生平时争取自己在某一方面有所突破，使不同爱好的学生在不同的层面有不同程度的提高和发展，学生在展示中获得鼓励和赞赏，在评价中获得成功的喜悦。

第三节 星海小学个体化教育评价体系

为全面贯彻党和国家关于"五育并举、全面发展"的教育方针、全面实施园区"教智融合深化年"文件精神、全面落实国家级信息化教学实验区工作，促进学生全面、和谐、持续发展和综合素质的不断提高，结合星海小学实际情况，特制定本评价体系。

1. 评价内容纬度

主要包括学生品德发展、学业发展、身心发展、审美素养、劳动与社会实践等五个方面重点内容，旨在促进学生德智体美劳全面发展，培养适应终身发展和社会发展需要的正确价值观、必备品格和关键能力。

品德发展素养：理想信念、社会责任、行为习惯——爱国娃、诚信娃、礼仪娃。

学业发展素养：学习习惯、创新精神、学业水平——勤学娃、创新娃。

身心发展素养：健康生活、身心素质——自护娃、健身娃。

审美素养：美育实践、感受表达——艺术娃。

劳动与社会实践素养：劳动习惯、社会体验——志愿娃、环保娃。

2. 评价内容指标

学生综合素质评价内容体系的一级指标由 5 类内容构成；二级指标由 12 项内容构成；三级指标由 27 条内容构成。运用该指标体系实施评价时，要对每个学生的综合素质逐条认真评价（表9）。以上 5 类 12 项 27 条内容按照每学期 4 个月均衡安排，每月重点考察内容以德育处"每周一娃"安排为准。

表 9　学生综合素质评价内容一览表

重点内容	关键指标	考查要点	星海娃
品德发展	理想信念	了解党史国情，珍视国家荣誉，铸牢中华民族共同体意识，爱党、爱国、爱人民、爱社会主义，立志听党话、跟党走，从小树立为实现中华民族伟大复兴的中国梦而努力奋斗的志向。 会唱国歌，积极参加升国旗仪式；积极参加重要节日、纪念日主题教育活动，积极参加少先队活动。 热爱并努力学习中华优秀传统文化、革命文化和社会主义先进文化，传承红色基因，增强"四个自信"；积极向英雄模范和先进典型人物学习。	爱国娃
	社会责任	养成规则意识，遵守校规校纪，遵守法律法规、社会公德和公共秩序。 爱护公共财物，保护公共环境，热爱大自然；节粮、节水、节电，低碳环保生活；积极参加集体活动，主动为班级、学校及他人服务。	诚信娃
	行为习惯	注重仪表、举止文明，诚实守信、知错就改，朴素节俭、不相互攀比。 孝敬父母，尊重师长、同学，礼貌待人，与人和谐相处。 自己事情自己做，他人事情帮着做。	礼仪娃
学业发展	学习习惯	保持积极学习态度，具有学习自信心和自主学习意识，善于合作学习，努力完成学习任务。 掌握有效学习方法，主动预习，认真听讲，积极思考，踊跃提问，及时复习，认真完成作业。	勤学娃
	学业水平	理解学科基本思想和思维方法，掌握学科基本知识、基本技能，达到国家规定的义务教育课程学业质量标准要求。 养成阅读习惯，具备一定阅读量和阅读理解能力；主动参与实验设计，能够完成实验操作。	
	创新精神	积极参加学校兴趣小组社团活动，有小制作、小发明、小创造等科学兴趣特长。 有好奇心、想象力和求知欲，有信息收集整合、综合分析运用能力，有自主探究、独立思考、发现问题、解决问题的意识与能力。	创新娃
身心发展	身心素质	体质健康监测达标，掌握一两项体育运动技能，有效控制近视、肥胖、脊柱姿态不良等。 保持自尊自信、自立自强，乐观向上、阳光健康的心态，合理表达、控制调节自我情绪；能够正确看待挫折，具备应对学习压力、生活困难和寻求帮助的积极心理素质和能力。	健身娃

续表

重点内容	关键指标	考查要点	星海娃
身心发展	健康生活	营养健康饮食，讲究卫生，按时作息，保证充足睡眠，养成坐、立、行、读、写正确姿势；积极参加体育活动，坚持每天锻炼身体至少一小时，坚持做广播体操、眼保健操。 树立珍爱生命、安全第一意识，掌握安全、卫生防疫等基本常识，注重日常预防和自我保护，具备避险和紧急情况应对能力。 不过度使用手机，不沉迷网络游戏，不吸烟、不喝酒、不赌博，远离毒品。	自护娃
审美素养	美育实践	积极参加学校、社区（村）组织的文化艺术等各种美育活动。 经常欣赏文学艺术作品、观看文艺演出、参观艺术展览等。	艺术娃
	感受表达	掌握一两项艺术技能，会唱主旋律歌曲。 具备健康向上的审美趣味、审美格调，能够在学习和生活中发现美、感受美、欣赏美、表达美。	
劳动与社会实践	劳动习惯	具有尊重劳动、热爱劳动的观念，能够吃苦耐劳，尊重劳动者，珍惜劳动成果。 积极参加家务劳动、校内劳动、校外劳动，具有一定的生活能力和劳动技能。	劳动娃
	社会体验	积极参与社会调查、研学实践、志愿服务和公益活动。 在农业生产、工业体验、商业和服务业实践中，主动体验职业角色。	志愿娃

第四节 个体化育人评价过程与方式

一、指导思想

坚持过程性评价与终结性评价相结合，以日常评价和学生的成长为基础，力求内容全面、客观，程序科学、规范，关注学生的全面协调发展，关注学生的特长和潜能，关注每一个学生的全面发展、持续发展和终身发展。发挥评价促进学生发展的功能，建立科学的小学生发展性评价体系。通过评价，学生不断认识自我、发现自我、完善自我，不断提高综合素质。

二、评价目的

星海娃幸福成长评价既是对学生学习进展与行为变化的评价，又是学校教育评价的核心。

评价是为了使各科教师及时了解学生的发展情况，以不断发现问题，总结经验，改进教学，提升教育教学质量，也是为了让每个学生了解自己，以改掉缺点，发扬优点，使自己在德智体美劳得到全面发展，收获幸福成长。

三、基本原则

1. 发展性原则

评价坚持学生的全面发展，注重学生发展过程，提高学生综合素质，培养学生创新精神。

2. 过程性原则

评价要关注学生成长历程，把日常评价、成长记录与学科模块测试结合起来，把纸笔测试与平时作业、课堂表现、情景测验、行为观察、实验操作等结合起来，实现评价方式多样化。

3. 激励性原则

评价要最大程度调动学生的积极性，肯定成绩、表彰先进、树立榜样，使学生发扬优点、改正缺点，从而使评价成为一种激励学生不断发展的动力。

4. 科学性原则

评价要遵循教育规律与学生身心发展规律，建立科学的评价体系，运用科学的评价方法，努力获取学生的全面信息，关注学生的个性差异及特长发展，扩大评价的涵盖面。

5. 互动性原则

评价要突出学生的主体地位，通过交流互动，实现学生自评、学生互评、家长参评和教师评价相结合，实现评价主体的多元化。

四、评价内容与评价标准

基础性发展目标主要有道德品质与公民素养、学习愿望和能力、交流与合作能力、个性与情感、创新意识和实践能力、运动与健康、审美与表现能力。

1. 道德品质与公民素养

培养爱国主义感情、社会主义道德品质（爱祖国、爱人民、爱劳动、爱家乡、爱科学、爱社会主义，遵纪守法、诚实守信、维护公德、关心集体、保护环境等），积极参加社会公益活动。主动维护民族团结，具有一定的社会责任感。逐步形成积极的人生态度和正确的价值观，提高文化品位和审美情趣。养成自信、自尊、自强、自律、勤奋的行为习惯。

2. 学习愿望和能力

具有主动学习的愿望与兴趣，能够明确学习目的，端正学习态度，养成良好的学习习惯，能够结合所学的知识，运用已有的经验和技能，独立分析并解决问题，具有初步的研究与创新能力。

3. 交流与合作能力

能够主动与他人交流与合作，积极参加各项文体及社会实践活动，勇于发表自己的意见。能认真听取他人的意见和建议，评价和约束自己的行为，并学会尊重和理解对方。

4. 个性与情感

集体进步的条件下，允许发扬特点，彰显个性。每个学生均能表达自己，通过语言和行为，不断表现，不断创新，提高自信。

5. 创新意识和实践能力

具有初步的创新能力（含创新精神、创造性思维和实践能力）和一定的收集、处理信息的能力。能主动参与教学环境，养成学习的独立性和自主性，具有乐于动手、勤于实践的意识。学会质疑、调查和探究，在实践中学习，在实践中成长，使学习成为在教师指导下主动的、富有个性的过程。

6. 运动与健康

热爱体育运动，积极参加体育锻炼，掌握一定的运动技能，拥有健康的身体。具有一定的安全、自我保护意识。养成良好的心理品质，形成健康的生活方式，能够注重情感、逐步形成自己的精神世界，逐步养成勤奋、自律、宽容、自强的个性品质。

7. 审美与表现能力

拥有健康的审美世界，学会欣赏美，感受美，表现美。积极参加各项活动，能用适当方式进行艺术表现或有一项艺术特长。

评价标准主要以少先队雏鹰争章活动为基础，以"星海娃"评选为特色，开展"每周争章（雏鹰奖章）"评比。需要指出的是"每周争章"是基础，在学习并争得相应章的基础上，进而进入下周的"每周一娃"评比，"每周争章"和"每周一娃"之间是逐层递进、深入巩固、发展提升的关系，即"每周争章"为基本条件，"每周一娃"为评比目标。同时，"每周一娃"的评比，到期末将作为评优考核依据之一。

（一）爱国娃

热爱祖国，拥护中国共产党的领导，拥护社会主义。

接受爱国主义教育，积极参加爱国主题活动。

养成训练：争当爱国娃。

华夏文明恒久远，传统习俗代代传。

爱党爱国爱人民，五星闪耀为信仰。

（二）礼仪娃

尊重对方，耐心倾听对方的观点，在听取别人意见时注意提取有益的信息，虚心接受他人的忠告和建议。

参加典礼，自觉保持场内安静，认真听讲。

学生衣着整洁、大方得体，养成良好个人卫生习惯。

在各类场合主动使用文明用语，见到老师和来宾，主动问候。用餐举止文雅，不大声喧哗。保持就餐桌面、地面的整洁。

养成训练：争当礼仪娃。

学做人，讲礼貌，星海娃娃有修养。

有礼节，互尊重，礼貌待人品行好。

坐立走，要端庄，举止文明人人夸。

（三）环保娃

维护公共卫生和公共设施。

爱护大自然中一草一木，不踩踏草地，不摘花朵、折树木。

爱护校内外卫生环境，不乱抛果皮纸屑，能做到垃圾分类。

关心他人和社会，乐于为他人和社会服务；有环保意识，积极参加环保行动。

养成训练：争当环保娃。

伸出小手弯弯腰，果皮纸屑要放好。

垃圾分类要分清，争做环保星海娃。

（四）健身娃

身体健康，体能水平能够达到学校体育教学要求，无不良嗜好；讲究卫生习惯，保持乐观心情和进取精神，有一定的自我调节能力，体育活动表现自信。

了解运动项目的基本知识和原理，掌握两三项运动项目技术，在体育活动中具有一定的安全意识与能力。

积极参加校内外各种体育活动，合理安排锻炼时间；正确处理好竞争与合作的关系，养成良好的体育道德风尚，具有较强的集体荣誉感和责任感。

养成训练：争当健身娃。

活力四射星海娃，生龙活虎小健将。

跑跳投射展英姿，强身健体我最棒。

（五）自护娃

有一定的安全意识和自我保护意识。

认真学习安全平台相关课程。

积极参加未成年人保护活动。

养成训练：争当自护娃。

轻声慢步不奔跑，遵守规则会自护。

研学活动守秩序，安全第一心中记。

（六）勤学娃

自学意识：有主动学习的强烈的求知欲和好奇心，学习态度端正。

养成训练：争当勤学娃。

晨读书声琅琅，课堂专注听讲。

课后勤学多思，日日阅读不忘。

（七）志愿娃

能明确地表达自己的思想，能准确回答他人的问题，善于运用各种方法与人交流。

能充分地认识自己的优势和不足。

尊重并理解他人的观点，能客观地表达自己想法。

判断问题，能与他人一起确立目标，并努力去实现目标。

养成训练：争当志愿娃。

他人需要伸援手，凡事心中想大家。

热爱劳动勤实践，争做星海志愿娃。

（八）诚信娃

上学按时到校，放学后按时回家。

按时独立完成老师布置的作业，不抄袭，考试不偷看。

与他人约好了的事情，没有特殊情况一定不失约，答应别人的事情尽力做到。

有了错误及时改，不说谎。

捡到东西上交，借人东西及时归还；不随便拿别人的东西。

养成训练：争当诚信娃。

待人接物要真诚，为人做事守信用。

文明之风满校园，和谐社会心相连。

（九）艺术娃

具有较高的艺术素养和实践能力，善于运用艺术形式创造性地表达自己的情感和思想；掌握一两项艺术方面（音乐、美术）的技能。

参加书法、绘画、写作、音乐、舞蹈等健康向上的文艺活动。

养成训练：争当艺术娃。

星海娃娃才艺高，吹拉弹唱难不倒。

优雅自信舞姿美，琴棋书画呱呱叫。

（十）创新娃

能从不同的角度提出解决问题的方案。

提出五个以上的奇思妙想或科学幻想。

养成训练：争当创新娃。

科技点亮新时代，崇高理想在心头。

勇攀高峰逐梦想，创新引领未来路。

表10 "星海娃娃人人夸"评价表

班级学生姓名	品德发展素养			学业发展素养		身心发展素养		审美素养	劳动与实践素养		积分	等第
	爱国娃 10分	诚信娃 10分	礼仪娃 10分	勤学娃 10分	创新娃 10分	健身娃 10分	自护娃 10分	艺术娃 10分	志愿娃 10分	环保娃 10分		

第八章　大数据驱动下个体化育人实践的保障机制

第一节　制度保障机制

为党育人、为国育才是学校的不变初心与使命。随着第三次工业革命的展开，以信息技术为中心的新工业革命开始了。伴着教育现代化进程的不断推进，以"因材施教、发展潜能、激活创造"为目标的个体化教育正成为中国教育未来的发展趋势。

当今，教育的改革与发展已经大步跨入"5G+教育"时代，在5G技术"超广链接"和"互联协同化"等关键特征的影响下，开放式移动学习将逐渐成为新的学习方式。随着5G通信技术的逐步成熟、"5G+教育"的推陈出新、大数据在教育中的广泛运用，各类教育平台的逐步完善，对学生进行个体化教育的软硬件基础得以齐备，聚焦个体化课程推送的微课、翻转课堂、学习通、学习强国、慕课、钉钉等如雨后春笋出现；凭借海量数据打造的个体化在线测试平台也逐步进入教育的视野。大数据驱动下的个体化育人的机制、路径、策略研究，以及以大数据为依托的教、学、管、评系统建设正一步步地科学化、精准化。

星海小学"适合的教育"始终以学生"适合的成长"为目标，在"5G+教育"的大环境下，学校"适合的教育"的变革之路也与时俱进，紧紧围绕"个体化育人"这一核心，科学地界定"个体化教育"的具体指向，以大数据为支撑，聚焦关键学力，依托园区易加互动平台和学校"满天星"课程评价体系，让"适合教育"视域下的混合式、协作式学习既关注学生的全面发展，又对接个体化潜能开发需求，努力探索5G支撑下的个体化育人的具体策略和路径，积极构建大数据驱动下个体化育人管理机制。

研究实践以来，学校先后通过多次教代会讨论形成学校教育教学等方面各项管理制度，积极打造"包容、开放、多彩"的星海个体化育人文化，逐渐实现在各个层面促进大数据技术与个体化育人的深度融合。

（一）创造"适合"的制度文化

现代学校建设以法为纲，以制为据，循序推进，将制度文化融入学校管理全程，逐步形成全体师生广泛认同并自觉遵守的制度文化。

1. 规范科学，促进教师专业成长

制度要转化为教师的自觉行为，必须以严格为基础，以师生的发展为本，以调动人的积极性为本。针对学校的实际情况，再根据教师的意见，遵循少数服从多数的原则，修改、出台一套大多数人认可的制度。从学校的重大决策到每周的工作安排，不论是大事还是小事，都告知全体教师，使校内工作都建立在起点公正、程序公正的基础上，并让越来越多的人感到结果公正。

2. 以人为本，促进学生全面发展

学校根据实际情况不断出台和改革管理制度，并着力抓好各项制度的具体落实。制定学校章程，完善学校制度；成立家长委员会，共商学校管理大计；建立教职工代表委员会，实行民主议事决策机制；组建校长参谋，畅通诉求渠道；开通校长信箱，了解师生愿望；设立"教师三问制""家长接待日"，解决师生困惑；实行支出联签制度，实施财务收支公开；制定绩效工资方案，实行考核发放制度；评定实施方案，实行公开公正制度。学校实行阳光理校，确保学校政令畅通，监督到位，落实有痕，和谐稳定。

（二）建立"适合"的管理机制

为全面贯彻国家教育方针，大力推进素质教育，全面启动教育现代化工程，全面提高教育教学质量，创建一流设施、一流管理、一流师资、一流质量的学校，依据《中华人民共和国教育法》《中华人民共和国教师法》、教育部《小学管理规程》及有关法律法规，星海小学制定了学校章程，对学校管理、民主管理和保证机制、教育教学管理、总务后勤管理、教师和学生管理等列出了明确细则。

学校全面贯彻国家教育方针，面向现代化、面向世界、面向未来，坚持学习科学文化与加强思想修养的统一，坚持学习书本知识与投身社会实践的统一，坚持实现自身价值与服务祖国人民的统一，坚持树立远大理想与进行艰苦奋斗的统一，全面推进素质教育，培养学生的创新精神和实践能力，造就有理想、有道德、有文化、有纪律的全面发展的社会主义事业建设者和接班人。

学校实施个体化育人实践，必须动员全体教职工人人参与德育工作，做到管理育人、教书育人、服务育人。实施素质教育，就是要确立学生主体地位，关心、尊重、帮助学生，使学生的个性得到最大限度的发展，变教师对学生的管理为学生对学生的管理，最终变为学生的自我管理。为此，制定全员育人制度如下。

学校每一位教职工都是教育工作者，承担着教育学生的任务和职责。要做到为人师表，教书育人，服务育人，时时、事事、处处做学生的表率。

教师是全面贯彻教育方针，落实德育工作的重要力量，必须具备良好的职业道德，热爱教育工作，不断提高工作责任心、事业心和进取精神，树立为教育事业奉献的精神。

教师的主要工作是教学，教学是德育工作的主渠道。教师在实施教学过程中，要加强德育渗透，要以极大的工作热情、满腔的爱去塑造学生的心灵，使之确立科学的世界观、人生观。

文明施教，坚决杜绝体罚或变相体罚学生的行为与现象，不准随意停学生的课，教育学生要动之以情，晓之以理，耐心细致地做好教育转化工作。

班主任要负责做好本班学生的思想教育工作，热爱、关心、爱护每一位学生，教育学生守纪勤学、团结进取，促使良好班风的形成。

每一位教师要将思想教育内容渗透到学科教学中，关注学生的思想动态，在课堂教学中维持课堂纪律，协助班级管理。

教学辅助人员和工勤人员在做好管理、服务工作的同时，配合做好爱护公物、节约水电等的宣传教育工作，发现学生的不良行为要及时制止教育。

同时，学校还建立学生心理健康教育制度，使学生学会学习和生活，正确认识自我，提高自主自助和自我教育能力，增强调控情绪、承受挫折、适应环境的能力，培养学生健全的人格和良好的个性心理品质，成为身心健康，具有社会责任感、创新精神、实践能力的社会主义建设者和接班人。

学生的发展离不开专业教师团队的悉心栽培，而教师发展源于学校的教学实践。教师要提高育人水平，必须增强教学实践中的观察、分析、了解、解决具体教学问题的能力。教师专业发展过程中，内在自觉的激发是关键。学校建立教研活动制度、备课组活动制度、师徒结对导师制度等，通过名师工作室、青蓝工程结对、新进教师适岗培训等方式，积极探索"转督成导、分层互助式"教师自主发展实践共同体的构建。这是学校个体化育人目标下基于教师自主发展的学校管理策略，也是学校在师资队伍建设方面进行的积极探索，为的是更好地帮助教师变外驱为内需，积极顺应教育发展趋势，不断更新发展理念，在教育教学的实践中自觉、主动地追求自我成长，提升自身教育教学工作的创造力和探究力。

第二节　平台推进机制

一、提升家长的家庭教育责任感，积极参与家校共育

家庭教育是学生成长过程中不可或缺的一部分，它对学生的思想品德、学习习惯、人际交往等方面都有着重要影响。因此，班主任教师要让家长认识到家庭教育的重要性和必要性，并引导他们提高自己的家庭教育责任感。为了达到这个目的，班主任教师可以采取以下措施。通过交流平台向家长推荐一些经大数据计算后他们感兴趣的有关家庭教育理论和实践的书籍、视频、讲座等资源，让他们了解现代家庭教育的特点和方法；在与家长沟通时，及时反馈学生在校表现，并指出学生在家庭中存在的问题和需要改进的地方，给予合理建议和指导；鼓励家长多关注、多陪伴、多交流、多引导学生，在日

常生活中培养学生良好的行为习惯和道德素养；邀请家长参与到学校组织的各种活动中，如亲子活动、志愿服务、主题讨论等，增进他们对学校工作和教师努力的了解和支持。

二、利用各种数据平台，实现家校之间深度交流

家校共育是一种有效的教育模式，它能够让家长和教师共同参与学生的成长过程，为学生提供全方位的关怀和支持。要实现家校共育，首先要做好的就是建立家长与教师之间的良好沟通机制。

班主任教师作为学生在校园中最直接的指导者和管理者，有责任和义务与每一位学生的家长保持密切联系，及时反馈学生在校表现，并了解学生在家庭环境中的情况。班主任教师可以通过多种方式与家长沟通，如定期召开家长会，利用QQ、微信和电话等社交媒体，建立家长分组交流平台等。这些方式都能够为班主任教师和家长提供一个便捷、高效、友好、互动的沟通空间。在沟通过程中，班主任教师要注意以下几点：尊重每一位家长的意见和建议，平等对待每一位学生，不偏袒也不歧视；客观公正地评价学生的优缺点，给予合理的表扬和鼓励，并提出具体可行的改进措施；与家长建立信任关系，让他们相信班主任教师是为了学生着想，并愿意配合班主任教师进行有效的家校共育。

针对一些存在问题或困难的家庭教育情况，给予耐心细致的指导和协助。例如，在某些学科辅导上有难度时，请科任老师提供专业建议或推荐相关资料；在心理疏导上有困惑时，请心理老师提供专业技巧或推荐相关书籍。

总之，在实施家校共育时，班主任教师要充分发挥自己在沟通中所起到的桥梁纽带作用，并积极促进各方面资源整合利用。只有这样才能够真正实现以人为本、以情动人、以爱促进成长。

三、去除功利化思想，促进学生的全面发展

借助大数据驱动下的信息技术，班主任等可以定期开展主题班会活动，班主任教师摒弃以成绩论英雄的做法，转变目前教育责任方的观念。小学班主任教师要积极贯彻"双减"政策精神，对学生实施综合素质评价，引导家长关注孩子全面发展，在对孩子进行教育时不仅仅看重分数高低。让家长认识到，在"双减"政策下，课堂是完成学科教育最好的地方；而在课外时间里，则应该给予孩子适当放松和自由选择空间；尊重孩子个性和兴趣爱好；关心孩子身心健康和未来规划；同时也要加强对孩子品德修养和价值观等方面的培养。在这样一个新型家校共育模式下，家长和老师携手合作、相互支持、相互理解、相互信任、相互尊重、相互协调、相互配合、相互促进、相互提高、相

互完善、共同努力，把每一个孩子培养成为全面发展并具有中国特色社会主义核心价值观素养与国际视野胸怀之人。

四、改革教学评价，大力提升学生综合素养

"双减"背景下，体现大数据的价值，离不开教学评价。大数据驱动下的教学评价能够让课堂更丰富，教育结构更完整，学生的素质教育变得更加全面。在"双减"背景下的教学评价，不仅教师要参与评价，家长也要参与评价，双方的共同监管能够让学生的学习评价更加客观完整，从而找到更本质的问题，找到最适合的改变方式，找到最优解，帮助学生完善全面素养。

在信息时代，只有寻求到更加现代化的方式，才能够做到教学的个性化，完成学生素养培养的要求。因此，星海小学愿意身先士卒，为新的教育管理模式的建构献出自己的一份努力。

五、精准"促联"：与教学评价"一体连枝"

课程的生命在于教学的落实，教学的落实有赖于评价的保障。因此，以大数据为支撑，改革教学关联课程评价点一致，成了星海领导力培养的重点之一。通过逐步沉淀结构化和非结构化数据，形成基础大数据和各类应用主题大数据，通过大数据手段进行数据清洗和治理，为各类用户提供多维度多层面的"显性"画像，提供"隐性"数据关联驱动，构建教育大数据应用闭环。采取具有针对性的课程评价方式、手段，科学、及时、有效地评价学校校本课程建设、教师教学质量和学生发展状况。充分利用评价结果，及时调整和改进学校的课程计划、课程内容、课程实施，使课程改革呈现动态发展的良好格局，更好地促进学生全面、个性发展。结合贯彻教育部《关于推进中小学教育质量综合评价改革的意见》文件的要求，针对学生发展状况，从品德发展水平、学业发展水平、身心发展水平、兴趣特长养成等多方面进行考核，做出综合评价。

第三节 智慧教研机制

在现代社会，教育不仅是推动社会进步的关键因素，还是国家未来发展的基石。随着科技的不断发展和社会需求的变化，教师队伍的素质提升已经成为当务之急。在全球化背景下，教师队伍的素质直接关系到教育质量和国家竞争力。由于技术的进步和社会的变革，教师在教育中的角色正在发生改变。因此，教师的职业发展，特别是教师队伍的素质提升，被放在了教育改革的重要位置。

一、师资培养机制

（一）现状分析

尽管我国的教师培养制度已经形成了比较完备的体系，包括学历教育、职前培训和在职培训三个部分，但在实际操作过程中，仍然存在一些问题。

首先，培训内容与教师实际需求脱节，难以满足教师的个性化需求。其次，培训方法过于传统，缺乏新颖和有效的教学方法。再次，缺乏对教师个人发展的关注和支持，很难实现教师的终身学习。

（二）培养理论

首先，应当注重教师的全面发展，包括教师的知识、能力和情感。其次，教师培训应当具有针对性，根据教师的不同需求和发展阶段，进行个性化培训。再次，应当建立持续的教师发展机制，鼓励和支持教师的终身学习。

（三）有效途径

1. 系统培训

理论学习：教育心理学、教学方法、课程设计等基础理论的学习是培养教师素质的基石。

实践操作：通过模拟教学、实际操作教学等，教师在实践中增强教学能力。

专业提升：针对特定学科或领域的专业培训，以增强教师的专业能力和敏感性。

2. 动态评估

自我评估：教师的自我反思和自我评估是持续成长的重要手段。

同行评估：来自同行的反馈和评价有助于发现问题，提供改进方向。

学生反馈：学生是教学的受益者，他们的反馈对于教师的成长具有指导意义。

3. 线上与线下结合

线上学习：通过苏州线上教育中心、园区易加互动平台等方式，教师能在灵活的时间和地点进行学习。

线下交流：教研活动、园区名师工作坊（星海小学目前有胡修喜、彭永新、宋娟娟三个区级名师工作坊）等，有助于增进理解和深化学习。

二、智慧教研机制

智慧教研是指通过现代信息技术，如云计算、大数据、人工智能等，整合教研资源，提供便捷、高效的教研支持。通过智慧教研，教师可以随时随地获取教研资源，进行教研活动，提升教研效能。

1. 智慧教研的应用和影响

智慧教研的应用，对教研活动产生了深远影响。首先，通过在线数据库等资源库，教师可以获得丰富的教研资源，拓宽教研视野。其次，通过教研社区、在线研讨会等平台，教师可以进行跨区域、跨学科的合作与交流，促进教研创新。再次，通过大数据分析和人工智能推荐，教师可以更精准地了解学生需求，优化教学策略。

2. 技术手段和工具

智慧教研的实现，离不开现代信息技术的支持。例如，通过云计算技术，教师可以实现资源共享和远程访问。通过人工智能技术，教师可以得到个性化推荐和智能辅助决策。此外，还有许多其他技术，如移动学习、虚拟现实、增强现实等，也为智慧教研提供了强大支撑。

三、师资培养与智慧教研的结合

通过上述分析可以发现，师资培养与智慧教研有许多共通之处。因此，将二者结合起来，有助于形成一个全方位、高效的教师素质提升体系。在这一体系中，教师不仅可以得到专业的培训支持，还可以得到智慧教研的科技支持，实现自我发展和教研创新。

智慧教研可提供丰富多样的培训资源，满足不同教师的需求；智慧技术可实现培训的个性化和灵活化；数据分析可实现培训效果的精确监控和评估。

智慧教研机制代表了教师培养的未来趋势，其集中了大数据、人工智能、个性化教学等先进理念。智慧教研机制以其前瞻性和实效性，成为推动教师队伍素质提升的重要途径。但这一机制的实施还需要解决许多实际问题，如技术、政策、资金等方面的支持。通过广泛合作和创新思维，我们有望构建一个更加完善的教师培养体系，以适应未来教育的需要。

第四节　导生制：激励学生的成长

一、发挥同辈群体效应，搭建德育生活化平台

小学生这个特殊群体，具有高度的模仿性，德育效果的好坏很大程度取决于对学生个性的把握程度。导生作为学生，凭借自己的经历和自身身心发展的了解，以及在时空上有着与低年级学生交流的便利，有利于引导、促进、规范低年级学生的发展，在润物细无声中渗透德育。以星海小学为例，在区域大数据化的背景下，学校积极探索研究小学生德育新模式，在班级管理中推行导生制，建立"四叶草"导生委员会，通过导生与学生的交往，将德育融入生活，发挥同辈群体的积极效应，德育工作成效显著，生生之

间的积极互动，使学生受到道德熏陶，将道德行为内化，提高自我道德发展的意识和能力，形成积极的生活态度和健康的人格。在德育生活化的作用下成为乐观、主动、智慧、懂事的综合性人才。

二、健全导生选拔培养机制，做好导生的教育引导工作

学校对于导生资格应有一个量化的标准，必须具备思想道德品质好、学习成绩优秀、工作能力较强等基本条件。以星海小学"四叶草小导生"为例，选拔程序上秉承公平公正、民主公开的原则。经过初选后，对入选学生进行培训。主要内容包括以下几个方面。一是让导生了解工作内容、具体职责。二是加强导生的德、言、行等教育。三是对团队管理、教育引导技巧及心理素质进行培训，为导生更好地开展工作做好充分准备。从学校层面考虑，完善选拔培养机制可以保证培养高素质的导生；从导生自身出发，这也是为其再学习提供支持和保障。

三、完善导生评价体系，规范导生奖惩机制

为有效保障导生制的贯彻落实，真正达到导生制的实施效果，激励学生的成长，需要构建完整的导生评价体系，规范现有的导生奖惩机制。由于导生的工作职责较为宽泛，应该从多维度来考核导生工作情况，如工作态度、工作能力、工作强度、工作效果等。制定导生工作考核表，将"量"与"质"的指标有效结合起来。改革单一的考评方式，引入学生评价与自我评价考核模式。学生是导生工作的对象，对导生工作的完成情况最有发言权。利用大数据支撑，向导生所在班级发放在线调查问卷，或者随机抽样学生进行访谈，对导生工作进行评价。此外，导生自我评价有利于总结自身在工作中的经验与教训，对于存在的不足可以在以后的工作中予以纠正，而自身成功的例子可以分享给其他导生。多维度的考核模式及明确的考核指标可以对导生的工作情况做一个全面完整的评价，对于表现突出的导生予以奖励。导生工作旨在培养和锻炼学生综合管理能力，提升学生个人素养，激发学生成长活力。相反，对于考核不合格、表现不佳的导生，应该予以淘汰。在严把进口的同时，应引入退出机制。

学校德育工作应从道德认知、道德情感、道德意志和道德行为几个方面展开。德育不是脱离实际的说教，实践是道德修养的根本途径。传统德育较多关注道德认知层面，难以深入体验学生的道德情感，在学生道德意志的锻炼以及道德行为的塑造方面更是鞭长莫及。导生制能够弥补德育时间和空间上的不足，增强德育的实效性。当然导生制并不是万能的，它只是学校德育工作的一部分，只有将导生制与其他德育方法共同配合实施，才能使其作用得到充分发挥，促进学生思想道德素质的提升。我们要在习近平新时代中国特色社会主义思想的指导下，立德树人，引领学生在奉献祖国和服务人民中实现

远大理想和人生价值，为实现中华民族伟大复兴的中国梦不懈奋斗。

第五节　资源支撑机制

　　大数据技术的集成性、交互性、开放性和智能性为学习者开展"适合的教育"的自主学习提供了可能，教师可以基于数据驱动下的教学系统对学习者选择的学习资源、学习方式、知识掌握情况等进行综合系统的分析，实现海量富媒体教学内容和学习者碎片化时间的有效对接，有针对性地通过在线教学或实体教学为学习者推荐适合其特点的学习方法与内容，让"适合的教育"落到实处，提高学习者的学习效率。

　　自2012年起，苏州工业园区历经9年的时间，共完成了三期平台建设，研发了覆盖学生、教师、行政、家长、居民全对象，学、教、测、评、管全业务，课前、课中、课后全过程的区域智慧教育大数据应用体系，并于2016年成功注册国家级智慧教育大数据平台"易加"商标，让好用的平台服务区域"适合的教育"发展。目前，园区易加互动平台实现了"三拥有"。一是拥有众多活跃用户。平台登录总量达3 000万人次，日均活跃用户2万多人次。在2020年初"停课不停学"期间，园区易加互动平台经受住了前所未有的大规模在线学习考验，为全区近20万学生提供了强大的线上学习支持。二是拥有丰富的结构化、层级性学习资源。其中区域教师自主开发的学科微课50 966个，特色微课2 431个，实验微课520个，教学精品课、假期辅导课3 187多节、名师在线课程7 809节，学习课程包172 574个，监测题库209.2万道，覆盖了全学科、全章节、全知识点体系的国家课程，支撑全学程教与学，实现了学习内容的开放。三是拥有完备、鲜活的教育数据。

　　为此，平台在实现全学科覆盖和全教育跨越的基础上，做到教育资源的有效、精准供给，学习路径的灵活、清晰规划，个体学情的精准呈现。

　　平台的资源建设层面主要从以下三个层面彰显了人网融合的特征。

　　1. 满足个性化学习的"七化"资源支撑

　　在个性学和终身学的过程中，平台需要为学习者提供可用、好用、适切的资源。园区通过自主研发、层级梳理，以本土化、体系化、结构化、精品化、多元化、生态化、层级化充实平台资源，为实现人网融合提供坚实的内容支撑。

　　本土化，就是充分引导区域教师进行优质资源建设。教研员引领教材研习，梳理知识点和素养点；信息中心组织落实各级技术培训；骨干教师带头制作、学科教师常态开发拥有自主知识产权的以"微课"为主要形式的学习资源。

　　体系化，就是做到"四全"，即学段学科全覆盖，国家课程章节知识点全覆盖，学科实验类型全覆盖，区域特色课程全覆盖。

结构化，就是平台呈现结构化，包括学段、学科、年级等组织架构，教材章节架构和学科知识点架构，另外包括"我的资源""校本资源""区域资源"等资源层级架构，呈现清楚，应用便利。

精品化，就是在解决量的问题后，提升"微课"等资源包、课程包的质量，通过集体备课、评估评选等方式，制作出更多学生愿意用的微课。

多元化，是指资源类型的多元，关注资源库、课程库、题库三个金库的建设，支撑学生课前、课中、课后的全学程学习活动。

生态化，一方面让资源研发从行政强制、行政干预，逐步成为行动的自觉；另一方面，关注资源的优胜劣汰，并基于数据的关联性，推送优质学习资源，优化学生学习路径。

层级化，就是指根据学习者不同的学习水平，开发不同难易程度的学习资源，并打上相应的标签，为实现个性化推送、学情分析和因材施教提供基础支撑。

2. 满足按需学习的教学路径规划

易加互动平台研发了基于路径优化的课程导引，勾连课前、课中、课后，支撑全学程教学管理的课堂设计优化，生成线上线下常态练习、监测练习数据下的综合学情分析，形成学生"个性学"和教师"智慧教"的路径规划，全面支撑"人网融合"的课堂教学与泛在学习。

（1）学生"个性学"路径规划

学生"个性学"路径包括两个方面。一是国家课程个性学。学生在平台上主要根据平台智能推送的资源或者教师推送的个性辅导内容进行自主学习。平台会根据学情，结合知识点图谱或学科核心素养图谱推送相应资源，对学生学习的全流程数据进行采集，形成综合学情分析和个性学习报告。平台根据学生的优势与弱项再推送资源，形成以夯实基础为目的的"消灭错题"，以查漏补缺为目的的"智能学案"，以精准突破为目的的"个性辅导"和以促尖培优为目的的"关键能力图谱学习"，构建人网融合模式下的自主学习的闭环，助力学生学习路径的重构与优化。二是特色项目个性学。学生可进入特色学堂，按需开展学习活动。平台基于群体样本分析，全面诊断学生学情，形成学习者知识和素养的相关刻画。语文特色学堂聚焦语文教学最核心的"学生不会读、不会写"的问题，提供了包含以"整本悦读、最美朗读、古诗文赏读、终身悦读"为重点的"悦读项目"和以"听写达人、悦写高手"为重点的"悦写项目"，通过任务式驱动、项目化学习，重构语文学科学习生态路径，实现育人、阅读与写作共生发展。数学特色学堂建设了发现数学、数学实验、进阶挑战、数学时间、数学文化五大功能板块，引导学生在发现与提出问题、分析与解决问题的过程中，理解数学概念、锻炼数学技能、感悟数学思想方法、积累数学思维与实践经验，形成数学能力、提高学科素养。英语特色学堂具有词汇闯关、阅读沙龙、听说训练、主题练笔和影音视听五大功能模块，以此将教师的教学与学生自主学习相结合，在寓教于乐的环境中综合培养学生语言能力、文化意识、思维品质和学习能力等英语学科素养，在"原汁原味，我爱我学"的英语氛围下积极打造园区英语的国际范。

（2）教师"智慧教"路径规划

课堂教学路径规划的逻辑起点是教学达成目标，一节课教学路径的选择，首先需要明确教学目标，在教学目标基础上规划适合的路径。为此，针对国家课程教学，平台在备课、授课阶段提供知识点分析和学科核心素养体系分析，根据教学目标，为教师推送适合的分层级资源，让教师的授课有内容支持；在课后辅导阶段，基于学习数据分析进行分类资源关联推送，帮助教师对学生进行精准的个性化辅导和查漏补缺，真正实现规模化的因材施教。针对特色项目教学，教师可基于平台，灵活创建学习组织体系，结合学科核心素养引导学科的项目化学习，打造多样化学习场景、促进师生多维沟通、构建多样学习社区，将学生的学习差异变成资源，充分支持不同特质的学生实现个性发展。全路径的规划导引，助力教师精准、灵活多样化教学组织形式的形成，助力评价导向下的学生分层作业的精准优化，助力教学研训的科学适切，最终实现"人网融合的课堂教学"和"教智深融的泛在学习"。

3. 满足精准学习的多元图谱刻画

构建"人网融合"学习模式的基础，就是要精准刻画学生的学习，并转化为支撑学习的策略和方法。知识图谱，实际上就是以问题或任务为线索，将问题解决或任务完成可能的策略与方法有序组织，将所涉及的基础知识、策略和方法有机关联。学生学习情况大数据的采集，以及学习路径的构建，都应该依据学科知识图谱来完成。

学科核心素养图谱共包含三级评价指标。以五年级英语为例（表11），形成了语言积累、语言实践、学习策略三个一级维度，每个一级维度包含三个具体的二级维度，三级维度则对二级维度进行了具体的描述和解释，最终导向学生学会学习和高阶思维发展。学科核心素养体系图谱支持平台资源的多层级绑定，也支持一个资源绑定多个素养点，当学习者开展课程学习或练习监测时，相关素养点的内化情况也随着数据的汇聚而呈现，从而将学生在特定学科的关键能力与必备品格具体化。目前基于易加互动平台的区级监测和校级监测是学科核心素养测评的主要数据来源，在素养体系图谱导引下，区域、学校和师生都能够获取常态教学、自主练习及学生学习行为的关键数据，形成刻画学生素养发展的"素养树"，为优化教研教学提供依据，为培养学生核心素养提供有力支撑。

表 11　五年级英语核心素养体系与测评指标表

一级维度	二级维度	三级维度
语言积累	语音	正确朗读、语音语调正确；了解拼读规律；听得懂所学词汇、固定用法、语段等内容
	词汇语法	在语境中准确理解和确切表达单词、短语、习惯用语和固定搭配等
		包括词法知识（词的形态变化）和句法知识（时态、结构等）
	语篇语用	理解和运用有关下列话题的语言表达形式：个人情况、家庭与朋友、文体活动、节假日、饮食、服装、季节与天气、颜色、动物等
语言实践	听力理解	听一篇短文，根据问题，选择最合适的答案
	阅读理解	单项填空；根据句子含义，选择词汇；完形填空；读图判断；短文判断、选择
	综合运用	听录音，完成下列对话；用括号中所给单词的适当形式填空；根据上下文，将下列对话补充完整；填入表示先后顺序的词；根据图意，填写词汇，完成对话；书面表达
学习策略	元认知策略	制订学习计划、主动复习和归纳；尝试阅读英语故事及其他英语课外读物、注意观察生活或媒体中使用的简单英语，通过图书馆、网络等资源获得更广泛的英语信息等
	认知策略	在词语与相应事物之间建立联想，在学习中集中注意力，能初步使用简单的英语词典等
	交际策略	遇到问题主动向老师或同学请教，积极与他人合作，遇到困难主动求助、勇于克服等
	情感策略	体会英语学习乐趣、敢于开口、主动参与学习实践

案例篇 个体化育人的实践案例

第九章　恒星课程个体化育人的实践案例

第一节　语文学科案例：古诗词里的中国

一、设计背景

大语文时代，古诗词为代表的中华优秀传统文化内容显著增加。在最新部编版语文教材中，小学古诗词较以前增加了 87%，初中古诗词较以前增加了 51.7%。为了更好地进行中小衔接，部编教材还在六年级下册设置了一个"古诗词诵读"的栏目，给出了整整 10 首古诗词。

我国是诗歌的国度，诗词文化源远流长，是我们民族文化基因里的重要组成部分。学好古诗词，不仅能提高我们的审美能力、塑造我们的精神和人格，还能锻炼我们的思维、提高我们的语言能力等。在六年的小学生涯中，学生已学习过许多不同的古诗词，但学习古诗词的方式总是很相似。"古诗词里的中国"旨在引导学生利用学科和生活中的语文资源，从更新颖的角度去学习古诗词，探究新的古诗词学习策略；引导学生能够阅读、理解、欣赏不同地域的古诗词，探寻中华文化意象；引导学生在语文实践的过程中，积极参与中华优秀传统文化的传播和交流。

二、设计思路

本主题适用于六年级下学期。

本课以"古诗词里的中国"为主题，以"发现不同地域诗歌的特点"为核心任务，分解为预学——"跟着诗词去旅行"；共学——"诗词研究所：发现南北地域诗词的不同"，"思维培养皿：为诗词配画、配乐"，"朗诵展示厅：诗词配乐朗诵"；延学——"发现更多角度的诗歌鉴赏方法"几个子任务。传承并弘扬诗歌文化，培养学生的跨学科学习能力。

三、学习目标

能够根据资料，结合中国地图和诗歌写作地域，进行分类、整理，了解不同地域自然、地理、生活习俗等的不同。

能够在观察、分析中，发现南北地域诗歌的不同特点，感受到中国古典诗词的地域文化特色。

通过诗配画、诗配乐，学习新的诗歌鉴赏方法，结合多媒体进行创新性的表达。

在充分感悟南北诗歌诸多不同特点的前提下，提高诵读能力，对诗歌诵读的语音、语调、语速、重读等技巧有初步的运用能力。

能够拓展其他角度鉴赏诗歌的方法，丰富文化积累，建立文化自信。

四、资源支持

1. 认知工具类资源

中国地图；

介绍南北分界线等地理知识的图书；

介绍南北诗歌的图书。

2. 支持性学习工具

易加互动平台；

平板电脑；

相关配画、配乐等多媒体素材。

五、学习过程

（一）预学：跟着诗词去旅行

中国幅员辽阔，万里江山，处处风貌不同。同学们，知道我们国家是怎么划分南北方的吗？瞧，这是一张中国地图，这条红色的线就是秦岭—淮河一线，此线南北，无论是自然条件、农业生产方式，还是地理风貌、人民的生活习俗，都有明显的不同。所以我们把秦岭—淮河一线作为我国的南北分界线。

看老师给的20首古诗词，你能将其题目填写到上述中国地图的相应省份中吗？

设计意图：课前预学，引导学生掌握相应的地理知识，了解祖国南北地域在自然条件、农业生产方式、地理风貌、人民的生活习俗上的不同。学生自主了解古诗词20首的写作背景、人物经历，将诗题填写到中国地图中，完成诗歌地域的初探。

（二）共学

1. 任务一：诗词研究所——发现南北地域诗词的不同

（1）交流预学：跟着诗词去旅行

师：在历史长河中，流淌着古代先贤的许多智慧。诗歌，就是他们表情达意的一种重要方式。今天，周老师就带大家去看看古诗词里的中国。

我国是诗歌的国度，诗词文化源远流长。（出示预学中同学们为诗歌找到的地域图。）课前，同学们结合预学单，在易加互动平台中学习到秦岭—淮河一线是我国南北地域的分界线，了解到我国南北地域在自然条件、农业生产方式、地理风貌、人民的生活习俗等方面有诸多不同。结合中国地图，我们把小学五年间接触过的 20 首耳熟能详的古诗词填入相应的省份中。

下面，我想请几个小组上台交流一下你们的预学成果。可以说说你是怎么填写的。

生：这是我填写的诗歌分类图。我根据诗歌写作时诗人所处的地域、写诗的背景，将诗词题目填写到中国地图上。瞧，洞庭湖曾是中国第一大淡水湖，号称"八百里洞庭"，它在湖南，所以刘禹锡的《望洞庭》一诗，我填到了"湖南省"。再来看看王之涣的《凉州词》，凉州，在甘肃省，所以我填到了"甘肃"。

（2）发现南北地域诗歌的不同

师：我们再看这张诗词地域分布图，你有什么可贵的发现？

听清要求：

以六人为一小组，进行 5 分钟的小组讨论。

将你们组的发现按条列举，写在任务单上。

讨论完成后，用平板拍照上传至大屏幕，看看哪一组发现的最多。开始吧！

生：小组讨论。

预设 1：诗歌分布集中在长江、黄河流域。

师：你们小组有两点可贵的发现，了不起！

生：我们发现这些诗歌分布的地域集中在黄河、长江流域。

师：你知道为什么会出现这个现象吗？（出示地形图。）

生：讲解理由。（预设：这是中国的地形图，黄色的部分代表地势高，绿色的部分代表地势平坦。中国的地形像三级阶梯，黄河、长江流域地势平坦，水源丰富，气候适宜，适合耕种。农业种植生产水平高，经济就发达，使黄河、长江流域成政治、经济中心。这样一来，黄河、长江流域的文化也就更加繁荣。）

师：这一小组的组员有火眼金睛，看得真仔细！（请这位同学上黑板板书：分布在黄河、长江流域。）

预设 2：诗歌的内容不同。

师：继续说，你们还有什么发现？（图 15）

生 1：北方的诗歌，有描写残酷的战争和战场的，比如王昌龄的《出塞》；有写当地的军民生活的，比如王昌龄的《从军行》；有描写边塞、草原雄浑壮美景色与风情的，比如北朝民歌《敕勒歌》、王维的《使至塞上》。

生 2：南方的诗歌，有描写诗情画意的山水风光的，比如苏轼的《饮湖上初晴后雨》，"欲把西湖比西子，淡妆浓抹总相宜"；有描写恬静又有情趣的田园生活的，比如辛弃疾的《清平乐·村居》，"最喜小儿无赖，溪头卧剥莲蓬"。

图15 学习交流

师：正如刚才这位同学所说，北方的诗歌，题材多聚焦于军旅生活、塞外风光，南方的诗歌，多以描写美丽清新的自然景色、歌咏闲适恬淡的田园生活为题材。（请同学上黑板板书：南北诗歌内容不同。）

预设3：诗歌所表达的感情不同。

师：古人写诗，可不单单是为了写字面意思，还为了表达……

生：感情。

师：对啊，有感而发，诗歌是情感的产物。那你看看，南北地域的诗歌，在表达情感上有什么区别？你可以用几首诗举例子。

生：北方的诗歌，比如王昌龄的《从军行》，典型的边塞诗，就是为了抒发保家卫国、建立功名的壮志豪情，表达奋勇杀敌、英勇无畏的英雄气概。

师：当然，有的边塞诗反其意而行之，比如"醉卧沙场君莫笑，古来征战几人回"，它想表达什么感情？

生：反战，对和平安宁生活的向往。

师：王维《使至塞上》那一句"大漠孤烟直，长河落日圆"，这可是描写大漠风光的千古名言啊！浩瀚的沙漠中一缕浓烟扶摇直上，长长的黄河穿越沙漠，一轮圆圆的落日徐徐而下，轮廓鲜明。这表达了作者什么样的感情？

生：对雄奇瑰丽边塞风光的赞美和喜爱。

师：说得多好，你仿佛和王维一起到那风光绮丽的大漠里走了一遭。

师：那么南方诗歌呢？这块地域的诗歌，表达感情一般是什么样的？

生：比如《望洞庭》"湖光秋月两相和，潭面无风镜未磨"，表达作者寄情山水、赞美山河、热爱自然之情。

师：你们都是品诗的高手呀！

生："梅子金黄杏子肥，麦花雪白菜花稀"，表达对田园生活的喜爱。

师：说得太棒了！读诗品情，读词论志，我们一直在与先贤对话。（请同学上黑板板书：南北诗歌情感不同。）

预设4：诗歌风格不同。

师：看，南北诗歌在内容和情感上是有差异的，所以北方的诗歌一般读起来给你什么样的感觉？

生：北方诗歌豪放、苍茫、沉郁、豁达……

师：那么南方的诗歌一般读起来给你什么样的感觉？

生：南方诗歌婉约、秀气、活泼、灵动……（请同学上黑板板书：南北诗歌风格不同。）

预设5：诗歌意向不同。

师：为了表达上面提到的这些丰富的感情，诗人、词人写了哪些景、哪些物、哪些人呢？你可以举一两首诗当作例子。

生：比如贺知章的《咏柳》，为了写春日的生机，他写了柳树、春风这些景物。比如杜甫的《江畔独步寻花》，为了写江边美景和自己的闲适，他写了江水、微风、桃花这些景物。

师：那么北方诗歌常写哪些景、物、人？

生：比如，玉门关、楼兰、羌笛、折杨柳、胡马……

师：正如这几位同学发现的，这些诗中的景、物、人，被称为诗歌的意象。

师：为什么北方诗多用这些意象，而南方诗多用这些意象？

师：对啊，正是因为地域不同，所以出现的景、物、人都不同。因为南北诗歌想表达的内容、情感不同，所以选取的意象也不同。

师：看看宋朝虞似良写的这首诗，你能快速找出意象，判断此诗所处的地域，感受表达的情感吗？

一把青秧趁手青，轻烟漠漠雨冥冥。

东风染尽三千顷，白鹭飞来无处停。

生：写了青秧、轻烟、雨、东风、白鹭这些景象，因此判断是南方诗。

师：判断很合理，这首诗题目叫《横溪堂春晓》。横溪堂，作者居住之处，在今浙江省。让我们一起读一读这首诗吧！

师：秧苗返青、薄雾弥漫、细雨蒙蒙，春风吹绿田野，秧苗长势喜人，连白鹭飞来都没有落脚地了。看罢整首诗，你觉得表达了什么感情呢？

生：表达对江南美丽田园风光的喜爱，赞美田园充满生机。

师：是啊，这首诗将春日的江南水乡写得画面鲜明，情趣盎然！看来以后我们可以根据诗歌的核心意象，大概判断诗歌产生的地域。（请同学上黑板板书：南北诗歌意象不同。）

设计意图：通过一个主问题"根据诗歌地域分布图，你有什么可贵的发现"的精准牵引，学生能够在观察、自主分析中，发现南北地域诗歌的不同特点，感受到中国古典诗词的地域文化特色。

2. 任务二：思维培养Ⅲ——为诗词配画、配乐

PPT出示具备典型南北地域特征的两首诗。

惠崇春江晚景

［宋］苏轼

竹外桃花三两枝，春江水暖鸭先知。

蒌蒿满地芦芽短，正是河豚欲上时。

图16　学生配画

从军行

[唐] 王昌龄

青海长云暗雪山，孤城遥望玉门关。

黄沙百战穿金甲，不破楼兰终不还。

师：中华诗词不仅可以跟着地图赏，还可以配画配乐赏。请以小组为单位，在以上两首南北典型诗歌中任选其一，现场为其配画（图16）、配乐。

（给予配乐包：埙、琵琶、丝竹……不同风格的音乐，供学生选择。）

生：请组员代表展示诗配画、诗配乐作品。

师：你为什么选择这样的配画？你为什么选择这样的配乐？

预设选择《惠崇春江晚景》，小组汇报。

生1（介绍内容）：我们的画面上有竹、桃花、江、鸭、蒌蒿、芦芽几个意象。各色植物生机勃勃，水面波光粼粼，鸭子活泼戏水，非常惹人喜爱。

生2（介绍色彩）：整幅画色彩非常的明丽，桃红竹绿，蒌蒿翠绿，芦芽嫩绿，充分体现了江南春日的美好。

生3（介绍感情和配乐）：作者在这样美好的春日景色中，心情一定是很舒畅的，所以我选择轻快喜悦的这首音乐，来配这首诗。

师：看得出这幅画主基调是绿色，春景的生机尽显。你们组关注了诗歌的内容和意象，将其生动地融进了画中。能结合作者的心情搭配合适的音乐，了不起！

预设选择《从军行》，小组汇报。

生1（介绍内容）：我们的画面，远方是青海湖，漫天乌云密布，遮得连绵雪山一片黯淡，玉门关矗立其中；近处是漫漫黄沙，一座孤城，与玉门关遥遥相对。

生2（介绍色彩）：整幅画没有用过多的色彩，基调是灰白的，看上去非常苍茫、荒凉、昏暗。

生3（介绍感情）：我们组没有用很鲜艳的颜色，和诗人诗中所蕴含的感情也有关系。

从诗人描绘的景象中我们可以看出塞外环境是非常恶劣的，"黄沙百战穿金甲"也告诉我们战事很频繁，戍边将士非常艰苦，但他们不畏艰难，奋勇报国，"不破楼兰终不还"。

生4（介绍配乐）：结合作者的心情，我选择这首音乐来配诗，前段节奏较缓，听上去旷远、苍茫。但战士们又满含报国之志，这首曲子后半段曲调高昂，听上去铁骨铮铮，有豪情壮志。

师：看出来了，画面上是非常典型的边塞诗意象。他们小组从诗歌的内容和感情入手,介绍画面的色彩和配乐的理由,太精彩了,掌声送给他们组!

设计意图:诗配画、诗配乐的这个子任务,是需要学生有一定的审美能力、对诗歌的理解能力,以及展示时的口语表达能力的。学生在完成子任务的过程中,学习新的诗歌鉴赏方法,结合多媒体进行创新性的表达,并通过师生—生生互评,给予表现上的现场反馈,获得成就感。

3. 任务三:朗诵展示厅——诗词配乐朗诵

师:同学们刚才的诗配画、诗配乐让人眼前一亮,我们趁热打铁,用上自己刚才所选的音乐,练习配乐朗诵《从军行》或《惠崇春江晚景》。

当然,你也可以选择新的音乐,搭配新的诗歌,进行朗诵练习。

生:配乐诗朗诵。

师:听出来了吗?根据南北诗不同的特点,刚才同学在语音语调、语速上都做了处理,有的南方诗温婉清丽,语调轻盈,语速可放慢,有的北方诗豪迈大气,语调昂扬,读得可以抑扬顿挫,朗诵出作者的感情。

师:同学们,再自己练练。这回是进阶版的,谁来为我们朗诵展示一下?

师生配合,配乐朗诵总结。

师:听罢同学们的朗诵,我真想感叹,中国古典诗词果然是刻入每一个中国人的文化基因。今天,我们跟着古诗词踏遍了祖国的南北山河,这一切,都要从奔腾不息的大江和大河说起。

师:自从认识了那条奔腾不息的大江,我就认识了我国的南方和北方。

我国的南方和北方相距很近,近得可以隔岸相望。

我国的南方和北方相距很远,远得无法用脚步丈量。

师:我国的南方,是李煜的南方——

生:问君能有几多愁?恰似一江春水向东流。

师:我国的南方,是柳永的南方——

生:今宵酒醒何处?杨柳岸,晓风残月。

师:我国的北方,是岑参的北方——

生:马上相逢无纸笔,凭君传语报平安。

师:我国的北方,是高适的北方——

生:莫愁前路无知己,天下谁人不识君?

女生:我国的南方啊,草长莺飞,小桥流水,杏花春雨。

男生:我国的北方啊,大漠孤烟,长河落日,山河万里!

师:我国的南方和北方,我永远的故乡和天堂!

设计意图:在充分感悟南北诗歌诸多不同特点的前提下,学生通过对诗歌诵读的语音、语调、语速、重读等技巧的运用，提高诵读能力，并搭配合适的音乐，将艺术造诣与文学造诣有机结合，形成个性化的朗诵成果。

（三）延学：发现更多角度的诗歌鉴赏方法

今天，我们学习了一种新的诗歌鉴赏的方法，感受到中国古典诗词的地域文化特色。课后，请同学们积极探索新的角度，去探求古诗中其他的中国元素，如农耕文化、节日文化……打开古典诗词的宝库，尽情体会其带给我们的语感、美感、情感吧！

设计意图：通过本课学习方法的迁移，学生自主拓展其他角度鉴赏诗歌的方法，丰富文化积累，建立文化自信。

六、教学反思

语文课程中的跨学科学习是在第八次基础教育课程改革的大背景中出现的，落实的主要途径是语文综合性学习。从实践来看，综合性学习可以是单学科学习的实践拓展活动，也可以是综合其他学科的实践活动。不过，具体实施过程中，重心仍以语文学科思维为主。

跨学科学习任务群的目标定位是引导学生在语文实践活动中，联结课堂内外、学校内外，拓宽语文学习和运用领域；围绕学科学习、社会生活中有意义的话题，开展阅读、梳理、探究、交流等活动，在综合运用多学科知识发现问题、分析问题、解决问题的过程中，提高语言文字运用能力。

跨学科学习的起点，是真实而有意义的现象与主题。本课是一节文学现象探究课，从"南北古诗词地域文化特色"这一文学现象出发，旨在让学生获得关键能力和必备品格，通过积累、梳理、探究，将具身认知和大脑探究联合，形成跨学科知识的整合。

跨学科学习的达成，是整合学习评价达成学习目标。每一个学科子任务，我始终以"教—学—评"这样的方式来运行。通过语言实践活动，学生在师生—生生的自主评价中，在完成较为真实、复杂的任务中，进行多元维度的表现性评价，最终达成学习目标。

（本案例由周心怡提供）

第二节 数学学科案例：比例

一、内容与目标

《比例》是苏教版义务教育教科书《数学》六年级下册第四单元的教学内容，旨在使学生在具体情境中初步理解图形间大小或距离的比例关系，感受图形放大、缩小在生活中的应用，初步体会图形的相似，进一步发展空间观念。

二、重点与难点

感受、理解图形的放大和缩小，初步体会图形的相似，运用所学知识解决实际问题。

三、过程与设计

1. 科学融合、激趣引入

通过探秘月食的学习，引入数学解决问题。

引导：回顾一下宇宙中三个星球的大小和距离关系和我们学过的哪些知识有关呢？

揭题：比例。

设计意图：通过月食的学习，激起学生对相关储备知识的回忆，通过学生熟悉的问题情境，自然过渡到本课的学习，为教学创造了良好的开端，更利于学生对于新知的学习。

2. 例题教学

那么地球和太阳的直径到底是多少呢，通过课前的预习，谁来说一说？

例题：已知地球的直径约为 1.27 万千米，太阳的直径为 139.2 万千米，现在请你算一算地球和太阳的直径比是多少呢？

学生计算并汇报，PPT出示答案：我们可以将他们的直径比约等于 1∶110。

设计意图：借助月球、地球和太阳的直观图形，让学生通过动手操作、小组讨论等学习方式获得新知，使学生在数学学习的过程中，感受简单的演绎推理过程，培养学生比较、抽象和概括，以及判断等思维能力。

3. 数学建模

如果我们按比例将地球缩小到手中模型的大小（4厘米），那么太阳也按这样的比缩小后，其模型的直径应该是多少？（图17）

（PPT展示例题，同学求值。）

经过计算，手中太阳的模型直径应该为 440 厘米，球体之间直径比约等于 1∶110。当我们把地球直径变为手中模型4厘米时，即相当于一块橡皮的高度时，太阳的直径要将近达到我们学校教学楼一层半楼的高度。

通过刚刚的计算和对比，同学们对地球和太阳模型的直径的大小关系有了更直观的了解。

设计意图：模型观察、PPT呈现等多样的形式，增强了课堂教学的信息化和数字化水平，增加了教学的互动性和生动性，更加有效地将数学建模与生活实际结合在一起，使学生体会不同领域内容的内在联系，感受知识的发展，培养对数学的积极情感。

图 17　道具授课

4. 拓展延伸

例题：三个星球的距离关系又应该是怎样的呢？卫星数据显示月球和地球的距离为 38.4 万千米，太阳和地球之间的距离为 15 000 万千米，它们之间的比值大约是 1∶400，按这样的比例放置模型时，月亮和地球之间的距离为 5 厘米，太阳和地球之间的距离为多少呢？

学生计算：它们之间的实际距离比为 1∶400，当我们把月亮和地球的距离变为 5 厘米时，太阳和地球之间的距离要相当于学校操场的直线跑道 1/4 的长度——20 米。

设计意图：进一步进行知识的延伸，充分发挥学习的主观能动性，学生通过积极动手、动脑，在观察、比较、讨论、交流中进一步掌握了图形的缩放和比例关系，增强学生用数和图形描述显示问题的意识和能力，丰富解决问题的策略。

四、反思

本次与月食科学课的融合教学，进一步体现了个体化育人方式的创新与实践，通过科学和数学的融合，将知识进行了系统性的贯穿和整合。学生通过观察、比较、思考和交流等，更加能够代入教师预设的情景，增加不同个体在同一教学课堂的发散性和多样性的思考。整节课的教学设计从科学观察过渡到数学建模，是知识的获取，更是方法的总结，充分体现了促进个性学习的精准教，指向立德树人的个性育，植根核心素养的自主学。

（本案例由肖敏、薛建勋等提供）

第三节　英语学科案例：Moony Goes On Holiday

一、内容分析

这个绘本主要讲述的是蒙尼（Moony）生活在月球上，每天的生活一成不变，就是打扫屋子，给花园浇水，然后去散散步。蒙尼觉得厌烦无聊了。他通过望远镜看到了美丽的地球。他想去地球，想听到声响，想看到人。一天，宇航员亚历克斯（Alex）来到了月球，他同意带蒙尼去地球。蒙尼到地球后，听到了声响，看到了人，但这一切并没有使他感到快乐，他感到伤心和孤独，他想回家。最后亚历克斯送他回了家，他非常开心。他发现自己还是最喜欢月球的美好和安静。这次地球之旅使蒙尼意识到他所想要的与他所需要的是不一样的。

作者的写作意图也是告诉读者，家和我们真正了解的一切才是我们生活中最美好的东西。我们要对所拥有的一切心怀感激。

二、学情分析

本堂课为借班上课，教学对象为六年级的学生。作为高年级的学生，通过课前接触，发现他们的英语语言基础非常好，大部分学生课上积极主动，爱思考，爱发言，爱表现，爱表演。上课时正值疫情防控期间，孩子们没法外出度假，所以对这个关于度假的绘本很感兴趣，很好奇，想了解蒙尼的假期。

三、目标及重难点

1. 知识目标

会说，会读，会用单词 noise、people、bored、sad、alone。

能够掌握并使用句型：I want to …

能够在教师和阅读策略的指导下，自主阅读并理解绘本。

2. 能力目标

能有感情地朗读并模仿人物的语音语调。

能通过读图，读文本，完成自主阅读任务。

能通过师生—生生合作，表演绘本片段，也能就绘本话题展开讨论。

3. 情感目标

通过阅读、表演和思考，体会蒙尼在故事不同阶段的心情和感受。

了解蒙尼所需要的是什么和我们所需要的是什么。

4. 教学重点

能够通过阅读和思考，理解绘本故事。

能够通过课堂，提高学生的阅读能力和培养他们的英语思维能力。

5. 教学难点

能够通过思考和合作，用英文表达他们对故事的见解和观点。

四、教学准备

PPT多媒体课件、板贴图片、绘本。

五、教学过程（图18）

Step 1. Warming up

1. Enjoy a song

2. Free talk about going on holiday

设计意图：暖场，引出本节课的话题——度假，并谈论度假的感受。提升学生自主学习能力。

Step 2. Pre-reading

1. Read the cover

（1）The name/ the author/ the illustrator …

（2）Talk about the character

Q：Who is the man？A：Moony.

Q：Where does he go for the holiday？

图18　角色代入教学

Q：Where does he live? A：On the moon.

设计意图：学生通过阅读封面信息，可以在读绘本前了解书的作者和插画家，也可以了解更多关于这个故事的信息，同时可以促进学生个性学习的精准教。

2. Talk about the moon

Let's watch a video about the moon and know something about it.

设计意图：学生通过讨论和观看月球的视频，更加了解月球，并带着好奇心去阅读。

Step 3. While-reading

1. P1—2（自读）

Read and answer.

Q：What does he do every day?

Q：How is he today? A：He is bored.

Q：Why is he bored? A：Every day is the same.

Q：What can he do?

设计意图：学生运用阅读策略1，自主阅读，了解蒙尼在月球上的日常生活，理解他今天无聊的原因，猜测他会做什么，为下面的故事做铺垫。提升学生自主学习的能力。

2. P3—4（听读）

（1）Listen and answer

Q：What does he do then?

Q：What can he see? A：Earth.

Q：How is Earth? A：It's green and blue. It looks beautiful.

Q：What does he want to do? A：I want to go to Earth.

（2）Imitate

"I want to go to Earth!" he says sadly.

（3）Talk

Why does he say it sadly?

设计意图：学生通过录音和图片，知道蒙尼是如何看到美丽的地球的，引出他想去地球的想法及又去不了的那种悲伤。引导学生去感受去体验。

3. P5—6（听读）

Q：Who comes? A：An astronaut.

Q：How? A：By spaceship.

Q：How is he? He looks nice.

4. P7—10

（1）Imitate and talk

Listen and imitate.

Q: What does Alex think of Moony's home? A: Nice and quiet.

Q: What does Alex think of Earth? A: Big and noisy.

Q: What does Moony think of his home? A: Too quiet.

Q: What does he want to do? A: To hear noise/to see people.

设计意图：学生通过分角色模仿朗读亚历克斯和蒙尼间对话，更深层次地体会两个人对月球和地球的不同看法。

（2）Ask and answer

Q: How is Moony? What does he do? Does he look good?

5. P11—12（看听答）

（1）Look and talk

Q: Which country are they in? A: The UK.（Big Ben, the Thames, Houses of Parliament.）

Q: How does Moony feel? A: Happy and excited.

（2）Imitate: I love it! I want to stay here forever.

（3）Q: Will he stay on Earth all the time?

Q: What does Alex say? A: Meet me here tomorrow. Same place, same time and I can take you home again.

设计意图：学生通过观察图片，激活相关的英语课外知识，提升英语素养。同时根据亚历克斯和蒙尼的对话，老师巧设质疑，激发学生继续往下读的好奇心，为下文做铺垫。

6. P17—18

（1）Listen: "I want to go home", thinks Moony sadly and he goes to sleep.

（2）Why is Moony sad on Earth? Why does he want to go home?

（3）What happened to him on Earth?（设问引出P18—21）

设计意图：通过跳跃式的阅读方法，鼓励学生想象故事发展的情节，激发学生的好奇心。

7. P13—18

（1）Fast reading

Where does Moony go?（快速阅读找出蒙尼去了哪些地方，经历了什么，让他改变主意想回家了。）

（2）P13—14（Street）

Read and find out.

Q: Does Moony see people on the street?

Q: But what do they do?

Let's act.

Scene：Act together.

Scene：Pair work and act out.

Q：How does Moony feel? A：Sad and alone.

设计意图：鼓励学生积极参与两个小剧场表演，让他们体验情感，感同身受蒙尼的那种孤独与伤心。在精准化教育中创设情境，让学生参与到学习活动中。

（3）P15（Disco）

Turn off the lights and dance with music.

Q：Does Moony like it?

Q：What does he think of the disco? A：Noisy and dark

（4）P16（Street）

Close the eyes and listen.

Q：What's on the street?

Q：How is the street? A：Noisy.

设计意图：学生通过模拟跳舞和聆听街道上嘈杂的声响，身临其境，体会蒙尼的心境。通过创设情境，让学生全员参与，激发他们的学习兴趣。

（5）P17—18（Park）

Finally Moony sees a little park.

Q：How is Moony? A：Sad and alone.

Q：What does he want to do?

（6）Think

Q：Why does he want to go home?

设计意图：通过倒叙的阅读方法，关联前后文本，帮助学生理解为什么蒙尼地球一日游后想回月球。提升学生的自主学习能力。

8. P19—20（看并听）

（1）Alex takes Moony back to the moon by spaceship the next day.

Q：Is Moony happy now?

Q：What does he say?

模仿朗读：Home sweet home. It's nice and quiet and I'm all alone. No more noise and people for me. I want to stay on the moon.

设计意图：学生通过看、听、读，感受蒙尼回到月球上的那种开心和满足的心情。

Step 4. After-reading

1. Ask students to have a discussion

Which is nicer, the moon or Earth?

To Moony, the moon is nicer, because ...

To you, which is nicer?

2. Ask students to think

Q: What can we learn from the story?

Home and what we really know are the things we can live with best.

Q: What does the writer want to tell us?

Everyone should be content with the life we are familiar with and the things we know and understand.

设计意图：学生通过讨论，回顾整个故事，通过与同伴协作，用英语谈论自己的想法。最后，鼓励学生积极思考，谈谈自己的读后感，培养他们的阅读分析能力和思维能力，达到个性化教育的效果。

Step 5. Homework

1. Listen and read the story.

2. Share the story with your friends.

3. Read more picture books.

设计意图：学生通过课后听读，可以更好地模仿绘本地道的语音语调，对绘本更加理解，激发他们阅读绘本的兴趣。

六、板书设计（图19）

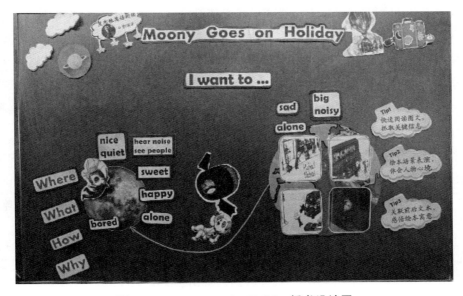

图19　*Moony Goes On Holiday* 板书设计图

七、教学反思

绘本是丰富多彩的，绘本具有无穷的魅力。绘本教学对孩子来说也是新鲜新颖的课堂，是全新的感受快乐的途径。

本节课主要围绕精准教、个性育、自主学三个维度来进行教学。

1. 如何在课中实施精准教

教学设计是教育活动中最重要的一环，它贯穿教学的始终，是教师实施教学的重要依据。本节课在设计初就根据六年级学生的年龄特点和英语学习能力进行学情分析。在精准学情分析的基础上，综合教学内容确立精准的学习目标，希望达到精准的课堂教学效果。通过本节课的学习，学生能够理解绘本，并通过模仿朗读、表演、体验，体会蒙尼在不同情境中的不同心情和感受，让学生真正走近绘本故事及绘本人物。

2. 如何在课中实现个性育

新课标强调每一个学生都应具有独特的个性，教育应促进每一位学生的个性发展。本节课综合学生的个性特点、行为品质和兴趣爱好，针对不同的教学目标，设计了不同的教学方法。通过读图，培养学生的观察和发现能力；通过阅读，培养学生的阅读能力和理解能力；通过模仿朗读，增加学生的体验感；通过创设情境表演，提升学生的代入感及提高他们的同理心和共情力。通过不同的课堂互动活动，提高学生的学习能力和个性发展，保持学习动力和兴趣，提升课堂学习效果。

3. 如何在课中提升自主学

素质教学是以学生为主体的教育，学生是学习的主人。在本节课中，通过各个教学环节来提升学生的自主学习能力。教师在热身活动中，让学生谈论自己的假期，引出绘本人物及绘本主题，让学生在不经意中提升学习能力。在阅读绘本过程中，通过读图、录音和倒叙的阅读法，自主阅读绘本并理解绘本；通过故事中各种情境的体验和表演，提高理解绘本的能力；通过讨论活动，提升学生的思维能力和英语表达能力。在教授过程中引导孩子在不同的教学方法中读懂故事、发现细节、感悟内涵，让孩子们在阅读中提升对作品的理解，同时激发学生的学习兴趣，提高学生的自主学习能力。

总之，在本节绘本课中，教师尝试用不同的教学方法和教学活动，培养学生的阅读素养，激发学生的学习兴趣，提升学生的英语学习能力。

（本案例由沈丽萍提供）

第四节　音乐学科案例：隆里格隆

一、内容分析

歌曲《隆里格隆》是利用传统京剧音乐素材，采用现代歌曲创作手法创作的一首"京歌"。全曲歌词均为传统衬词"隆里格隆"，极富童趣，曲调采用一句京剧过门。歌曲简单而富有立体效果，五声宫调式。二声部的轮唱生动地模拟了京剧中锣鼓经的声音，生动形象，朗朗上口。整体的音乐风格既有京剧传统的神韵又有时代精神。

二、目标及重难点

1. 教学目标

学生能用和谐、活泼和富有力度变化的声音演唱京歌《隆里格隆》，体会歌曲中浓郁的京剧韵味，增强对戏歌的了解与喜爱。

在学唱《隆里格隆》中认识上波音记号。了解其具体唱法并能准确表达。

运用听唱法、合作法、声势表演法等方法帮助学生更好演唱京歌《隆里格隆》的轮唱、合唱。感受合唱的魅力，领略音乐的丰富多彩。

2. 重点

能用和谐、活泼和富有力度变化的声音演唱歌曲《隆里格隆》。

3. 难点

能准确地用轮唱、合唱的方式表现歌曲《隆里格隆》。

三、教学过程

1. 锣鼓起风云

今天的音乐课老师先请大家来欣赏一段戏曲，想一想，它是中国的哪一种剧种？

从演员的唱腔、服饰、伴奏音乐中，我们可以感受到京剧特有的魅力。你对京剧的了解有哪些呢？

（京剧的角色分为四大行当，即生旦净丑。京剧的四大功夫有唱念做打。）

设计意图：学生通过自学、课外资源搜集等方式，提前了解京剧的历史。学生通过课前个性化的学习，在课堂反馈中进行知识的迁移和融合。尊重学生个性，根据学生能力、兴趣特长进行有的放矢地设置学习目标，更能激发学生的学习潜能。

刚刚的戏曲片段，就是四大功夫中的"打"，这段武打片段中你听出了有哪些伴奏乐器？

老师今天也带来了其中两件。出示锣、钹，并尝试跟着老师的节奏演奏出来。

$$\frac{2}{4} \; 仓 \;\; 才才 \;|\; 仓 \;\; 0 \;|$$
$$仓 \;\; 才才 \;|\; 仓 \;\; 0 \;|$$
$$才才 \; 才才 \;|\; 仓 \;\; 仓 \;|$$
$$才才 \; 才才 \;|\; 仓 \;\; 0 \;\|$$

在京剧武场乐器中，锣和钹是非常重要的打击乐器，有这么一句话，"锣鼓起风云，唱念透千钧"。下面让我们来试着念一念这段节奏。

图20　京剧身法练习

在二年级下学期，我们其实也接触到了京剧中的锣鼓经节奏。现在再次读来，肯定更能体会京剧里蕴藏的力量。

设计意图：通过京剧"武打"片段的欣赏，引出京剧锣鼓经教学。请学生演示锣、钹两个乐器的演奏，激发学生对武场乐器的兴趣，从而导入锣鼓经节奏的唱念教学，为教唱环节做好铺垫。从个性化"前学"到精准教，整个教学过程是一个动态的过程，让学生在自由、开放式的课堂里，走近京剧，并喜欢京剧（图20）。

2. 唱聊京剧

如果把这段锣鼓经加上音高，你们来听听，有何韵味？

$$\frac{2}{4} \; 1 \; 6\underline{2} \;|\; 1 \; 0 \;|\; 1 \; 6\underline{2} \;|\; 1 \; 0 \;|$$

$$\underline{1\;2}\;6\underline{2} \;|\; 1 \; 3 \;|\; \underline{2\;1}\;6\underline{2} \;|\; 1 \; 0 \;|$$

演唱的时候注意休止符，要及时收住，把京剧中的抑扬顿挫感表现出来。

你们的演唱让老师觉得还不过瘾，再加一句旋律试试。

在这段旋律中老师用了反复跳跃记号，请你们完整地演唱试试。

刚刚大家演唱的这段旋律在京剧中经常会出现，下面的视频中也藏着与这段相似的旋律，请大家听一听，它出现在哪里？（欣赏《卖水》片段。）

像这样在每一句唱腔唱完后起过渡作用的器乐伴奏，在京剧中被称为"过门"。

对于非常喜爱京剧的人来说，能在茶余饭后哼上这么一段过门，也是非常惬意的事情。让我们来听听这位小戏迷他是怎样来哼唱的。

这位小戏迷用的是什么拟声词呢？（隆里格隆。）这首歌曲是利用传统京剧音乐素材，采用现代歌曲创作手法创作的一首"京歌"。请你来读一读歌名。

既然是"京歌"，肯定有自己独特的韵味，你觉得怎么读，才能有京韵呢？加上儿化音更加有京韵。让我们来唱一唱这首歌，请注意反复跳跃记号。

设计意图：通过旋律演唱、聆听模唱、富有京味的演唱，让学生一步步不断深入学习京歌，体会京剧中独到的京腔京韵。本环节的设置，旨在让学生自主聆听、尝试、模仿小戏迷的唱腔，并在教师引导下完成学习任务，用多途径的教学方法进行个性化唱段教学，促进学生在练习中运用知识，在运用中感悟知识。

3. 舞动京剧

戏剧理论家齐如山把京剧概括为"无声不歌，无动不舞"，唱念为歌，做打为舞。今天也让我们来体验一下这首京歌里的身段。

脚不离丁，立背，沉肩，男生按掌，单拳，双晃手，亮相。女生兰花掌，兰花指，晃手，亮相。让我们跟着音乐来试试。

男生演女生唱；女生演男生唱；男女生一起边唱边演。

设计意图：课程前学中，精准地布置了学生自主学习京剧手势、站位的任务单。共学中让学生单独上台展示自己前学的成果，并带领同学们一起进行体验，让学生在表演中巩固演唱，在演唱中融合身段表演，动静结合的方式让学生进一步唱准、唱好歌曲的第一部分。

4. 唱享京歌

我看大家的表演意犹未尽，小戏迷也觉得不过瘾，让我们来听听她的演唱。

旋律中的小音符跌宕起伏，每一处的起承转合都含括了戏剧中的人生百态，让我们一起来体验一下。

一腔开唱，百转回折。如果用身段来表现唱腔中的百转回折，请你看看老师是在哪个音上表现出来的？这两处的6，通过上波音记号来表现唱腔的百转回折，请你来试试。让我们完整地来演唱这段。

京剧在不断地传承中熠熠生辉，小戏迷们也用自己的方式传唱着京歌，请听听他们的演唱中用了什么演唱形式呢？（轮唱。）让我们听着范唱看着乐谱，你会发现轮唱部分是由哪些旋律组成的呢？

让我们一起试试轮唱部分。由女生来唱高声部，男生唱低声部，一起来品味一下这首京歌。

设计意图：通过聆听、哼唱、模唱、身段演示的方法，让学生掌握第二部分的歌曲旋律。在师生合作、生生合作中完成京歌的轮唱。通过精准的教学设计，学生在已有的演唱基础上，进行尝试融合，促进班级合唱能力。

5. 延学拓展（图21）

京剧在传承中不断地创新，下面我们来看看这段《沙家浜》的"智斗"，看看和之前欣赏的传统京剧有什么区别？如果能在剧中听到熟悉的旋律，可以哼唱一下。

现代京剧在服装、脸谱、道具、内容题材上明显区别于传统京剧，这是传承又是发展。

京剧是我国的国粹，虽然今天我们的表演比起名家来还是有些差距的，但是只要热爱京剧，了解京剧，你们一定能得到更多的收获，还能够将我国的国粹发扬和传承下去。

设计意图：课堂共学中学生已基本掌握并了解了京剧的"过门"，但是对于学有余

图21　演奏指导

力的学生来说，精准化、个性化的延学任务则是让学生的个性发展和兴趣得到进一步的激发。这个环节的设计旨在通过视频赏析的方法，让学生初步了解现代京剧的基本特点，引导学生在课后通过了解现代京剧和传统京剧的相同点及不同点，倡导学生喜爱京剧、传承国粹。

四、课后反思

1. 教学背景

《中小学音乐单元教学设计指南》中指出：单元活动是为了达成单元教学目标，聚焦单元内容重点，突破单元学习难点，从而获取知识、提升能力的实践活动。个人理解的"单元活动"，是基于音乐教材中的自然单元，并围绕单元主题线索撰写的活动设计。苏少版小学音乐教科书以平行式的人文主题为线索编写单元内容，并在各年级、单元间贯穿螺旋递进式的音乐知识与技能。本课单元活动设计的概念，有别于单一、零碎、单课时的活动设计，是以教科书中的自然单元为主体，在充分理解、分析教材的基础上，以单元教学设计为依托，围绕单元人文主线，提炼单元核心学习内容，并依据课程标准、学生学情设计一系列循序渐进、相互贯穿的单元音乐实践活动。

2. 教智融合，将"学"的主动权交给学生

在教授本课前，我充分利用前学、共学、延学的教学设计理念，整合单元内容，提炼核心要素，用富有个性化的教学设计，将学生对音乐的理解、表现、知识的迁移进行集中整合展示，推动学生的个性发展和形成。我梳理了学生从一年级到四年级所学的戏剧知识，并在前学中，引导学生回顾、温习二年级曾学过的京剧锣鼓经，并设计了"京剧知识我知道"的前学比赛，比比谁收集的知识多。让旧知识和新知识互相联动，整合学生脑海中碎片化的京剧知识，将知识进行关联和迁移。在共学中，学生着重将课前所学的身段进行展示、表演，不但使得音乐课富有活力，更加展示了生生合作探究的成果，让学生有成就感。延学中让学生欣赏现代京剧《沙家浜》的智斗片段，不但启发学生在欣赏中发现《隆里格隆》主旋律"过门"，更为下一课时《智取威虎山》做好铺垫，引导学生进行传统京剧和现代京剧的对比。这样引导学生将所学知识进行联合，生生之间有效合作探究，不让课前活动、课后活动成一纸空话。

3. "精准教学"激发学生核心素养

这节课的教学设计在整理大单元知识体系的前提下，在共学中细化了唱念做打。通过乐器演奏引导出锣鼓经，让学生充分体验"锣鼓一响，好戏开唱"的戏剧特色，更是在念锣鼓经节奏的活动铺垫下，完成了唱腔节奏的教学。本课的难点是二声部轮唱，但是细究轮唱部分旋律，其实就是《隆里格隆》主旋律的再现，因此唱准、唱好主旋律非常重要。所以在"唱"的活动设计中，我采用听唱、模唱、加入身段表演唱，在不断练

习下达到巩固主旋律的目的，进而让学生对京剧产生兴趣。兴趣，对于小学生投入音乐学习活动的热情与态度有直接影响。在音乐课堂中，教师要尽最大努力去展示音乐艺术的审美特性，让小学生意识到音乐学科的魅力，促进小学生建立审美兴趣，并融入音乐活动中。而本节课的精准教学设计有助于推动学生的自主学习，激发学生对音乐学习的兴趣。

单元教学目标可以重点聚焦在一个方面，也可以是全面开花。这个单元"奇妙的人声"就是可以通过模仿动物的鸣叫、乐器的演奏、戏曲人物的唱腔，达到提升学生音乐审美感知的作用，也可以有艺术编创能力的开发，抑或是艺术实践的综合锻炼。在这个前提下，我通过科学合理地制定单元教学目标，对本节课内容进行整合，让学生通过聆听、感受、表现等方式展开任务学习，在丰富多彩的音乐实践活动中，潜移默化地培育学生的核心素养。

核心素养培育下的音乐大单元教学，要求教师深入分析教材，将新旧知识进行链接，并与其他单元的教学内容进行整合编排，形成结构化的、有关联逻辑的学习材料，同时要科学地设置单元目标，采用实践化的教学方法，创新教学方式和手段，让学生兴致盎然地听、唱、动、奏、编、创、演，发挥学生的主观能动性，培育学科核心素养。

作为教师，如何根据课标要求和学情特点合理安排教学内容，通过什么方式让学生去收获体验，这是需要现实思考和积极探索的。也许，这个过程有些漫长，会反复经历一些曲折，但相信大单元教学的意义和重要性必将成为未来一阶段的发展趋势，我也希望通过设计这节课，创设一些可操作性的实施策略，不断推动音乐大单元教学的实施和建构，善于因材施教、因人施教，达到教是为了不教，授之以鱼不如授之以渔的目的，让我未来的教学能够更加迎合社会发展的需要，让素养真正在音乐课堂中发生。相信每一次探索都是不断迈进的一小步，努力的过程终将能有所收获。

（本案例由朱霞炜提供）

第五节　美术学科案例：双喜图

一、单元设计

（一）基本问题

如何理解国画是中华民族文化的艺术瑰宝？

（二）小问题

基于基本问题，结合各环节内容，分别提出有启发性的小问题。

探究技法，崔白是如何画小动物的？

如何欣赏北宋时期崔白创作的《双喜图》？

崔白是如何通过绘画表达自己的想法和感受的？

（三）关键词

崔白《双喜图》、北宋、花鸟画

（四）设计思路

1. 课程性质与特征

五代至北宋的百余年间，宫廷画风占据着主导地位，但长期以来的因循守旧带来的僵化，给画坛以负面的影响。至北宋中期，崔白，特别是其作品《双喜图》的出现，给宫廷画院的画风注入了"新鲜的空气"，其新鲜感集中表现在富有律动感的全景式"S"形构图中，注重物象之间的联系与意趣的表达。

课程将以《双喜图》为例，教师引导学生探究《双喜图》中的笔墨语言、章法布局及其造境意识，加深学生对于宋代花鸟画的理解。学生能够识别宋代绘画体系。通过《双喜图》，学生能够热爱自然、理解生命，知道美术与生活密切相关。

2. 分析学生知识与技能现状

课程的教学对象为中高年级学生，他们对国画有初步的认识，知道国画的一些技法、表现形式，有一定的观察能力、动手能力，对新知识的接受能力比较强。根据这些特点，采取情景法、讲授法、问答法等教学方法，引导学生主动参与学习并产生兴趣。

3. 总体教学思路

对于中高年级的学生来说，生活中可能很少接触国画。北宋画家崔白在继承徐熙、黄筌二体的基础上，能够开创一种清淡疏秀的独特画法，进而发展为更为自然且富有野趣的新风格，并成功完成了变革，《双喜图》是他中晚期所创作的作品。本课设计通过欣赏《双喜图》，自主探究其构图、造型、技法等，感受《双喜图》所表现的生命的张力，通过问题的层层递进，引申归纳出宋代美学的规律，课后学生学会欣赏国画，了解宋代花鸟画的特点，并能辨析宋代花鸟画，通过不同方式将《双喜图》与兔年进行结合。

4. 真实性学习任务

创设情境，组织学生欣赏并自主探究《双喜图》，学生能够理解宋代美学并作出辨析。请学生运用不同的材料，根据自己的理解，对《双喜图》进行再创作。

5. 评价机制

学习任务单、学生互评、教师评价结合。

6. 教学策略与方法

首先，从兔年导入，学习国画的技法——丝毛法，用国画技法表现兔子、其他动物，再欣赏秋天萧索的风景。崔白的笔下从萧索的风景中通过动物找到秋天的生机，引出崔白的《双喜图》。了解北宋画家崔白的《双喜图》的内容，对画面进行欣赏，小组探讨《双喜图》的构图、造型等，能够以《双喜图》以点概面了解宋代花鸟画，拓宽学生对于北宋时期花鸟画的知识。在创作环节，采用个人学习与小组合作相结合的方式，培养学生的团队意识。在评价环节，学生互评、教师评价相结合，以鼓励的方式肯定学生的成果，增强学生的自信心，从而使学生对国画甚至其他中国传统美术产生持久的兴趣。

其次，针对不同单元设计不同思路。

（1）第一课时：说技法（今—古）

通过视频导入，欣赏国画中的小动物。

欣赏北宋画家崔白笔下的小动物，发现其中的丝毛法。

学习丝毛法，尝试用丝毛法画动物。

（2）第二课时：说绘画（古—今）

发现崔白喜欢在秋冬时节画动物。

研究崔白《双喜图》的构图。

研究崔白《双喜图》的造型。

研究崔白《双喜图》的精神。

对《双喜图》进行重构，完成故宫文创作品展览。

（五）对标国标

1. 学习任务与要求

对标《义务教育美术课程标准（2022年版）》，分解课程设计。

（1）学习任务一：感受中外美术的魅力。

内容要求：欣赏中外艺术家的美术作品，如绘画、雕塑、书法、篆刻、摄影、建筑、媒体艺术等，了解不同美术种类的特点。

学会用感悟、讨论、比较等方法，运用线条、形状、色彩、肌理等造型元素，以及对称、重复、对比、变化等形式原理，欣赏、评述中外美术作品。

学业要求：知道中国画美术作品的不同种类。

能运用美术语言及一两种方法，评述中外美术作品，与同学分享和交流自己的体会。

（2）学习任务二：表达自己的想法。

内容要求：在中国画学习中，尝试运用毛笔、宣纸等绘画工具和材料，体验笔法（中锋、侧锋）、墨法（焦、浓、重、淡、清）的特点。

学业要求：能使用传统或现代的工具、材料和媒介，创作不同表现形式的美术作品，表达自己对生活的看法。

知道中国传统绘画技法是由我国历代画家不断探索、总结而成的。

2. 学习策略建议

"感受中外美术的魅力"的教学重点是根据三至五年级学生的认知特点，精选中外美术作品，通过专题欣赏、随堂欣赏和现场欣赏等方式，以及讨论、探究、比较等教学方法，激发学生关注作品题材、分析作品形式、探究作品内涵的兴趣，让学生感受中外美术作品的魅力；注重引导理解"中国传统美术具有强大的生命力和凝聚力"，增强文化自信。

"表达自己的想法"的教学重点是引导学生观察生活，收集素材，提炼主题，进行创造性表达；在学生产生各种构想时，及时给予鼓励与指导，帮助学生提炼主题，指导学生采用平面、立体或动态等表现形式，创作富有创意的美术作品，表达自己对生活的感受与想法；注重引导学生理解"美术是认识与表现自我和他人的重要方式"。

3. 学习活动建议

结合三至五年级学生的身心特点和学习能力，围绕与学生日常生活经验相关的美术学习活动及综合化的学习活动，开展探究性学习、自主学习、合作学习，以及基于问题的学习、基于项目的学习等。

4. 单元目标及重点难点

（1）知识与技能：了解《双喜图》的造型、构图、精神，知道崔白通过绘画来表达他的精神与思想，学生学习崔白的用笔，完成对《双喜图》的再创作。

（2）过程与方法：学生通过欣赏一系列运用丝毛法创作的国画，学会用不同的丝毛法来绘画动物；小组自主学习分析《双喜图》，尝试学习用绘画来表达自己的思想。

（3）情感态度与价值观：理解国画是中华民族文化的艺术瑰宝，国画可以通过现代的艺术方式进行传承。

（4）重点：欣赏分析《双喜图》造型、构图、思想，小组合作对《双喜图》进行演绎。

（5）难点：学习丝毛法，用丝毛法进行创作；通过《双喜图》看北宋的花鸟画。

5. 课时安排

（1）第一课时：寻找笔法的秘密——《双喜图》技法探究

通过现实走进国画，引导学生了解工笔花鸟画的历史，了解画家崔白及其绘画特点。

学生从写意与工笔的区别来分析花鸟画的特点，了解崔白创作动物的笔法。

分阶段探究实践丝毛法的种类，以及在画中的应用。

以帮助小动物穿越进画中世界为目的，来创作工笔花鸟画作品。

用丝毛法完成对崔白画中小动物的演绎。

（2）第二课时：生命的力量——《双喜图》欣赏

学生通过课前及课上的资料，了解崔白的生平。

学生自主探究，从笔墨、造型、构图、意境分析崔白的《双喜图》。

通过学生小组汇报成果、学生表演模仿画中的景物，理解崔白创作《双喜图》。教师总结并补充介绍《双喜图》在宋代花鸟画中的地位，说明崔白如何通过绘画来表达他的精神与思想。

以文创形式对《双喜图》进行再创作。

6．单元作业与评价方案

（1）第一课时：寻找笔法的秘密——《双喜图》技法探究

学习国画技法——丝毛法，用丝毛法绘制小动物。

（2）第二课时：生命的力量——《双喜图》欣赏

利用《双喜图》中的元素进行文化创意开发，完成兔年文创产品展览。

7．教学资源

中国知网、新课标等。

（五）单元反思与总结

当拿到此次课题时，我们觉得非常迷茫，因为宋元时期的绘画非常多，如何去寻找一幅有特点的画？于是我们从画家入手，找到了崔白。崔白的画风在绘画史上是一个非常重要的转折点，因为崔白的花鸟画打破了自宋初来由黄筌父子工致富丽的"黄家富贵"为标准的花鸟画形制，开北宋宫廷绘画的新风。于是，我们着手去了解崔白人物生平及他的绘画特点。最后，我们选了《双喜图》这幅画，这正好也是一个契机，因为这幅画中有当年生肖——兔子。

在课时分配上，第一课时我们主要讲国画技法，第二课时主要讲这幅画的欣赏。虽然想法很完美，但是，在真正上课时还是有许许多多的问题会出现。比如，对于现在的学生，他们其实在校学习国画的机会并不是很多，在最初的第一课时我们讲了很多不同的丝毛法，发现学生并没有学会。于是我们就从最简单的两种着手，重新修改课程，最后完成关于动物的作品创作。在第二课时中，大部分都是以小组分析、讨论为主。用何种实践创作形式让我们思考了很久，最后选定了以文创为主，让学生们了解到国画离我们的生活并不是那么遥远，国画也可以与现代的一些艺术形式结合，国画也可以装饰我们的生活，为我们的生活服务。

此次大单元课程也是对我们的一个新挑战，大单元课程中我们主要让学生以自主探究的形式完成一系列的任务，学生可以从不同角度去看待老师提出的同一个问题。总之，"精准教、个性育、自主学"是我们一直所追求的。

二、第一课时

（一）小问题及目标

认识崔白和他的《双喜图》。

《双喜图》中的动物是如何绘就的？

运用丝毛法将生活中的动物创作成作品。

（二）主要教学方法

欣赏分析、自主探究、小组作业。

（三）案例描述

1. 教学准备

围绕本课基本问题，准备相应的图像资料、教学课件等。

将学生分成若干学习小组，每组五至六人，便于课堂小组探究学习。

准备毛笔、熟宣、墨水等用具。

在课前收集关于崔白的资料，准备课堂上进行分享。

设计意图：充分做好教学准备，让学生对崔白有一定的认识。

2. 教学过程

（1）导入

① 播放视频（双双和喜喜）

同学们，下面我们来看一段视频，你看到了什么？

你认为可以给它们取什么名字？

② 介绍崔白和《双喜图》

一天它们遇到了一位大画家，这位画家非常喜欢活泼可爱的它们，于是将它们画进了自己的画中，这位大画家是谁呢？请学生讲述收集到的崔白的资料。

在崔白的笔下，双双和喜喜是什么样子的呢？这幅画上面有什么？

③ 教师小结

在这幅画中双双和喜喜画得特别传神，好像在交流着什么？这幅画有一个好听的名字叫《双喜图》。今天就让我们一起走进《双喜图》的世界，去探索画家笔下的小动物吧！

板书：双喜图。

（教师出示《双喜图》图片。）

设计意图：用情境法引发学生思考，用为喜爱的小动物写生来调动学生主动探究的积极性，激发探究欲望。

（2）新授

探究笔法和画面效果。

看到这幅作品你有什么感受呢？（同学之间讨论。）

生：逼真。

教师小结：那这样逼真的双双和喜喜是怎样画出来的呢？这就是工笔花鸟画的画法，其中的奥秘就是表现手法不一样。看画中小动物的毛都是一笔一笔细细地画出来的！

设计意图：培养学生观察力，解开其中绘画的奥秘。

① 活动一：学生小练习

同学们能不能也来画一画呢？（展示细节部分。）

（作业讲评，找出不足，老师进行指导示范。）

评讲、示范指导。

我们来评价这位同学的作品，你感觉怎么样？

生1：想要颜色淡淡的毛发，我们需要在墨中多加些水，深了再加点水。

生2：这个时候墨调好了，我们要用笔尖来蘸墨，画出来发现水还是多，可以在我们的调色盘上刮一刮，或者使用毛巾吸水。画上去时给人一种干干的感觉。

生3：为了画出那些细细的线条，我们需要轻轻地用笔尖来画。

设计意图：培养学生的动手能力，通过时间加深学生的印象，学习工笔花鸟画的基本毛发技法。

② 活动二：实践丝毛法

教师提供《双喜图》中两种动物的细节图，由学生来找到毛发之间的区别。

你发现几种不同的毛发？它们是怎样画出来的？

学生在教师的指导下尝试体验几种丝毛法。

抓住细节，为这些丝毛法取一个好听的名字（劈笔丝毛法、单笔丝毛法）。

教师小结：我们要注意，劈笔丝毛法更加强调分组刻画、突出层次，画时笔尖要张开，水分要少，笔杆可以略微倾斜。单笔丝毛法注重的则是长短不一、根根分明的线条，画时笔头要尖，笔杆直立，水分略干，墨色可以浓一些。

设计意图：逐步练习，让学生掌握两种不同的绘画技法。

③ 活动三：小游戏——对号入座

下面我们来玩一个小游戏，对号入座，将两种丝毛法分别拖动它们到对应的位置。

设计意图：以游戏的方式进行总结，增加趣味性、加深学生对丝毛法的印象。

（3）实践

使用两种丝毛法来创作双双与喜喜（教师准备好兔子和喜鹊的造型。）

要求：合理使用两种丝毛法。注意墨色的浓淡。

教师巡回指导。

设计意图：提供机会让学生将学到的知识运用到具体创作中，体会传统中国花鸟画的魅力，形成继承与发扬中华优秀传统文化的意识。

（4）展示评价

教师将学生创作的丝毛法动物进行展示（图22）。

学生互评、教师评价（表12）。

（5）总结

这节课通过学习崔白的《双喜图》认识了中国工笔花鸟画中的丝毛法，探索了两种丝毛法的不同特点，并且尝试做了一位小画家。其实，在崔白的笔下，还有许多可爱的小动物，我们一起来瞧一瞧。这些可爱的小动物在崔白的画中会发生怎样有趣的故事呢？我们下一节课一起来探索吧！

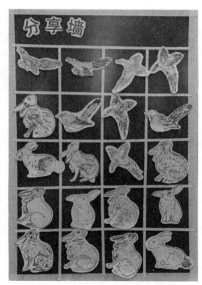

图22 《双喜图》分享墙

设计意图：让学生对本课知识有及时的实践，又感到意犹未尽，为下节课教学做好铺垫。

表12 《双喜图》第一课时评价量规表

评价内容	得分
你会粗略分析崔白笔下的不同丝毛法，学会简单运用一种丝毛法。	★★★
你基本学会分析崔白笔下的不同丝毛法，学会两种丝毛法的运用。	★★★★
你能识别崔白笔下不同的丝毛法，知道丝毛法绘画时需要注意墨色浓淡，能够按照动物的身体结构熟练完成丝毛法在画不同小动物中的运用。	★★★★★

三、第二课时

（一）小问题及目标

如何欣赏《双喜图》？

崔白想要通过《双喜图》表达怎样的思想？

（二）主要教学方法

欣赏分析、自主探究、小组作业。

（三）案例描述

1. 教学准备

围绕本课基本问题，准备相应的图像资料、教学课件等。

将学生分成若干学习小组，每组五至六人，便于课堂小组探究学习。

设计意图：充分做好教学准备。

2．教学过程

（1）导入

崔白喜欢在什么季节创作绘画？

① 教师提供素材

先出示上节课结尾的小动物，再导入这些动物对应的场景。

② 探究思考

同学们，上节课我们学习了用两种不同的丝毛法来画小动物，知道北宋画家崔白他非常喜欢用丝毛法描绘小动物。现在，老师请你来观察崔白究竟喜欢在什么情境下、什么季节描绘这些小动物呢？你是从哪些地方发现的？

③ 学生思考并回答

④ 教师小结

崔白喜欢在秋冬时节绘画小动物。

设计意图：引导学生观察画面，提出一个国画画面的一个小点，调动学生主动探究的积极性，激发探究欲望。

（2）新授

感知图像，了解画家的意图。

教师提供《双喜图》的背景（动物抠除）。

学生思考：单看背景给你什么样的感受？如果加入小动物双双、喜喜呢？

对比发现：加入动物的画面给你什么样的不同感觉？

教师小结：秋冬季节总会给我们萧索、凄冷的感觉，但是在崔白的画面中加入了小动物，使整幅画面有了动感，有了生机，这也是崔白想要给我们传达的"生的希望"。

设计意图：培养学生观察力，对比发现崔白画面的意图。

① 活动一：探究画面构图

教师分别提供《双喜图》无动物和有动物的版本。

尝试组织画面，学生进行拼摆。

对比发现崔白画中构图的奥秘。教师展示崔白画面构图，学生分组对比拼摆，并说一说感受。

尝试用红色贴纸将崔白画中的动物和景连接起来，发现是"S"形构图。

S形构图给你什么样的感受？

设计意图：将课堂还给学生，开展小组活动，自主探究构图特点。

② 活动二：探究画面造型

演一演：分小组演一演画面中动物的动作、语言或心理活动。分析画中的动物和景物的"动静结合"。

教师小结学生说的一些要点，进而提升：中国画画的并不仅仅是画面中你所看到的景物，更反映了北宋那个时期的时代特征。崔白为什么喜欢画秋冬深秋野外的情景？（学生发言。）画家崔白将自己的坚韧的精神寄托于这幅国画作品，让远在千年后的我们，依然可以看到画家的种种情思。

③ 活动三：尝试为这幅画取一个好听的名字

学生展开思考，为画面取名。

探究《双喜图》的另外一层含义。

④ 活动四：寻找你心目中的《双喜图》

欣赏作品，观察现代画家是如何演绎动物的？（视频播放。）

想一想你心目中《双喜图》的小动物是怎样的？

（3）实践

请学生为今年的生肖主题制作文创作品。

设计意图：学生通过小组讨论，教师分析，了解了《双喜图》的内容，进而学会方法，做到知识的运用与迁移，用现代的方法再创《双喜图》，让学生知道美术为生活服务。

（4）展示评价

学生欣赏不同小组的文创产品（图23），并发表自己的看法。师生互评（表13）。

图23 《双喜图》文创作品

（5）总结

同学们，这节课我们欣赏了北宋画家崔白的《双喜图》，知道了国画可以从构图、造型、精神等方面进行欣赏，相信通过今天的学习你已经掌握了如何来欣赏一幅国画作品。绘画更是反映了一位画家的精神，以及一个时代的特点，老师希望你们能够知道，国画作为中华优秀传统文化的代表，需要我们传承，它是我们国家的艺术瑰宝。

设计意图：启发学生思考，一幅画不仅包含造型、构图、色彩，更是一个时代的象征。

表 13　《双喜图》第二课时评价量规表

评价内容	得分
你会粗略描述《双喜图》这幅作品的整体形式、初步的笔墨感受及造型特点；你知道画家的这幅画想要表达的简单内容；仅仅表达了对这幅作品的喜爱与否。	★★★
你基本描述了《双喜图》这幅作品的构图形式、造型特点及其所传达的笔墨感受；你简单分析了画家所运用的绘画语言对这幅作品的影响；你能考虑到画家想要传达的一种精神及时代特征。	★★★★
你充分描述了《双喜图》这幅作品的构图形式、造型特点及其所传达的笔墨感受；你合理地分析了画面中的意境；你能说出画家想要传达的一种精神及时代特征。	★★★★★

（本案例由顾欣瑜、陈卓寅提供）

第六节　体育学科案例：双手头上抛掷大球

一、指导思想

本课以习近平新时代中国特色社会主义思想为指导，全面贯彻党的教育方针，落实立德树人基本任务，坚持"健康第一"教育理念，以中国学生发展核心素养为引领、紧扣"教会、勤练、常赛"的新课程理念展开教学。本课利用学生喜欢的运动器材，融入数学图形认识、距离丈量，以及介绍新颖打击乐手碟，把体育教学和其他学科进行深入融合，培养学生团队合作、遵守规则、注意安全的良好体育品德。

二、教材分析

投掷教材是发展学生身体协调素质的重要手段，本课教学对象是四年级的学生，能够完成肩上屈肘，快速挥臂，将轻物掷出，让学生从单手过渡到双手，从动作环境上看可以分为投掷物过肩和投掷物低于肩。本课双手抛掷大球，选择了学生喜欢的羊角球，通过羊角球上面的两个把手进行一定高度和远度的抛掷练习，让学生形成两脚蹬地，运用腰腹力量，用力挥臂快速，一气呵成，动作协调连贯等技术动作，通过合作学习的学习方式达成本课目标。

三、学情分析

四年级的学生一般为十岁左右，处在人体发育的童年时期，学生对新鲜事物具有很强烈的好奇心，愿意和同伴一起探讨学习，但是对游戏比赛等练习有更高的挑战性，所以在练习前需要充分做好准备活动，预防学生的运动损伤。另外学生安全意识淡薄，老师在课堂上需要加强安全教育，学生在练习中需要得到同伴和老师的鼓励和肯定。

四、学习目标

1. 运动能力

85%以上的同学能熟练掌握双手头顶向前抛大球的正确动作，知道抛球的出手角度和力度与抛球远度有直接关系，在课堂上积极参与体能练习，提升肌体的各项技能。

2. 健康行为

能知道投掷动作自下向上的发力顺序，了解并学习参与动作时的关节和肌肉群，懂得在活动中令行静止，按投掷规则进行活动。

3. 体育品德

练习中，对同伴友好，活动中相互提醒，能通过工具丈量距离，注意练习安全。

4. 预计效果

个体练习密度：60%左右。

群体练习密度：75%左右。

平均心率：140—160次/分。

五、教学重难点

教学重点：腰腹用力将球抛出。

教学难点：抛大球时手的角度和出手速度。

六、教学方法

注重学、练、赛、评一体化教学，以团队合作探究学习为主，运用情景导入、自主尝试、小组讨论、以赛促练、相互评价、学科融合等有效教学方法，去激发学生学习兴趣。

七、教学特色

1. 跨学科融合

新课标要求学科之间深入融合，本课通过短杆快速摆放图形，让学生认识图形的同时，增加同伴之间的合作意识，通过短杆的丈量进行投远距离的比拼。

2. 教学器材的新颖

本课利用学生们喜欢的羊角球贯穿全课，用可组装弯曲的短杆培养学生动手合作能力，轻松解决课堂教学重难点。

3. 教师语音魅力

教师的课堂语音是影响一节课的成败因素之一，精简多练，儿童化、鼓励化的语音是孩子体育课堂的灵魂，是学生坚持和调整的助力剂。

八、教学流程及策略

器材准备：羊角球二十五个、"半圆拱门"二十五套、"小蜜蜂"一台。

课的开始部分还是通过常规的队列队形练习提高学生的精气神，利用短杆的摆拼进行各种有趣的走跑跳练习，然后在音乐伴奏下进行核心和专门性准备操。

课的基本部分通过玩羊角球过渡到抛掷练习中，通过丈量比赛的方式让学生挑战自我；接下来用短杆组合搭建成半圆形状，解决本课教学重难点；最后通过合理利用场地器材进行趣味搬运游戏和素质练习。整节课学生在老师的引领下快乐的学习。

（一）准备部分

1. 课堂常规

（1）学习内容

① 整队、师生问好。

② 宣布本课内容和任务。

③ 安排见习生。

④ 队列、队形练习。

（2）教师活动

① 肢体语言激发学生兴趣。

② 宣布本课内容和要求。

③ 安排见习生。

④ 口令指导学生练习。

（3）学生活动

① 四列横队站立。

② 认真听老师宣布内容、要求。

③ 听从老师安排。

④ 精神饱满听口令完成队列队形（图24）。

2. 热身练习

（1）学习内容

① "拼图"走跑跳。和同伴合作利用短杆快速摆放长方形、正方形、三角形、菱形等图案，并开展趣味走跑跳练习。

图24 队列、队形练习

② 核心、专门性热身操。保持身体的稳定性，结合本课学习内容进行针对性准备操。

（2）教师活动

① 指导学生利用短杆摆放图案后进行趣味走跑跳。

② 参与学生的练习中。

③ 跟着音乐节拍带领学生进行热身操练习。

（3）学生活动

① 按要求快速利用短杆完成图案摆拼，并进行走跑跳。

② 听指导进行练习。

③ 认真完成热身操（图25）。

图25　热身练习

设计意图：本设计合理把体育和数学图形融合，不仅培养学生的思维能力，更培养学生的团队合作的意识。核心和专门性热身操更加符合课堂教学的内容，动作简单，适合该年龄段学生。在保持身体平衡的基础上，更好地锻炼学生小肌肉群，避免在运动中损伤。

（二）基本部分

1. 抛掷羊角球

（1）学习内容

① 玩羊角球自主尝试各种玩法。

② 羊角球比一比、跳一跳。规定的时间看谁跳得多，并且进行教学评价。

③ 羊角球比一比、投一投。不规定动作方法，让学生自主进行投远练习。

④ 羊角球比一比、量一量。结合学科特点教会学生如何丈量距离。

⑤ 双手抛掷大球。动作要领：两脚前后站立，双手持球过头顶，重心后移腿弯曲，用力蹬地挥臂投。

⑥ 双手抛掷大球过一定高度。动作要领：后脚蹬地，腰腹用力，掌握出手角度，快速挥臂把球投出。

⑦ 双手抛投大球过一定高度和远度。动作要领：在完整抛投大球的动作基础上，让学生出手有力，投过一定高度和远度。

（2）教师活动

① 引导学生玩羊角球注意安全。

② 宣布羊角球比一比、跳一跳的比赛规则。

③ 指导学生用自己的方式进行羊角球比一比、投一投。

④ 指导学生利用短杆进行丈量距离的方法。

⑤ 集中讲解双手抛投大球的动作要领。

⑥ 巡回指导学生在练习中出现的问题。

⑦ 指导学生比一比、量一量，看谁投得远。

⑧ 指导个别小组进行展示，并且进行评价。

⑨ 指导学生快速利用短杆拼接成半圆形状。

⑩ 指导学生利用羊角球进行一定高度的抛投。

⑪ 指导学生四人一组进行两个半圆的前后搭建。

⑫ 巡回指导学生。

⑬ 集中讲解评价，进行示范，让学生更加直观地掌握动作要领。

（3）学生活动

① 和同伴一起分享羊角球的快乐。

② 在老师引导下进行羊角球比一比、跳一跳活动。

③ 利用短杆丈量同伴投掷羊角球的距离。

④ 认真听老师讲解双手抛投大球的动作要领。

⑤ 和同伴进行正确的双手抛投大球练习。

⑥ 和同伴比一比、量一量，看谁投得远。

⑦ 认真观察其他小组学生的展示，并且进行评价。

⑧ 和同伴快速把短杆拼接成半圆形状。

⑨ 进行一定高度的抛投大球练习（图26）。

设计意图：让学生喜欢的羊角球成为练习器材，增强学生对练习的兴趣，依据新课程标准教会、勤练、常赛的要求，让学生通过合作学习的形式提高个体练习密度。本部分利用短杆进行投远距离的丈量，学生在交流比赛中掌握技能。最后通过短杆拼接形成一定高度半圆，不仅培养学生合作动手能力，同时也解决本课的教学难点。

图 26 抛掷羊角球

2. 游戏和素质练习

（1）学习内容

① 快乐爬行。游戏规则：比赛学生两人一组，同时在起点线听口令，两人在一定距离的标志桶旁利用同一种姿势顺时针爬行，被追赶上的小伙伴获胜。

② "大力士"

③ "蹲蹲乐"

（2）教师活动

① 讲解游戏的规则和要求。

② 请学生进行示范。

③ 组织学生进行比赛、并加强安全教育。

④ 讲解素质练习的要求，激励学生认真完成。

⑤ 带领、参与学生一起进行素质练习。

（3）学生活动

① 认真听老师讲解游戏和素质练习的规则和要求。

② 认真看同伴示范，并且做好准备。

③ 按要求进行比赛和素质练习。

设计意图：游戏是体育课堂的高潮部分，学生在呐喊加油声中培养团队合作意识。本游戏利用现有的器材增加趣味性的同时，也让课堂的器材一物多用。新课程标准明确规定每一节体育课需要增加学生素质练习，本课利用器材进行趣味素质练习，老师同时参与到练习中，增强学生的积极性。

（三）结束部分

（1）学习内容

① 拉伸冥想放松。利用击打手碟发出的音乐声音带领学生进行放松。

② 课后小结，布置家庭作业（跳短绳两分钟，尝试练习跳双飞）。

③ 整队、师生再见。

④ 安排收放器材。

（2）教师活动

① 带领学生一起认识手碟，指导学生放松练习。

② 进行本节课小结，布置家庭作业。

③ 宣布下课。

④ 安排学生收还器材。

（3）学生活动

① 在老师的指导下进行拉伸放松。

② 对本节课的学习评价。

③ 和老师再见。

④ 帮老师收还器材（图27）。

设计意图：让学生认识新颖的打击乐手碟，能在音乐声中放松身心，老师在展示音乐的同时，把体育和音乐进行融合，课后也可以让学生一起来体验手碟的乐趣。

图27 放松

九、课后反思

本次课为四年级田径大单元的第12课时，在老师的引导下，学生快乐自主学习，85%的学生能达成学习目标。因为是借班上课，在课的基本部分，学生对老师的场地器材布置不能很好理解，所以在课堂上浪费了练习时间。在以后的课堂上可以通过视频或者图片的方式让学生更加直观明白老师队伍调动的意思，提高课堂练习密度。

课堂上老师的语言激发和及时评价让学生提高学习兴趣，团队合作让学生在快乐的氛围中学习，课程融合让新课程标准在课中时刻渗透。

（本案例由王军提供）

第十章　行星课程个体化育人的实践案例

第一节　"四叶草"小公民课程案例：陪伴让爱走得更远

最贴心的，是亲子美好的拥抱；
最难忘的，是亲子热烈的欢笑；
最得意的，是亲子共同的成长；
……
星海，周末亲子日，
陪伴的浓度，决定爱的温度！

一、目标

随着"双减"政策的正式落地，为了让学生自主体验、自由探索周末生活，为了让家长亲近孩子，感知孩子，理解孩子，星海小学开展"双十二"星聚力系列亲子课程，引导学生在亲子体验活动中认识自我、开发潜能，引导家长在亲子陪伴时光中创设良好的家庭沟通渠道和方法，营造愉快、健康、和谐的家庭教育氛围。

二、时间

2021年12月12日

三、须知

（1）面向对应年级开放抢票报名，额满截止。

（2）抢课时间：2021年12月9日18：00—18：30。

（3）抢课流程：通过微信报名选课。

（4）报名成功的家庭，限家长和孩子各一人参加。出行注意安全。倡导绿色出行，开车家长请在活动地点有序停车。

（5）所有课程均免费开设，家长自愿参加。

图 28　手写家书

图 29　自制美食

四、安排（表 14、15，图 28、29）

1. 亲子体验活动：爸爸妈妈，我们一起上学去！

表 14　亲子活动体验课程安排表

年级	组数	主题	课程内容	地点
一、二	30 组	亲子自护课程	探访消防员的"钢铁伙伴"：走进苏州市消防救援支队，零距离观摩消防技能表演，体验消防装备。自护知识记心间。	相城区渭塘镇凤阳路与 227 省道交界处
三、四	30 组	亲子农耕课程	农耕体验嗨翻天，我是快乐小农夫：当地农夫讲解种植知识、挖红薯、包饺子。劳动与收获，尽在大自然。	吴中区临湖镇东山大道农场
五、六	20 组	亲子传习课程	走进一针一线的世界，感受传统刺绣文化的独特魅力。苏绣传承人府向红老师进行技法讲解、亲子绣团扇。	吴中区光福镇向红绣府工作室

2. 周末家庭亲子日：爸爸妈妈，我们一起做一做！

表 15　周末家庭亲子日课程安排表

年级	主题	课程内容
一、二	一粥一饭当思源 光盘行动我能行	珍惜粮食，厉行节约，反对浪费。"光盘"不仅是一句口号，更是一种生活态度，和爸爸妈妈一起来开展周末"光盘"行动吧！
三、四	一笔一画书我情 文明校园我来绘	哗啦啦地流着水的水龙头、无人问津的电脑电扇……节水节电，"关住"点滴！向爸爸妈妈说一说你心目中的文明校园，并用手绘的形式记录下来吧。
五、六	一枝一叶总关情 劳艺结合创造美	片片树叶离开了树枝，飘落在地，被一群纯真智慧的孩子捡起，定能创造出精美的树叶粘贴画……亲子共制一幅创意树叶画，感知自然美吧！

（本案例由毕诗萌提供）

第二节　阅读与生活项目课程案例：读红色经典，做强国少年

一、目标

一百年风雨兼程，一世纪沧桑巨变。本次阅读活动，喜逢中国共产党建党 100 周年，借此契机激励学生积极阅读红色经典，通过丰富多彩的教智融合阅读课程，点亮学生心中明灯，照亮学生未来人生方向。同时，为了更好地做好阅读指导，老师们一起研读红色经典，成为受孩子欢迎的阅读组织者和指导者。

二、宣传语

阅读，我们一直在路上。

读红色经典，做强国少年。

幸福的花儿心中开放，我们的阅读充满阳光。

三、时间

2021 年 4 月 23 日—5 月 31 日

图 30　抗日小品表演

图 31　阅读《小英雄雨来》

四、安排（表 16，图 30、31）

表 16　阅读课程活动安排表

课程活动	内容	年级	活动地点
读起来，记起来，晒起来——21 天阅读好习惯养成记	每位学生通过线上或线下的方式，个性化阅读、记录，晒一晒自己 21 天的阅读情况，养成坚持阅读的好习惯	一至六年级	自主选择
"云"上话英雄，共读一本书——星海娃与新疆霍尔果斯小朋友共读红色经典书籍	四、五年级学生代表给霍尔果斯小伙伴回信，推荐一本红色经典，共读一本书（四年级《小英雄雨来》，五年级《红岩》或《长征》）	四、五年级	教室
	两地学生代表视频聊书		电脑房
校级"自主阅读之星"评比	各班第八周完成推荐表，制作展示板	一至六年级	听海池边
读红色经典，做强国少年——读书日启动仪式	一、二年级：阅读，我们一直在路上 三、四年级：幸福的花儿心中开放，我们的阅读充满阳光 五、六年级：读红色经典，做强国少年	一至六年级	操场
把我最爱的书读给你听——校长为我读小英雄的故事	校长流动各班讲小英雄故事 备课组长选四个班级室外讲故事	一至六年级	一年级各教室 听海池边 石榴亭旁 国学馆 紫藤架
诗歌里的家国情——红色诗歌我们吟诵	各班选取爱家爱国的诗歌若干首，开展读诗、摘诗、颂诗赛，评选"最美声音奖""最富情感奖""最具诗意奖"	一至六年级	二年级各教室
"云看"经典，我们的阅读充满阳光——读红色经典，看同名电影，演红色故事	三、四年级各选一本红色经典书籍（三年级《两个小八路》，四年级《小英雄雨来》）。各班利用阅读课读书，看同名电影	一至六年级	三、四年级各教室
"云听"经典，一心装满国，一手捧起书——阅读红色经典，听同名广播剧，参观红色基地	阅读《雨花台的那片丁香》，推荐听广播剧《丁香》，参观爱国主义教育基地，自主阅读并制作读书展板	五年级	五年级各教室
"云读"书香，"线上"芬芳——易加互动平台上阅读红色经典	各班利用易加互动平台，阅读红色书籍	六年级	六年级各教室

续表

课程活动	内容	年级	活动地点
沧桑巨变，最美红色经典——语文教师红色经典读书会	各年级选一本红色经典，全组老师一起研读，在备课组会议上分享心得体会	一至六年级	国学馆
读红色经典，做强国少年——读书日闭幕式	介绍读书活动亮点，宣读阅读评比结果："阅读之星"，二年级颂诗比赛奖项，三、四年级课本剧评比奖项	一至六年级	操场

（本案例由陶晴提供）

第三节 思维与实践项目课程案例：有数有形，动手动脑

一、目标

通过了解学习 STEM 这一种新型教育和学习理念，进行多领域的跨学科学习和活动。用智慧的学习方法去研究、创造、探索知识的奥秘，展开丰富想象进行实践和创作。

二、准备与设计

（一）创意竞技：纸牌建高塔（图32）

参加年级：一年级。

具体任务：利用一副统一的扑克牌，在规定的时间内搭建高塔，塔高者取胜。

竞赛方法：

以 3—4 人为一组，每组提供一副扑克牌。

在规定的 20 分钟时间内，用纸牌搭建一座高塔。

搭建过程中，允许纸牌弯折，不允许裁剪。

评分点：

（1）在规定的时间内完成搭建。

（2）塔高者取胜。

（二）创意竞技：胡萝卜叠罗汉（图33）

参加年级：二年级。

具体任务：利用切好的块状胡萝卜和牙签，在规定的时间内搭建高楼，楼高者取胜。

图32 纸牌建高塔

图33 胡萝卜叠罗汉

竞赛方法：

以 3—4 人为一组，每组自备胡萝卜（切好呈块状）、牙签。

在规定的 20 分钟时间内，用胡萝卜块和牙签搭建一座高楼。

搭建过程中，造型不限。

评分点：

（1）在规定的时间内完成搭建。

（2）楼高者取胜。

（三）创意结构设计："深海无穷尽"（图34）

参加年级：三年级。

具体任务：参赛选手以雪糕棍和螺丝、螺母或者胶水为主要材料，通过粘贴、堆砌、捆扎等各种方式，将小物件制作成大物品。鼓励青少年在日常生活中发现创新点，实现变废为宝的创新力，凸显青少年科技创新及动手能力。

图34 "深海无穷尽"

竞赛方法：

每组队伍可由 4—8 名学生完成作品的设计、制作、修改、调试等过程。

作品以厉行节俭为原则，要求以雪糕棍和螺丝、螺母为主要材料，通过粘贴、堆砌、捆扎等各种方式，将小物件制作成大物品，体现"一到无穷"的创意新想法，发挥更大的实用功能，或体现更多的美学价值。

作品大小不超过 0.5 米×0.5 米×0.5 米，并且有作品说明。

评分点：

（1）主题突出。

（2）创意构思新颖。

（3）制作到位。

（4）整体效果好。

（四）创意竞技：飞车快乐行

参加年级：四年级。

具体任务：利用学校提供的小车组装材料制作一辆动力小车，使小车能在动力的驱动下开动。在规定轨道内，距离越远成绩越高。

竞赛方法：

准备比赛时，参赛者调试好车辆。在起点线前，等待裁判员发出口令。在发出口令之前参赛者身体的任何一部分及车辆不得超过起点线。

裁判员确认参赛者准备好后，发出"预备、开始"的启动口令。听到启动口令后，参赛者开动车辆。

必须保持小车为基本完整，小车散落、分离，都不能参加比赛。

在规定赛道内直线竞速行驶，以模型小车停止点确定分值；如模型出边线则比赛成绩按照出界时的距离计算。

比赛结束，裁判员记录成绩。

评分点：在规定轨道内，距离越远成绩越高。

（五）创意结构设计：1+N 创意秀

参加年级：五、六年级。

具体任务：创意制作，主题为"走向深蓝"，底座尺寸不超过 50 厘米×50 厘米。

竞赛方法：

"1+N"中"1"指 1 个材料单元件，"N"代表重复该单元件。围绕主题，展开丰富想象，把重复的 N 件材料组合起来。

参赛选手以探索海洋的奥秘，展示中国海洋开发、海军建设等强国之路，展现中华人民共和国成立以来中国海洋事业发展取得的辉煌成就为创作方向，探索新知，感受深海的无穷魅力。

作品材料以厉行节俭为原则，要求以生活中常见的价值低廉或废旧小物品为材料。

作品要体现"一到无穷"的创意新想法，发挥更大的实用功能，或体现更多的美学价值。

4—8人为一组，现场调整，在固定时间完成作品。

评分点：

1. 符合"1+N"主题。
2. 创意构思新颖。
3. 制作到位，整体效果好。
4. 团队分工好，配合度高。

在此基础上，还可开展其他活动（图35）。

图35　其他日常实验场景

（本案例由李祥提供）

第四节　欣赏与表达项目课程案例：声声嘹亮，乐享童年

一、目标

秉承"人人成功、人人成星"的教育理想，让每一位学生都能积极乐观成长。贯彻教育部《学校艺术教育工作规程》和全市中小学艺术教育工作会议精神，坚持育人为本，以学校为基础，面向全体学生，开展丰富多彩的艺术活动，培养中小学生健康的审美情趣和良好的艺术修养，展示星海小学艺术教育的多样性。

二、准备与设计

（一）序曲：春何在？良辰美景星之海。赏心事？音乐盛宴牡丹亭

1. 内容介绍

为了提高学生的艺术素养，扩大学生的欣赏宽度，此次艺术节活动的第一个内容就是让别具一格的高雅艺术进校园，特邀苏州大学管弦乐团的"牡丹亭音乐传奇"进校演出，为星海小学的孩子们送上一场音乐的"传统文化盛宴"。

2. 理论学习

这是一次近距离接触昆曲艺术,让学生感受中西碰撞融合之美的宝贵机会。"牡丹亭音乐传奇"保留了昆曲《牡丹亭》的唱腔、旋律和咬字、发音、归韵,但以西洋室内乐形式重新编配。它不仅延伸了原剧《牡丹亭》的戏剧内涵和整体表现力,也呈现出《牡丹亭》的人间七美:爱情之美、音乐之美、辞藻之美、唱腔之美、梦幻之美、诙谐之美、风雅之美。

3. 邀约欣赏

演出开始,主持人介绍演出中的四件乐器,即钢琴、小提琴、大提琴、竹笛,这别样的组合,中西方器乐的交融,给师生带来了一次别样的艺术体验(图36、37)。在乐曲表演的间隙,演奏者现场教学,贴心地介绍剧目内容,以及《牡丹亭》的故事情节,让小观众们听得明明白白的(图38)。

图36 "《牡丹亭》音乐传奇"表演

图37 音乐欣赏

图 38　演奏者现场教学

精妙的编排，让现场的师生们也走进了柳梦梅的梦境。《牡丹亭》几乎成为昆曲之代名词。中国传统乐器竹笛，在该演出中，模仿出了昆曲唱腔，让师生赞叹中国传统乐器的魅力。

（二）正曲：人人有微笑，班班有歌声

能让校园流淌着流动的音符，是一件幸事。为了进一步推进学校素质教育和校园文化建设，丰富学生课余生活，发现和培养艺术人才，在艺术节中，特举办面向全校班级的"班班合唱"展示活动，分为初赛和最终展示环节。

初赛展示以走班形式进行选拔，每班都选定一首积极向上的歌曲，利用课余时间和音乐课进行练习。每一次的练习，也是提高全班演唱水平和班级凝聚力的好机会。精心准备的歌曲，清澈如天籁的童音，闪亮如星辰的眼睛，都如此让人难忘。

班歌准备要求如下。

1. 歌曲主题

可以是书本上的歌曲，也可以选用课外优秀歌曲，内容健康阳光。

2. 舞台风范

班级学生演唱时精神饱满、积极乐观，保持良好台风。面部表情自然大方，充分显示当代小学生的朝气和热情。

3. 合唱音色

合唱时，声音洪亮协调，音准节奏准确，声情并茂，吐字清晰，音准稳定，强弱对比得当，能体现演唱的艺术性，有感染力。

4. 舞台形象

各班学生都穿校服，服装做到整齐统一，佩戴红领巾，充分展现当代学生积极向上的精神面貌。

最后展示环节，全校各班级积极准备、认真参与。歌声从这里传递，音符从这里飘扬，青春从这里激荡，梦想从这里起航！为了此次班歌比赛的成功举办，前期音乐组的老师们在选歌、定曲目等方面做了大量准备工作，并利用音乐课堂上的时间帮学生们刻苦练唱，精细排练。

（三）终章：艺术迸发促"双减"，琴音诗画庆"六一"

设计宗旨：艺术节终章以"六一"庆祝活动为激发点，面向全体学生，开展系列主题活动，培养学生健康的审美情趣和良好的艺术修养，展现少年儿童向上、向真、向美的精神风貌和积极状态。

六月，是童年的摇篮，是童年的梦乡。六月，有童年的沃土，有童年的太阳。我们迈着喜悦的步伐走进了六月，迎来了我们自己的节日——"六一"国际儿童节。在艺术节的终章中，学校组织各个艺术团队，给全体师生呈现了一场艺术盛宴。星海小学"魅力童年，活力星海"文艺汇演暨艺术节闭幕式在全校师生的期待中拉开了帷幕。

让每位孩子都能在舞台上绽放。孩子们画好俏皮可爱的妆容，穿上自带气场的表演服装，演出的仪式感一点儿也不能少。"星海娃"们用最好的精神面貌登上闪亮的舞台，拥抱成长。

"民乐奏韶华，国韵代代传。"首先出场的是星海小学民乐社团的小小艺术家们，他们带着对民族音乐文化的热爱，用精湛的技艺带来民乐合奏"采茶调"，拉开了文艺表演的序幕（图39）。表演独奏、独舞、独唱、拉丁舞、健美操等节目的学生依次上台亮相（图40）。"班班合唱"系列中选出的展示班级也一一亮相。让上舞台的机会给到每一位"星海娃"，美美与共，美育教育渗透到星海教育的每一条缝隙中（图41）。

尾声部分：在欢快的节日氛围里，星海小学"六一"文艺汇演顺利结束。不知不觉，为期两个星期的星海小学艺术节也即将闭幕。

抹一卷缤纷的色彩，记录那稚嫩的童心；洒一串流动的音符，萦绕这多彩的生活！每一门艺术，都在孩子心上画下浓墨重彩的一笔，丰富的艺术节课程，为他们的人生增添绚丽的色彩，提供了更多人生选择的可能！

图 39 "采茶调"表演

图 40 舞蹈表演

图 41 "班班合唱"表演

（本案例由周莹提供）

第五节　健康与悦纳项目课程案例：童心向党，强国有我

一、开幕式

时间：2023 年 9 月 27 日 13：00—13：50

流程：

新校区 4 个班级学生由大巴接送前往苏茜路校区，12：00 出发。

全体师生集中操场。

主持人作第十五届田径运动会介绍。

队伍依次进场：国旗队→校旗队→彩旗队→鼓号队→击剑方阵（图 42）→足球方阵→排球方阵→轮滑方阵→摔跤方阵→街舞方阵→魔方方阵→健美操方阵→一年级方阵（星汉街校区学生）→一年级方阵（苏茜路校区学生）→二年级方阵→三年级方阵→四年级方阵→五年级方阵→六年级方阵→合唱方阵。

升旗仪式。

校长致辞。

裁判员、运动员宣誓。

书记宣布运动会开幕。

"我的篮球梦"团体操展示。

图 42　击剑方阵

二、竞赛项目

一年级比赛项目：60 米跑、掷垒球、50 米迎面接力跑（10 男 10 女）。

二年级比赛项目：60 米跑、掷垒球、50 米迎面接力跑（10 男 10 女）。

三年级比赛项目：60 米跑、200 米跑、跳远、掷垒球、250 米×4 接力跑（2 男 2 女）。

四年级比赛项目：60 米跑、200 米跑、跳高、掷实心球、250 米×4 接力跑（2 男 2 女）。

五年级比赛项目：100 米跑、400 米跑、跳远、掷垒球、250 米×4 接力跑（2 男 2 女）。

六年级比赛项目：100 米跑、400 米跑、跳高、掷实心球、250 米×4 接力跑（2 男 2 女）。

注：男女均使用 1 千克的实心球。

三、比赛时间

9 月 27 日

14：00—15：30 一、二年级60米跑、掷垒球、迎面接力跑。

15：40—16：40 三、四、五、六年级250米×4接力跑。

9月28日

8：30—10：35 三、四年级60米跑、200米跑、跳远、掷垒球、跳高、掷实心球。

13：00—15：55 五、六年级100米跑、400米跑、跳远、掷垒球、跳高、掷实心球。

四、领奖（图43）

图43 领奖

（本案例由安晓倩提供）

第六节　发现与创造项目课程案例：
航天点亮星海，科学逐梦未来

一、背景

无垠宇宙，浩渺星河，隐藏着人们深邃的幻想。浩瀚宇宙，璀璨星空，神秘梦幻的星空承载着亘古的历史和人类的想象，充满了未知和无限可能。数十年来，我国不断探索太空奥秘，从无人飞行到载人飞行，从一人一天飞行到多人多天飞行，从舱内实验到太空行走，从太空短期停留到中长期驻留……中国载人航天事业一次次在浩瀚太空刷新"中国高度"，同时也在中华民族的历史长河中培育铸就了"特别能吃苦、特别能战斗、特别能攻关、特别能奉献"的载人航天精神。以"航天+项目"为抓手，整合学科，发现探索，让学生在一天的跨学科实践活动中自主参与，愉快活动。通过"学科融合，筑梦航天"的综合性学习暨嘉年华系列活动，激发"星海娃"对科学的兴趣，培养"星海娃"的探索精神、创新意识和实践能力，打造坚毅、不服输的性格，激发星海娃的爱国热情（图44）。

图44　形创太空

二、目标

从小了解航空航天知识和人类太空探测的宏伟计划，从小播种下航空航天的梦想。

通过线上线下结合的方式，了解航天的精神，增强民族自豪感，激发"星海娃"奋发图强的学习精神。培养爱国情怀、强国意识，助力中国梦。

培养学生观察生活、发现问题、提出问题、探究解决问题的能力。

满足孩子无限的好奇心与探究欲，在成长中收获成功和自信。

让学生在玩中学，学中做，培养学生的动手操作能力及团队协作能力。

三、时间

2021年12月1日

四、安排

举办"航天+"项目研究嘉年华系列活动（表17，图45）。

表17 "航天+"项目研究嘉年华活动表

活动项目	涵盖学科	内容
问天：我是梦想家（一、二年级）	语文	绘一绘：我的航天梦想，上传至易加互动平台
	数学+劳动	图汇太空：用图形拼贴一幅简单的平面航空主题画
	科学+综合实践活动	折纸飞机：用A4纸折飞机，飞向蓝天
	道德与法治+语文	航天生活我知道：看一看航天员在太空中的生活起居等，感受宇宙生活的奇妙
	音乐	"星海娃"唱"小星星"：唱一唱带"星星""蓝天"等词的歌曲，探索最美的蓝天。线上线下结合展示
	美术	剪贴创作：美丽的天空
探天：我是探索者（三、四年级）	语文	晒一晒：我的航天模型，并在易加互动平台展示
	数学+劳动	数说太空：观看航天知识视频；分小组介绍航天知识，提出数学问题，并解答
	科学+综合实践活动	拼装飞机模型
	道德与法治+语文	航天人物我来夸：收集为航天事业做出贡献的英雄人物的事迹并分享
	音乐	一起做夜空中最闪亮的星星：歌曲律动体验（三年级），"戏曲进校园"活动（四年级）
	美术	绘一绘（可以电脑绘图）：我是小小宇航员

续表

活动项目	涵盖学科	内容
飞天：我是设计师（五、六年级）	语文+综合实践活动	列一列：我的问题清单。写一写：我的航天玩具制作指南
	数学+劳动	形创太空：立体图形拼搭，设计并制作飞船、火箭玩具
	科学+综合实践活动	做一个木蜻蜓，升上天空（五年级）。设计火箭模型，未来的航天梦（六年级）
	道德与法治+语文	航天历史我了解：了解中国航天史及世界航天史的发展，畅想未来。可以用思维导图等多种形式呈现研究结果
	音乐	看最快的火箭，唱最美的歌：唱出最美的航天梦
	体育	航天精神我发扬：拔河比赛

图 45　走近航天

（本案例由卢雪珍提供）

第十一章　卫星课程个体化育人的实践案例

第一节　传统节日课程案例：我与月亮"牵牵手"

一、背景

星海小学以推进传统文化教育为目标，以培育学生的好奇心、想象力和创造力为导向，围绕中秋节日和学生的兴趣点进行了全学科统整，线上学习结合线下学习，引导学生走近中秋、认识月亮，进行互动、交流、探索、分享，在更宽广的学习空间中培养合作探究能力，提升解决问题的能力。

二、内容

开展中秋节日文化主题的全学科课程活动（表18，图46）。

图46　我与月亮"牵牵手"

表18　中秋节日文化课程内容表

年级	主题内容	涵盖学科
一	"今夜月明人尽望，不知秋思落谁家？" 穿上喜爱的传统服饰，吟诵一首表达思念或者思乡的诗歌，拨打一个亲情电话，在亲情连线中表思念送祝福。在浓浓的节日气氛中感受中秋的传统与习俗。活动内容上传易加互动平台	表达+人文+社会
二	"海上生明月，天涯共此时。" 瞧，那一轮明月，在你眼里，是否有变化呢？观察月亮，大胆想象月亮的心情，手绘月亮卡通表情包。分享在易加互动平台	艺术+人文+想象
三	"明月几时有？把酒问青天。" 你知道中秋节的来历吗？了解中秋节的习俗吗？小故事，大智慧，读读神话嫦娥奔月、吴刚伐桂、玉兔捣药的故事，看看绘本《月亮忘记了》……收集关于月亮的故事，讲一讲吧！还可以读背与月亮相关的童谣、古诗哦	阅读+表达+人文

续表

年级	主题内容	涵盖学科
四	"万里无云镜九州,最团圆夜是中秋。" 读读课文《走月亮》,与家人在月下走一走。月光如水,或听或看,或闻或想,亲情浓浓……月光下的景物、人物,都与众不同,有没有发现特别的美丽?不妨拍下来,也可以来个自拍照!分享于易加互动平台	自然+人文+摄影
五	"举杯邀明月,对影成三人。" 月饼虽有营养,但其营养成分单一,且为高糖、高油类食品。怎样平衡膳食、健康地食用月饼呢?画一画你的中秋膳食图谱吧	生活+思维+社会
六	"中秋月,月到中秋偏皎洁。""好时节,愿得年年,常见中秋月。" 中秋拜月宴少不了瓜果祭品呢!你知道柑橘类水果(橘子、柚子、橙子、柠檬等)之间复杂的亲缘关系吗?动手查一查,用思维导图记录下来吧	科学+艺术+思维

(本案例由包杰凤提供)

第二节　书法课程案例:呼应与避就

一、目标

培养学生细致观察的习惯和认真读帖、认真书写的态度,感悟书法的美感,从写字中学会与人谦让的品质。

通过对例字"分""失""吞"等的呼应关系和"功""阵""转"等的避就关系的理解,掌握汉字结构的规律。

练习书写,注意书写姿势,欣赏临摹五言绝句《八阵图》一首。

二、准备与设计

今天这节课,我们学习哪一个技法小妙招呢?

请同学们看。(出示学生书写的两个字。)

师:这是一位三年级同学写的"林"字。一样是"林",你有什么发现?

生:一个把左边的"木"写小了,字就合成一个整体了。另一个把两个"木"写得一样大,就不好看了,不像一个字了。

师:你的观察很细致。今天这节课,老师想教给大家两个写好楷书结构的小妙招。那就是笔画之间的呼应与避就。(出示课题。)

在一定的空间里,点画的呼应、穿插、避让、相迎,就像我们学会和同学相处一样,是让笔画之间不打架,使它们成为一个和谐整体的好办法。

图47 书法教学

（一）学习呼应技法（图47）

师：呼应，是指点画之间的互相联系，使它成为一个有机的整体。中国书学中讲"起笔为呼，承笔为应"，怎么才能让大家明白这一点呢？请同学们看书圣王羲之写的毛笔字，出示"于""是"，你发现了什么？

生：这是行书的写法，笔画之间是连起来的。

师：对，这就是呼应。我们常说"笔断意连"，正是这个意思。你看，这就像小娃娃伸手喊妈妈，妈妈伸手要接孩子的那个动作一样。不管是用毛笔写的软笔字还是钢笔写的硬笔字，书写时，呼应的规律是一样的。

怎么做到呼应呢？请同学们看"之"这个字。（出示视频。）乍看三画并不相连，书法家是如何写的呢？每一笔画回锋收笔与后面的起笔相呼应，笔虽断而势不断。点画之间，互有联系，做到呼应，字就生动活泼了。

看了软笔字的写法，同学们大概有点明白了吧。但我们写的是硬笔楷书，怎么看得出来呢？老师告诉大家，楷书的呼应主要是通过意连来实现的。意连的关键在起笔与收笔处，起笔时能承上一笔的笔势，收笔处能启下一笔的笔势，在点画交接处，在纸面上做过渡动作，这样就做到笔断意连了。

下面，我们就重点来看撇捺之间的呼应关系。先来看这个字"分"。（视频播放。）上面的"八"的撇和捺，在写的时候就要呼应。第一笔写到这里，笔锋往上，正好落在起笔的延长线处，然后第二笔入纸写下去。虽然看起来，这是两笔，但其实它们之间笔断意连，是呼应的。下面，看老师来写：（视频播放）短撇有力，笔势往上，呼应捺画，注意收笔，保持呼应。

同学们，你们也可以拿起笔，注意书写姿势，做到"三个一"。同学们可以拿出课前的预习单，让我们一起来写一写。（出示学生书写的"分"，谁来点评下这位同学练写的"分"？）

同样的方法，请同学们读帖（"失""吞"），观察一下，它们怎么做到撇捺笔画间的呼应？

对，它形成一个三角形，撇要有一定的弧度，而捺要注意舒展，与撇的高低差不多。这样，字才灵动，又端正。（师示范，生跟写。）我们可以拿起笔，和老师一起写：两横稍抬不要长，撇画舒展意不断，紧接捺画要呼应，撇捺平衡呈三角。

"吞"也有撇捺，写的时候要注意什么呢？

生：要注意笔画间的联系，两横不能太长，撇捺舒展要呼应。（视频播放。）

师：同学们真聪明，已经能举一反三了。这撇捺舒展，你们看就像小姑娘的裙摆一样展开，左右对称，高低一样。整个字就漂亮了。（视频播放：两横要短留空间。撇捺舒展有呼应，口字稳稳放中间。）

出示学生写的字，看看写得怎么样？（视频播放。）总体不错，都注意了笔画间的呼应，"吞"的捺再往下，往外一些，就更平稳了。

同学们，不仅撇捺之间有呼应，其实，字的每一个笔画之间，都有着呼应的关系，我们要努力做到笔笔有呼应。注意笔画间的呼应，相信你们的字就能写得流畅，还能提高书写速度呢！

（二）学习避就技法

师：接下来，请同学们看看这幅图。你发现了什么？

生：两辆车互不相让，要撞车了。

师：对啊，我们的汉字有很多是合体结构的字，是由两个或以上部分组成的，彼此之间要互相谦让，如果大家都要突出自己，不会避让，就会像这汽车一样，发生撞车事故了！

所以，书写时我们要做到"避就"。字面理解，"避"是避让，"就"是靠近、凑近。"避"就像一位贤德之人，礼让三分，"就"，是一种当仁不让的态度，就像毛遂自荐。这是相互的。有的笔画写小了，有的笔画就能舒展。其实，我们也可以说成笔画的"收放"，也就是穿插避让。那么，什么应该"避"，什么应该"就"呢？老师告诉大家：一般来说，次要笔画要靠近并避让主体笔画（避），而主要笔画应该突出（就），从而突出主体。

如果两部分不进行避让，就会把这个字写得很分散，笔画之间会打架。请同学们来看，这两个字，你更喜欢哪一个，把序号打在对话框里……

看来，大家都喜欢懂得互相谦让的字，有了避就，字形才和谐美观。

下面，我们就来看例字："功"。

"工"和"力",结合成一个字时,你发现了什么变化?(演示。"工"的一横变成了提,"力"的整体变瘦了些。)

(视频播放:它一谦让,空间就空出来了,"力"的一撇才能写舒展,这一提与"力"的一撇一高一低,一左一右,互相穿插,好像两个好朋友在说话。)

下面就来看老师示范写这个"功"。(视频播放:"工"字横变提,让出空间来,"力"字瘦瘦身,一撇一提相呼应,"功"字舒展又好看。)同学们,看到这里,你是不是也想动笔写一写了呢?(配乐。)

(出示学生书写。)

生:这位同学的"功",左边的"工"还是偏大,避让不太明显。

师:你的观察很准确。汉字的结构,有个原则,就是"左紧右松","以右为尊"。所以,左右结构的字,很多都是左边避让、收缩,右边舒展。

看,根据同学们的意见,现在这位同学作了修改,字美观多了。

写好"功"字,我们明白了避就的要领,根据这个方法,请同学观察"阵"字,它是怎么做到避让穿插的呢?

视频播放:左耳刀,这一竖正好留出空间,右边的"车"整体缩小一点,但这一横却可以写舒展,因为左边留出了空间给它。另外,写的时候还要注意横之间的距离,最后的一竖要垂直,是悬针竖。下面,看老师来写。(视频播放:左耳瘦瘦留空间,"车"字上紧下舒展。一横穿插写平直,一竖笔直如悬针。)请同学们也拿起笔,试着写一个。出示学生的字,谁来点评?

(生点评。)

师:"转"字,谁能来说说你的发现?(视频播放:同样是"车",这次在左边,这一笔就避让了,写成了提。右边的"专"也写扁一些,竖折折这一笔写得尽量直一些,最后的一点写稳,可以写大一点,把整个字压正了。)看老师范写:左边"车"字横变提,留出空间让右边。"专"字变瘦竖要直,一点稍大压最后。

这是一位同学的书写,谁做做小老师?

(生点评。)

师:根据同学们的意见,这位同学进行了修改。请大家也同样对照字帖再次练习。

同学们,友爱谦让,是中华传统美德。从写字的避就原则,学会礼让他人,生活才会更和谐美好。我们学写字,还能学到做人的道理呢!

"呼"与"应"互相联系,"避"和"就"则是矛盾又协调统一。写字时如果能注意笔画间的呼应衔接,又避让穿插,就能写出汉字的结构之美。请同学们读帖时特别留意这一点。(出示图片。)

下面,老师请同学完成两道题,来检验下你们学习的成果。对的打"1",错的打"2"。

A. 在书写汉字时，次要笔画要避让主体笔画。

B. 呼应是指点画之间的互相联系，要做到"笔断意连"。

（三）尝试创作作品（图48）

同学们，今天我们学习了笔画之间的呼应与避让，用上刚才重点学写的字，我们来创作一幅作品。这是一首五言绝句，请看："功盖三分国，名成八阵图。江流石不转，遗恨失吞吴。"这是杜甫写诸葛亮的一首诗。老师用这样的竖写形式来完成这幅作品。

请同学们熟练掌握笔画间的呼应与避就等结构技法后，先一个个字练习，然后试着写写这一幅作品。欢迎大家完成延学单，上传你的作品。

最后，老师送两句诗作为结尾："点画呼应情切切，穿插避就暖融融"。希望通过这节课的学习，你们能掌握汉字结构的"呼应和避就"规律。同学们，写好了还要学会和字帖对照，只要反复对照练习，把学到的结构技法运用到书写过程中，坚持下去，你一定能写出一手端正、漂亮的硬笔楷书。

图48 作品展示

（本案例由姜霖提供）

第三节 珠心算法课程案例：退位减

一、目标

珠心算这一项优秀的中华传统文化，对学生核心素养的培育具有独特优势。珠心算的学习，以算盘为载体，通过双手拨珠、耳听、眼看、口读、脑想等一系列的活动启迪智慧。

课程计划通过多种形式与方式，将珠心算与数学合理整合，培养学生数感。让学生经历知识的形成过程，培养思维方式的多样化。让学生在丰富多彩的珠心算过程中寻找解决问题的不同策略，形成良好的情感和态度，从而促进学生的全面发展，培养学生的数学核心素养。

具体到本课程，则为通过题组练习，学生进一步理解和掌握两位数减一位数（退位）的算理。能正确并熟练拨出退位减的四种不同情况，逐步形成心算技能。

通过一起整理复习的过程，感受知识间的内在联系。培养学生主动探索、分析、归纳等思维能力，初步学会有条理地思考和表达。

让学生在发现整理中，获得成功的喜悦，培养对珠算学习的兴趣和自主探究的意识。

二、设计思路

（一）珠数融合，调整序列，推动核心素养落地

根据个性化学习需求分析，有计划地把珠算的算理融入数学教学中，调整珠心算和数学教学之"序"，寻求融合序列，通过一系列的课堂实践，逐步使学生的形象思维转化为抽象思维，培养学生的数感，提高计算能力，实现数学核心素养的落地。

（二）精准施教，个性订制，形成校本实验方案

充分利用信息化手段，借助智慧教育平台，收集学生数据，进行分析、预测、反馈，精准把握教材、细化、量化珠心算学习过程，为每个学生提供个性化学习路径，形成具有星海特色的精准实教方案。

（三）数据分析，以生为本，构建生态评价体系

构建科学教学结构，细化教学流程，遵循教学和学生发展规律，将每一个流程中学生应该掌握的目标的相关因素进行分析，结合信息化手段，通过对学生学习情况的数据分析，进而诊断评价，形成教、学、评的闭环，构建出与之匹配的生态评价体系。

三、教学过程（图49）

教学工具：多媒体课件、大算盘、小算盘。

（一）基本训练，巩固旧知

1. 全盘练习

全盘拨入3，拨去3；全盘拨入7，拨去7。

全盘拨入8的补数；全盘拨入4的补数。

设计意图：将学生的手指活动开，这里涉及了拨入8的补数、4的补数的练习，既

图 49　课堂教学

复习了退位减的口诀，也为本课做好铺垫。

2. 听数、布数

45、39　　　　10、31、27　　　　100、72、3、48

3. 听珠算

64－3　　　　35－7　　　　63－6　　　　51－4

设计意图：复习两位数减一位数的 4 种不同拨法，唤醒学生对于退位减的拨珠方法。

4. 看珠算

42－8　　　　61－7　　　　75－9

（1）逐题出示拨珠，快速拨并核对答案，进行反馈。

（2）对比 3 题，揭题，完善口诀。

小结：我们归纳为一句，就是"退 1 加补"。

（二）题目练习，梳理归纳

1. 个位，下珠不够满 5 加

44－8　　　　63－7　　　　74－9

（1）观察算式。

师：仔细看，要变了，什么变了？还是退位减吗？为什么？拨一拨。

（2）核对得数。

（3）突破个位拨法。

师：回想一下，这 3 题，个位上还补的时候，可以直接加吗？

追问：能不能直接拨？为什么？用了哪句口诀？（＋2＝＋5－3，＋3＝＋5－2，＋1＝＋5－4）

师：如果个位上加补数 4，那么算式里，是减几？（82－□，＋4＝＋5－1）

设计意图：将基本功中看珠算的题目，改变个位，得到新的题组。从思考的完整性出发，还设计了告知个位加补口诀，来猜减几的问题，培养学生对算理的反向推理能力。

2．对比第①组和第②组

第①组 42－8　　　61－7　　　75－9

第②组 44－8　　　63－7　　　74－9

师：我们拨的这组跟刚才一组有什么相同和不同之处呢？

生1：都是两位数减一位数退位减，都要使用退1加补。

生2：第①组的个位是直接加，第②组的个位下珠不够，是满5加。

小结：我们的发现可以编成一句儿歌，"个位上能加直接加，下珠不够，满5加"。

设计意图：通过演示，直观对比两组拨法，学生明白，当个位够加直接加，下珠不够时，满5加。同时，编出两句儿歌。

过渡：我们找到了2组不同的退位减法，还有吗？

3．十位，下珠不够，破5减

第③组 52－8　　　51－7　　　55－9

（1）观察算式。

（2）想拨法，进行验证，核对。

（3）突破十位拨法。

总结：下珠不够，退1的时候都要用到－1＝－5＋4。

（4）总结出十位破5减－1＝－5＋4的唯一性。

追问：十位上为什么都要破5减？他们被减数的十位都有什么特点？（都是5。）

设计意图：通过变式，将题组再次变化，得到新的题目。通过拨珠，学生发现这里的题目在十位退1时，都要用到－5＋4。

4．对比第①组和第③组

第①组 42－8　　　61－7　　　75－9

第③组 52－8　　　51－7　　　55－9

师：比一比，他们有什么不同之处？

生：第①组十位直接减，第③组破5减。

小结：编成一句儿歌，"十位能减直接减，下珠不够，破5减"。

设计意图：通过两组题目的对比，找出十位上退1，下珠不够时，十位数字的特点。明确第3种拨法与其他的相同与不同，完善儿歌。

5．对比第①②③组

第①组 42－8　　　61－7　　　75－9

第②组 44－8　　　　63－7　　　　74－9

第③组 52－8　　　　51－7　　　　55－9

师：刚才拨了3组不同的退位减，都用到了什么口诀？（退1加补。）将儿歌读一读、记一记：遇到退位减，十位能减直接减，下珠不够破5减；个位能加直接加，下珠不够满5加；退1加补要记牢。

设计意图：一年级的学生经过比较枯燥的练习课，说一段朗朗上口的儿歌，无疑能让他们满血复活，回归状态。

6．定档练一练

师：用上儿歌，我们珠算下面各题。

43－6　　　　44－6　　　　45－6　　　　46－6　　　　47－6

48－6　　　　49－6　　　　50－6　　　　51－6　　　　52－6

师：根据刚才我们的珠算经验，我们来分一分，你准备怎么分，为什么？

生：退位与不退位之分。退位减法分类。

设计意图：通过穿插定档练一练的环节，加入分一分的设计，学生将刚才的3种拨法进行回顾巩固。同时，在练习的这个环节中，悄悄练习了第④组算式。

7．出示十位，下珠不够破5减，个位，下珠不够满5加

第④组 51－6　　　　52－6

学生先上台拨分解动作，再观看视频完整拨法。

全盘练 54－9，53－8。

总结：跟刚才的3种并起来，我们有4种不同的退位减。

设计意图：第4种拨法，即十位破5同时个位满5的拨法是最复杂的，也是学生初学时最容易出错的，这里不但安排了学生展示，还有老师的拨珠视频。

8．提速练习

31－7　　　　51－7　　　　34－7　　　　54－7

（三）巩固练习，提升拨法

1．看珠算

15　　　　66　　　　36　　　　41

　4　　　－5　　　－7　　　－3

－8　　　　8　　　　3　　　－6

2．空拨

　　　　－57＝　　　　　－4＝　　　　　＋6＝

3．看拨法猜算式

70－2　　　　72－2　　　　51－3

设计意图：猜算式的环节，让学生的注意力再次高度集中，他们需要通过拨珠的动作，逆向推理减了几，3道算式的设计也是由易到难，分层设计。在猜的过程中，学生既收获了知识，也收获面对珠算的学习兴趣与自信。

（四）回顾总结

师：这节练习课，你有什么收获？课后有时间大家还可以彼此分组验证结果（图50）。

图 50　珠心算结果验证

（本案例由曹蕾提供）

第四节　编织物语课程案例：拆解民间编织

一、目标

通过自主拆编双向平结解决技法学习，理解民间编织的实用美；通过研究性学习，理解民间编织的形式美。

二、准备与设计

（一）教具学具

笔、学习单（表19）、10个双向平结等。

（二）教师活动

讲述伏羲受蜘蛛网启发改进渔网的故事。

徒手打一个平结，请学生尝试拉开，感受绳结的力量。

用实物绳结进行演示，以平结为例来帮助学生理解编织的特点。

组织分组（两个人合作拆编，两个人填写学习单），根据学习单，拆编双向平结。

小结：编织的结构方式体现出力与韧的实用性。

分组展示对民间编织形式美的研究性学习成果。

组织讨论与评价。

表 19　拆编双向平结学习单

步骤（请排序）	对应动作
	压□　　挑□　　穿□　　插□
	压□　　挑□　　穿□　　插□
	压□　　挑□　　穿□　　插□
	压□　　挑□　　穿□　　插□
	压□　　挑□　　穿□　　插□
	压□　　挑□　　穿□　　插□

三、学习过程（图 51）

思考编织的结构方式。

拉一拉，感受绳结的结实与力量。

跟着绳结演示推演出单向平结和双向平结。

根据学习单，拆编本组双向平结，分析绳结的结构特点和实用性表现，完成对应的学习活动。

学生从民间编织种类、色彩（五行色）、寓意与象征（祥云纹、缠枝纹、卍字纹、盘肠纹）、情感表达（质朴纯情）四方面阐述民间编织的形式美。

图 51　编织学习

小组讨论与评价，完成评价量规表（表 20）。

表 20　拆解民间编织课程评价量规表

内容	评价目标	评价等级		
民间编织特点与形式	了解对称，以及虚与实、紧与疏和造型特点	A. 基本完成	B. 理解深刻	C. 理解、掌握其特征并有个人思考和解读
民间编织形式表达	理解民间编织寓意、色彩、种类、情感表达	A. 基本完成	B. 理解深刻	C. 理解、掌握其特征并有个人思考和解读
双向平结编制	紧密整齐，造型准确，注重文化情感的表达	A. 基本完成	B. 使用个性化材料表现作品	C. 材料运用恰当，作品饱含深情，视觉效果好

设计意图：从伏羲结网的故事引入，创设情境，引起学生兴趣。自主拆编双向平结既解决了内容技法学习问题，又能使学生理解民间编织由单绳通过穿插压挑的过程，增强其实用性。通过研究性学习，将主动权交给学生，有利于学生对自我的肯定与认识。

（本案例由张瑞提供）

第五节　足球课程案例：绿茵足球

一、目标

通过趣味性的足球游戏和基本技巧练习，学生们享受足球的乐趣，同时掌握基本的足球技巧，培养团队合作和竞争意识。

二、时间

一个学期，每周一次，每次一小时。

三、对象

三年级,每班五十人。

四、准备

足球、球门、记分牌、游戏道具、音乐等。

五、流程

1. 热身活动（十分钟）

慢跑和绕杆跑：帮助学生活动身体，提高身体的灵敏性和协调性。

球性球感练习：通过踮球、揉球、跳踩球、脚内侧拨球、拉球等练习，帮助学生提高球性和球感（图52）。

图52 热身活动

2. 基本技术教学（二十分钟）

踢球：通过示范和练习，学生们掌握脚内侧传球、脚背正面踢球和头顶球的技巧。

接球：通过设置不同距离和角度的接球练习，学生们掌握接球的技巧。

过人：通过示范和练习，学生们掌握基本的运球变向过人技巧。

射门：设置不同距离和角度的射门练习，让学生们掌握射门的技巧。

3. 比赛或者游戏环节（二十五分钟）

（1）比赛

通过比赛规则的讲解，学生们运用所学技巧进行比赛（图53）。

准备阶段：在开始时，教师将介绍足球的基本知识和规则，以及足球比赛的术语和信号。此外，教师还将向学生介绍如何控制足球，如何传球和射门，以及如何进行团队配合。

组织比赛：在准备工作结束后，教师将组织小型比赛，通常每队五名球员。教师将担任裁判员角色，确保比赛公平进行。同时，教师将根据学生的表现给予反馈和建议，以便他们可以改进技能，加深战术理解。

讨论和反馈：比赛结束后，教师将组织学生进行讨论，让他们分享自己在比赛中的体验和感受。教师将根据学生的反馈和表现提供点评和建议，以帮助他们提高技能，加深战术理解。

结束阶段：在最后阶段，教师将总结学生在整个课程中的进步，并给予鼓励和认可。此外，教师还将提供一些额外的资源和学习材料，以便学生在课后继续提高技能和战术理解。

图 53　足球比赛

（2）游戏

足球保龄球：设置障碍物，让学生们用踢球的方式尽可能地撞倒保龄球。

抢圈传球：设置多个圈，学生们围成圈进行传球，当哨声响时，圈内的人需要抢球。

4. 放松与总结（五分钟）

进行一些肌肉放松的活动，如深呼吸、冥想等，帮助学生放松肌肉和心情。

回顾课程要点，表扬表现优秀的同学，鼓励大家在下次课中继续努力。

六、评价

通过观察学生的参与度、技能掌握程度和团队合作情况，对学生的学习成果进行评价。

定期与家长沟通，了解学生对课程的反馈和建议，以便不断改进课程内容和教学方法。

七、拓展

可以组织一些小型的友谊赛或比赛，让学生有机会展示所学技能，并增强比赛经验。

可以与当地的足球俱乐部合作，组织更多的正式比赛和训练活动，鼓励学生参加。

在课程中增加一些更高难度的技巧，如踢弧线球、变向过人等，以满足部分学生对提升水平技能的需求。

（本案例由董天戈提供）

第六节 人工智能课程案例：声控灯

一、前置知识

在小学高年级阶段，学生已经具备了一定的数学、科学和计算机基础，对人工智能有了一定的了解和认识。因此，本课程将重点介绍人工智能的基本概念、原理和应用，同时引导学生掌握基本的编程技能和算法思维。

二、设置

1. 课程目标

本课程的目标是帮助学生了解人工智能的基本概念、原理和应用，掌握基本的编程技能和算法思维，培养学生的创新能力和解决问题的能力。

2. 课程内容

本课程的主要内容包括人工智能的基本概念、机器学习、深度学习、自然语言处理等。通过这些内容的学习，学生可以了解人工智能的不同方面和应用场景。

3. 课程评估

本课程的评估方式包括作业、考试和实践项目等多种形式，以全面了解学生的学习情况和掌握程度。

三、教学方法

1. 项目制学习

本课程采用项目制学习的方式，通过引导学生完成实际项目，培养他们的实践能力和创新精神。

2. 小组合作

本课程采用小组合作的方式，鼓励学生互相协作、交流和分享，提高他们的团队合作和沟通能力。

3. 实验

本课程通过实验的方式，让学生亲身体验人工智能技术的实际应用和效果，加深对理论知识的理解和掌握。

四、资源

提供有效的助学资源是满足不同学生学习需要、减轻教师教学辅导工作量的良方之一。可以选择的助学资源和方式有很多种，如设计导学单、微视频教学、通过手机软件学习等，其共性就是学生能根据兴趣、能力和学习程度，自主选择相应的学习资源。

利用苏州工业园区自研的易加互动平台，为学生的自主学习、分层学习提供助学资源（图54）。

老师们利用易加互动平台，创设课程，并提供了丰富的学习资源，如微视频、图文学习资料、学习建议、算法分析流程图等（图55、图56）。

根据实践经验，网络学习平台在人工智能课程中既经济又高效。它主要适用于技能操作的自主学习，可以让学生在课前按需自主学习，也可以穿插在项目活动中作为自主学习材料。学习资源要简单明了，能让学生在短时间内就可以模仿和掌握。这样教师的工作量大大降低了，而学生的差异化需求也很好地得到了满足。

图 54　易加互动平台

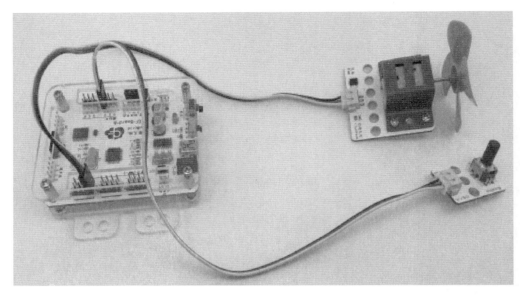

图 55　图片学习资料

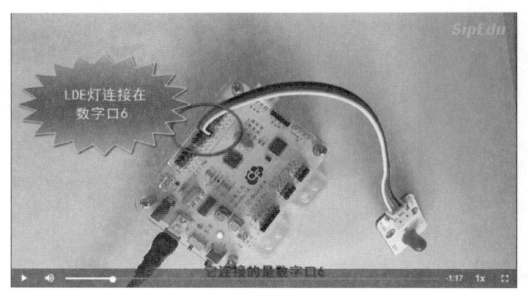

图 56　微视频学习资料

五、背景

通过智能家居系统的设计和实现，学生可以了解人工智能技术在家庭生活中的应用。同时，引导学生掌握物联网技术和传感器设备的运用，提高他们的跨学科能力和综合素质。

在声控灯课程开始之前,学生已经对声音的产生、传播和控制有一定的了解,并且掌握了一定的电学基础知识。本课程将通过实际操作,让学生了解声控灯的原理,掌握其制作方法,并能够自主设计简单的声控灯。

六、目标

通过本课程的学习,学生可以了解声控灯的工作原理,掌握其制作方法,并能够根据实际需求进行简单的声控灯设计。同时培养学生的动手能力和创新思维。

七、内容

本课程的主要内容包括声控灯的基本原理、电路组成和制作方法等。学生将通过实际操作,了解声音传感器和 LED 灯的特性及工作方式,并学会如何将它们连接起来,实现声控灯的功能。

八、评估

本课程的评估方式包括学生的参与度、制作成果和小组讨论等多种形式,以全面了解学生的学习情况和掌握程度。

九、教学过程

教师引导学生制作一个基于微控制器的声控 LED 灯(图 57)。

图 57 声控 LED 灯

1. 学习引导

教师展示作品，分析声控灯的基本原理和电路组成，让学生了解声音传感器和 LED 灯的特性和工作方式。

2. 学生实践探究

学生分组进行实践操作，根据易加互动平台上的声控灯课程，自主尝试程序的编写、硬件的连接、作品的测试，学习如何设计和制作简单的声控灯。教师提供指导和帮助，并鼓励学生进行创新和改进。在制作过程中，学生通过使用微控制器开发板、声音传感器和 LED 灯等材料，学会了如何编写程序，实现声控 LED 灯的功能（图 58）。

图 58　易加互动平台本课程的学习任务界面

3. 学生学习拓展，小组讨论交流

学生小组内进行讨论，分享制作经验和心得，并解决制作过程中遇到的问题（图 59）。在小组合作的过程中，学生学会了合作、沟通和解决问题的方法。最后，教师进行总结和评价。

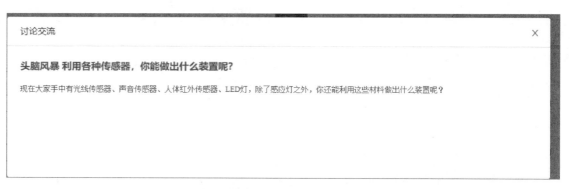

图 59　易加互动平台上本课程的讨论交流界面

十、教学反思

本课程的意义和影响在于培养学生的动手能力和创新思维。通过本课程的学习，学生可以了解声控灯的原理和制作方法，掌握相关的工具和材料的使用技巧，并且能够根据实际需求进行简单的声控灯设计。同时，在小组合作的过程中，学生学会了合作、沟通和解决问题的方法。未来类似课程的开展可以结合更多的新技术和应用场景，例如引入物联网、智能家居等技术，让学生能够将所学知识应用到更广泛的领域中。

十一、总结与启示

本课程的意义和影响在于培养学生的创新能力和解决问题的能力，同时激发他们对人工智能技术的兴趣和探索精神。通过本课程的学习，学生可以了解人工智能的基本概念、原理和应用，掌握基本的编程技能和算法思维，提高他们在日常生活、学习和工作中运用人工智能技术的意识和能力。未来人工智能课程的发展方向将更加注重跨学科融合、实践操作和创新能力的培养，同时结合新技术和新应用场景的发展，不断更新和拓展课程内容，以更好地适应社会的需求和发展。

（本案例由王丹婷提供）

后 记

江苏省苏州工业园区星海小学地处中国经济较为活跃发达的苏州工业园区。园区教育近年来围绕项目研究提升教育内涵建设，从"大数据支撑适合的教育"，到国家级教学改革"适合的教与学的实践研究"，再到"5G技术支撑下核心素养导向的混合式学习方式的创新实践"等项目改革，都指向同一个目标——实现信息技术赋能的规模化教育与个性化培养。

星海小学作为园区窗口学校，深度参与园区教育重大项目研究与实践，立足现代教育技术发展，积极展开大数据驱动小学个体化育人的实践研究，以满足园区教育现代化发展对教育变革的迫切需求。在延续多年"适合的教育"研究实践基础上，2021年，学校申报了江苏省教育科学"十四五"规划课题"大数据驱动下小学个体化育人的实践研究"。

在申报与实践研究过程中，学校课题组先后得到江苏省教育学会副会长彭钢、苏州市教育科学研究院院长丁杰、苏州市教育科学研究院副院长夏正华、苏州大学教育学院副院长曹永国，以及苏州工业园区教师发展中心科研处主任孙春福、苏州工业园区教师发展中心科研处副主任张久旗等领导专家的关心指导。专家们在课题筹划时的指导建议和开题论证时的分解点拨，提升了课题组老师的专业素养与课题研究品质。在此一并表示感谢！

在专家们的指导下，课题组通过近三年来的研究与实践，依托区域智能教育资源建设，不断优化学校大数据课程资源的研发，以课程改革全面建构新型教学范式，推行综合素质评价改革，不断推动学校持续地高质量发展，促进和实现"每一个"的精彩绽放。通过课题研究，学校不仅形成实施"个体化育人"新路径，而且丰富了学校"适合的教育"新内涵，促进了学校教育教学改革的整体发展，在区域内外形成良好的示范效应。

本书在撰写过程中，得到苏州大学教育学院副教授冉云芳女士的多次指导，其就本书的策划、修改与审定提出了具体的指导建议。课题组成员彭永新、陈泉堂、黄毅晟、赵建红、刘军、安晓倩、卢雪珍等42位老师为本书撰写章节，提供案例，在此一并表示衷心感谢！

由于我们对课题研究成果的梳理总结水平有限，故本书中难免存在不当之处，敬请广大读者提出宝贵意见。

编 者

2023年12月于苏州